大学生职业生涯规划
与专业竞赛导论

主　编　诸葛剑平

副主编　曹　斌　温少波

浙江工商大学出版社
ZHEJIANG GONGSHANG UNIVERSITY PRESS
·杭州·

图书在版编目（CIP）数据

大学生职业生涯规划与专业竞赛导论/诸葛剑平主编；曹斌，温少波副主编.—杭州：浙江工商大学出版社，2022.12

ISBN 978-7-5178-5234-6

Ⅰ.①大… Ⅱ.①诸…②曹…③温… Ⅲ.①大学生—职业选择—竞赛 Ⅳ.① G647.38

中国版本图书馆 CIP 数据核字（2022）第 227528 号

大学生职业生涯规划与专业竞赛导论
DAXUESHENG ZHIYE SHENGYA GUIHUA YU ZHUANYE JINGSAI DAOLUN
诸葛剑平 主编　曹　斌　温少波 副主编

责任编辑	吴岳婷
责任校对	何小玲
封面设计	朱嘉怡
责任印制	包建辉
出版发行	浙江工商大学出版社
	（杭州市教工路 198 号 邮政编码 310012）
	（E-mail：zjgsupress@163.com）
	（网址：http://www.zjgsupress.com）
	电话：0571-88904980，88831806（传真）
排　　版	杭州彩地电脑图文有限公司
印　　刷	杭州宏雅印刷有限公司
开　　本	787mm×1092mm　1/16
印　　张	19.75
字　　数	321 千
版 印 次	2022 年 12 月第 1 版　2022 年 12 月第 1 次印刷
书　　号	ISBN 978-7-5178-5234-6
定　　价	65.00 元

序　言

职业生涯规划是一门进化迅速、不同专业之间差距很大的课程。尤其在今天的中国，爆炸式的经济增长、互联网时代对职业的改变以及中国本身地域的巨大纵深让职业世界的变化迅速而多样。我们准备编写这本教材的时候意识到，这本教材的编写应该建立在坚实的学术基础以及温暖的人性之上，我们不仅应该谈论学生毕业后的职业乃至人生，也要让读到它的人在大学学习期间就有着手应用相关知识的可能。这本书不仅要有全面性和系统性，更重要的是要鼓励每一个使用者在自己的生活中进行探索和尝试，从而得出自己的思考和发现。

我们在教材中搜集了大量涉及职业生涯规划的工具、方法以及课堂内外的练习，同时尽可能贴近高校专业、相关行业的特性，尽量选用本土的、最新的教学案例，并且整合了网络上最新的资料，让这本教材能保持与时代同步。

为了方便老师讲课和学生阅读，我们设置了以下板块。

生涯导入：教学导入的环节。方便学生对本章内容有一个感性认识，产生学习的兴趣。

生涯知识：课程的主要知识点、定义、概念以及主要观点。

生涯实践：让学生进行互动、参与以及实践的课堂练习。

生涯感悟：对课堂知识与实践的一个回顾性的总结。

知识链接：提供了与章节相关的一些扩展的内容，可以作为学生自由阅读的资料，也可以作为上课的素材。

案例剖析：我们选用最新的、有代表性的案例，供学生在课堂上阅读、讨论。

随着社会对应用型人才的需求越来越迫切，国家加大了对学科竞赛的支持力度，学生参与学科竞赛的积极性也越来越高。本教材对部分学科专业竞赛进行了梳理，旨在帮助同学们了解相关竞赛活动。

为了方便学生独立阅读，我们尽量采用简易、平实的文字来编写这本教材，使它成为一本文字优美、案例有趣、可供自由阅读的职业生涯书。你可以参考后面的目录，直接翻到感兴趣的任何一章，一直阅读下去。其间，你可以根据导语尝试一下"生涯实践"里面的练习。如果能够组织兴趣小组一起阅读和练习则更好。

本教材是校企合作教材，由浙江树人学院诸葛剑平担任主编，浙江携职人才服务集团有限公司温少波、浙江树人学院曹斌担任副主编，还有其他人共同参与编写。在编写教材时，我们参考了他人的许多资料，在此表示万分感谢。由于时间及能力的限制，教材中存在诸多不足，请读者提出宝贵的建议！

编　者

2022 年 8 月

目　录

第一章　做最好的自己

第一节　我的大学时代

生涯导入

人的一生，平均岁数在 80 岁左右，换算成日子只有 29000 多天。当看到这本教材的时候，你大概已经用了 6000 多天，再过 5000 多天，你的体力智力就会开始衰退，不在巅峰状态。在剩下来的不到 18000 天里，你需要 1/3 的时间睡觉，1/3 的时间休息、吃饭、照顾家人，能完全用来做事情的时间，只有 6000 天左右。

大学 4 年看起来很长，其实只有 1460 天，除去寒暑假后只有 1000 天出头，减去大四一个学期实习的时间，大约只有 900 多天能用来做必须做的事、想做的事，以及要为未来准备的事。

900 元不经花，而大学这短短的 900 多天，你准备用来做什么呢？你绚丽又宝贵的一生，准备用来做什么呢？

第一次看到这句话，也许有人会质疑——我这一生可以做到绚丽多彩吗？我应该过现在这样的生活吗？无数的想法涌上心头，很多的计划在萌生。但是也许过不了几天，你的生活又重新被卷入平常琐碎的生活当中。因为我们内心深处有一个错觉——时间还长，先舒服过完今天再说。只有你真的开始认真计算，才能理解时日宝贵。

如果你绚丽又宝贵的大学生涯只有980天，你会用来做什么？

大学阶段，我们离开了家庭在学校开始独立生活，又暂时没有进入社会后的经济和职业的压力，这也许是你这一生最自由、最能为自己做点什么的时光。如果一定要做些事，才算不辜负这段时光，你希望是什么？

你也许会说："我正年轻，好日子还多呢。大学4年都不知道该怎么过，明早起来都不知道要去干什么，以后再说吧。"这也正是我们要在一开头就仔细计算大学时光的原因——我们中间大部分人一方面觉得这段时间很美好很重要，所以一定要有很好的结果，另一方面却很少意识到真正拥有的时间很短。所以当我们在眼花缭乱的大学生活里面逛一圈回来，往往发现已经大三下学期了，大学生活快要结束了，必做的事情还有很多，没有时间去做想做的事，更不要说设想未来的事了。

面对这种窘境，一部分人选择降低要求，不断说服自己"这样就可以了"，另一部分人则彻底放弃梦想，随波逐流。

案例剖析

吴快乐和田小花的困惑

吴快乐，来自四川农村，父母长年外出打工，自己跟着爷爷奶奶长大，在邻近的镇上读完了高中。田小花，家住重庆市主城区，从小对语文、数学、外语等课程的学习天然"免疫"，无论怎么上补习班，成绩就是提不上来。2017年的夏天，他们同时被一所高校录取，成为大学生。

"终于解放了。"9月，他们怀抱着这样的想法，怀揣着对未来生活的无限向往走进了大学校门。但是，一段时间下来，他们觉得这与自己心目中的大学生活似乎有些不同。同时，耳边响起一些杂音，并且越来越清晰，甚至有些刺耳：吴快乐发现自己高一退学出去学技术的同学已经在深圳拿着高薪；田小花高考失利的闺蜜已经在家人的资助下在主城区做起了生意，当起了老板；吴快乐的妈妈跟他说隔壁村小学都没毕业的邻家哥哥已经在省城当起了工头；田小花另一个闺密劝她退学出来跟自己一起创业……

吴快乐和田小花有了第一个困惑：上大学究竟是为了什么？

从小，老师和家长就告诉我们，要好好学习，小学要怎样做，然后上中学，中学要怎样做，然后读大学。那么大学又要怎样呢？当我们都还未成年时，我们的一切选择、路径都由父母和老师左右、安排，我们从来都是只要努力就可以了。至于要达到什么目标，早就有人给安排好了，因此我们从来不需要自己去思考问题和确立目标。但是上了大学之后，当突然要自己决定日后的人生时，当一直追求的自由和自主突然在大学里全面实现时，我们却六神无主、不知所措了。因为我们没有经验，在没准备好（甚至没有准备）的情况下就被迫开始独立思考、独立选择、独立决策。

为了解答吴快乐和田小花的困惑，让我们从这样的一个练习开始：

1. 填空与思考：我上大学的十大理由

我之所以上大学，是希望／因为：

（1）＿＿＿＿＿＿＿＿＿＿＿＿＿＿＿＿＿＿＿＿＿＿＿＿＿＿＿＿＿＿

（2）＿＿＿＿＿＿＿＿＿＿＿＿＿＿＿＿＿＿＿＿＿＿＿＿＿＿＿＿＿＿

（3）＿＿＿＿＿＿＿＿＿＿＿＿＿＿＿＿＿＿＿＿＿＿＿＿＿＿＿＿＿＿

（4）＿＿＿＿＿＿＿＿＿＿＿＿＿＿＿＿＿＿＿＿＿＿＿＿＿＿＿＿＿＿

（5）＿＿＿＿＿＿＿＿＿＿＿＿＿＿＿＿＿＿＿＿＿＿＿＿＿＿＿＿＿＿

（6）＿＿＿＿＿＿＿＿＿＿＿＿＿＿＿＿＿＿＿＿＿＿＿＿＿＿＿＿＿＿

（7）＿＿＿＿＿＿＿＿＿＿＿＿＿＿＿＿＿＿＿＿＿＿＿＿＿＿＿＿＿＿

（8）＿＿＿＿＿＿＿＿＿＿＿＿＿＿＿＿＿＿＿＿＿＿＿＿＿＿＿＿＿＿

（9）＿＿＿＿＿＿＿＿＿＿＿＿＿＿＿＿＿＿＿＿＿＿＿＿＿＿＿＿＿＿

（10）＿＿＿＿＿＿＿＿＿＿＿＿＿＿＿＿＿＿＿＿＿＿＿＿＿＿＿＿＿

2. 个人分享

以小组为单位，各成员陈述自己上大学的初衷，增进彼此之间的了解。

3. 小组讨论

以小组为单位，分析自己填写的"我上大学的十大理由"，并参考网上一些学生关于"上大学到底为了什么"的讨论，找出本组认为重要的十大理由。然后各小组派代表在班里宣读讨论结果，再在全班评选出大家公认重要的十大理由，初步明确自己读大学的目标。

在初步解答了第一个困惑之后，吴快乐和田小花马上又面临第二个困惑。

思考

我们的大学学习和职业生涯是不是可以规划的？是不是可以像计算机那样编制程序然后按部就班地去实施和完成的？

这是一个见仁见智的问题。有些人认为没有规划的人生终将一事无成，所以应该尽早做好全面而细致的职业规划；还有些人认为计划赶不上变化，人生往往会因为一些无法预料的偶然性因素而发生重大的转折，所以人生是没法设计的。

诚然，生命中的很多东西确实是无法预料的。无论是马航 MH370 上的乘客还是"东方之星"旅游客船上的游客，都是在始料不及中彻底改变了人生的走向。吴快乐和田小花身边这样的例子更是比比皆是。吴快乐他们县的状元——一个梦想成为诗人的北大才子因为市场的机遇而毅然卖起了猪肉，田小花一个打死不愿意出重庆的师姐因为自己从军的男朋友而义无反顾地跟着去了西藏……职业规划其实就是从多个发展方向中选择一个走下去，而生命是不可以重来的，即便经历过，我们也无法知道究竟哪一个方向更好。在人生的十字路口，我们不可能沿着一条路走到尽头以后，再回到起点去走另外一条路。

但这种不确定和不可重复性不应该成为我们放弃准备和规划的借口。一个战士也许在第一轮炮火中就会灰飞烟灭，但这并不能阻止他平时勤学苦练，因为他知道这样虽然不能让他避免死亡，但起码能让他生存的概率更大些；同理，我们的未来也许会因为某个偶然事件而彻底改变，但这并不能阻止我们今天去努力奋斗，因为即便我们所学的没有派上用场，但起码，它会让我们离梦想和成功更近些。

年轻人最大的罪状不是放弃心爱的异性和偶像，而是放弃自己的坚持和梦想。进大学没几天，吴快乐班上的几名男生对周边网吧的分布已了如指掌，田小花班上的一些女生终日泡在自己的手机里，成为微博和微信里面的"女王"。这就是我们要的大学生活吗？要么随波逐流，不去考虑毕业以后究竟想做什么，也不关心自己所走的路究竟能通往何处，整天看起来忙忙碌碌，到头来却碌碌无为；要么就是不思进取，浑浑噩噩地过日子，用睡懒觉、玩网游的方式度过大学时光。我们认为，规划是思考的小结，也是行动的开始。科学的职业规划也是良好教育素质和职业素养的直接体现。美国著名管理学家赫伯特·西蒙认为，"管理即决策"。那么，让我们伴随着吴快乐和田小花的成长，从对自己职业生涯的规划和决策开始，用科学的规划和管理点亮我们人生的梦想和希望。

生涯知识

1. 大学生活

就像去一个陌生又新奇的城市旅行一样，你需要先上网找些攻略，有一个大概的了解，然后坐车到达，真实地适应当地的环境。

大学就是这样一个陌生又神奇的人生之站。相对中学来说，它更加开放、多元、自由。课前课后的时间不再由学校和父母安排，而是完全交给你，财务的权利不再仅限于零花钱，你还可以自由地支配生活费。你可以自由决定课余时间读什么书，什么时候开始学习，以及学习什么新的知识；你可以自己决定参加什么社团，来与不同系不同年级，甚至社会上不同群体的人交往。

而同时，大学也提供了更多的发展路径、更多元化的标准以及更高的要求。除了把书读好，大学提供了更多的自我实现路径：学术研究、培养综合能力、培养技术优势等。除了学习能力，大学也需要我们提高自我管理的能力以实现目标：社会交往的能力有助于找到支持，独立理财的能力有助于保证生存，独立思考的能力让我们选择适合自己的目标。

大学不仅仅需要我们完成学业，也需要我们完成进入社会前的准备，这里不仅是我们学生生涯的最后一方乐土，也是人生成就的"预备役"。大学是收获更多，挑战也更多的地方。我们会在第一章的学业规划地图中，看到大学生活的全貌。

2. 开始思考自己想要什么，并且描绘出愿景与目标

在了解和适应丰富的大学生活之后，你会发现，你绝不可能在大学尝试和完成所有的可能，你应该从你最想实现的梦想和最有优势的领域着手。

关于"我在大学时期要做什么？"，你可以从以下四个方面思考。

（1）做好必做的事。大学有大学的规则，只有遵守一个组织的基本规则才能使用这里的资源。所以大学有很多你不一定想做，但是却必须要做的事——正如你并不一定喜欢高考的每一科，但是为了你的梦想，你愿意做这些必做之事，比如通过考试、遵守基本的规则、完成必要的社会实践。给自己制订学业计划，不要让这些"必做之事"成为你的障碍。

（2）评估大家都在做的事。流行的，不一定是好的。潮流会流行，感冒也会。大家都在做的事有两种，一种是让每个人都看到了好处的，另一种是每一个人都因"害怕被落下"而不得不做的，如专升本、考证。区分这两者最好的方式是，先不着急加入，先了解清楚事情对自己的益处，然后评估它是否是必做或想做的事。

（3）发现和践行想做的事。你也许在下面的愿景练习中发现了很多让你"心动"的事情，但如何才能知道这件事情是不是自己"真心"想要的？一种方法是更加清晰全面地体验这件事情：多了解，多体验，多参与，多和做成了事的人沟通。另外一种方法则是更深入地探索自己内心的价值观。我们会在第三章更详细地讨论如何了解自己的价值观，在第六章中介绍如何更好地了解自己的职业方向。但要强调的是，你不可能在课堂或者在书本上找到"真心"想要做的事，你只能从实践中找到它们。

（4）尝试有可能的事。如果我们只做必须做的、想到的、别人做的事，虽然会按照自己设定的轨迹稳定前进，但永远无法做那些不在我们视野范围内，却有无限可能的事情。所以保持每年做一两件以前没有接触过的事情，是一个很好的策略。

3. 把愿景细分为目标

理解了"目标损耗"效应，你就会知道为什么清晰地描绘愿景，把它变为目标那么重要。把未来的愿景具体化成目标，比如不是"学好英语"而是"以××分通过四级"，不是"成绩考好点"而是"每一科都不低于80分"。"橡皮筋"的另一头被牢牢钉在了未来。目标越清晰，也就越难损耗。

（1）有清晰的目标。清晰的目标，至少能在5个方面推动你成长：激发高水平的努力；给高水平的努力固定方向；提高毅力；有助于形成具体策略；可以衡量行为有效性，有助于及时调整。

（2）别让目标过于远大。小时候别人问你将来想当什么时，你应景地回答，"大科学家"，其实你一直到今天，也许都没有认真对待过这个愿望。这就是一个过于远大的目标的害处——它让你完全没有动力，还总以为自己有梦想。

过于远大的目标是让你最终放弃梦想的重要原因——因为未来目标一下子"钉"得太远，你的"橡皮筋"被拉扯得太长、绷得太紧而不堪重负，最终只能选择彻底放手。回想你每个暑假那些"从今天开始每天……"但是最后无疾而终的计划，大多都是因目标过于远大，超过自己张力的原因而未达成。你应该把大目标分割小，让它的张力保持在你可以接受的程度。控制目标的数目，一段时间内大目标最好不要超过 3 个。

在这个过程中，你的"梦想橡皮筋"也逐渐变强，可以承受更大的目标。我们会在第三章中进行更加详细的论述。

一旦愿景明确，目标清晰，接下来要做的就是持续行动，并阶段性地在每一个节点停下来重新聚焦一下方向。

知识链接

职业生涯规划中的几种效应

1. 橡皮筋效应概括

彼得·圣吉在他的管理学著作《第五项修炼》中提到了著名的"橡皮筋效应"，生动地描述了自己的愿景（梦想）和现实之间的关系。假设在你的愿景和现实之间有一条橡皮筋，拉伸橡皮筋就会产生张力。这代表现实和愿景之间的张力。"当我们把愿景和现实放在脑海里并存的时候，心中便会产生一种创造性张力（Creative Tension），一种想要把两者合而为一的力量。"要减少张力，只有两种方式：让现实向愿景靠近，成为自己期待的人；或者让愿景向现实靠近，逐渐接受自己的现状和现实。简单来说，这就是自我实现的过程。

这种张力带给人们前进的动力，当你清晰地知道未来的愿景和目标时，越是清晰地界定和固定它们，越是会产生强大的张力，让你自己像箭一样，射向未来的目标。这就是自我超越，实现梦想的过程。

2. 后马拉松效应

随着你和梦想之间越来越近，"橡皮筋"的张力会变小，很多人会觉得"越靠近梦想越没有意思"而逐渐止步不前。以上大学为唯一目标的人，此刻会认为"大学也就这样"；高中时天天幻想大学一定要"自由自在地躺在床上，爱看什么书看什么书"的人，等到今天真的有自己的时间了，却又没有真正翻几本。这种状况被称为"后马拉松效应"：马拉松选手在挑战完自己的极限后，如果不尽快设立一个新的目标，就会一直陷在高峰之后做什么都没劲的无意义感之中。在2008年的奥运会转播中，中央电视台从全国抽调电视人才，提前一年准备，倾尽全力。为了防止奥运会的"后马拉松效应"，领导在转播之前就给他们安排了其他的一些项目，让这些电视界精英能在稍事休息以后，有进一步发展的劲头。

大学之初的我们刚跑完一场"高考马拉松"，我们的确需要好好放松和休息一段时间。但如果不尽快地设定让自己心动的新愿景，而是想着"先玩几天再说"，很快你的"橡皮筋"就会松弛，自我成长也就停止了。

3. 目标损耗

自我实现的张力带来自我成长，同时也会带来情绪上的紧张和焦虑。很多人选择以另一种方式消除这种张力，就是逐渐降低自己的目标，一直到完全没有张力。你会对自己说"其实我也不那么想拿个奖学金，考得差不多就挺好"，或者"其实我的那个梦想只是年少轻狂的想法，人还是要现实一点"。每一次你都隐秘地调低一点儿自己的愿景，慢慢地，你活在自己的舒适区，过着自己伸手可及的人生，生活也像松弛的橡皮筋，失去年轻时应有的活力。

是让现实靠近愿景，还是让愿景靠近现实，是成为我们希望的人，还是接受无奈的现状，这取决于我们对于愿景的规划和坚持能力。自我实现不是把计划写在纸上然后结束，自我实现是一场持续终生的修炼。

生涯实践

梦想清单

如果大学毕业的那一天，你回顾过去4年，觉得青春无悔，那是因为你做到了些什么？

1. 在表1-1内的愿景清单中写下当你看到问题时脑子里面浮现的想法，并且尽可能清晰地描述它们。

2. 完成全部清单后，在右边给这些愿景按照心动程度和信心程度打分，0~5分，5分为最高分。

3. 挑出心动程度和信心程度都相对高的，优先行动。

表1-1　梦想清单

愿景清单	心动程度	信心程度
我成了一个＿＿＿＿、＿＿＿＿、＿＿＿＿的人（填入三个你最希望自己达到的形容词）		
在学业方面，我会＿＿＿＿＿＿		
在社团方面，我会＿＿＿＿＿＿		
我交到了＿＿＿＿＿样的朋友		
我去过了＿＿＿＿＿地方		
我获得了一份＿＿＿＿＿样的工作		
我开始了一段＿＿＿＿＿的恋爱		
父母会以＿＿＿＿＿的眼光看待我		
我学会了＿＿＿＿＿		
我拥有了＿＿＿＿＿的技能／才干／性格		
我培养出了＿＿＿＿＿的习惯		
我对于＿＿＿＿有了全新的思考和认识		
我成为＿＿＿＿＿高手		

生涯感悟

每个人都希望成为更好的自己，每个人都有自我成长的张力。但是由于"后马拉松效应"和"目标损耗"，很多大学生并没有抓住这4年自我超越的机会。

过好大学生活有4步：了解和适应大学生活；思考和描绘愿景；把愿景变成目标；持续地行动。

第二节　职业与人生

生涯导入

一天猎人带着猎狗去打猎。猎人一枪击中一只兔子的后腿，受伤的兔子开始拼命地奔跑。猎狗在猎人的指示下也飞奔去追赶兔子。

可是追着追着，兔子不见了，猎狗只好悻悻地回到猎人身边。猎人开始骂猎狗了："你真没用，连一只受伤的兔子都追不到！"猎狗听了很不服气地回道："我尽力而为了呀！"兔子带伤跑回洞里，它的兄弟们都围过来惊讶地问它："那只猎狗很凶呀！你又带了伤，怎么跑得过它？""它是尽力而为，我是全力以赴呀！它没追上我，最多挨一顿骂，而我若不全力地跑，就没命了呀！"

人本来是有很大潜能的，但是我们往往会为自己找借口："管它呢，我们已尽力而为了。"

事实上尽力而为是远远不够的，尤其是在现在这个竞争激烈、到处充满危机的年代。常常问问自己：我今天是尽力而为的猎狗，还是全力以赴的兔子？

生涯知识

1. 职业是什么

谈起职业，同学们也许并不陌生。首先你们的父母亲友们每天奔波忙碌，辛勤工作，供你们读书上学，维系着家庭的生活和幸福。他们或是工人，或是农民，或是教师，或是医生，或是机关工作人员，或从事其他工作。他这些工作就是职业。

（1）职业及其功能。简单地讲，职业就是人们从事的有比较稳定的合法收入的工作。准确地说，职业是劳动者以获取经常性的收入为目的而从事的连续性的、相对稳定的、合法的社会劳动。

思考

你选择一个职业仅仅是为了谋生吗？

职业由 3 个基本要素组成：一是劳动；二是有固定的报酬或收入；三是要承担一定的职责并得到社会的承认。

对于个人来说，职业具有 3 个意义：谋生的手段；为社会做贡献的岗位；实现人生价值的舞台。三者密不可分，其中"谋生"是基础，"贡献"是过程，"价值"是结果。可以说，职业是社会人生活幸福的源泉。

（2）职业的特征。职业与人类的社会生活息息相关，随着社会的发展而产生和发展。职业是一种具有经济性的社会劳动，具有 8 个基本特征。

①社会性。职业的社会性首先表现在任何一种职业都不能独立存在，而只是整个社会生产、生活体系中的一个环节；其次，每个职业的从业人员都处在一定的社会环境中，从事着与其他社会成员相关联、相互服务的社会活动；再次，每一种职业都必须有一定规模的从业人员。

②稳定性。职业的稳定性，即某种职业的产生并不是基于社会的某种临时性的需要，每种职业都有较长的生命周期。

③目的性。职业的目的性，也叫有偿性或经济性。从事任何一种职业劳动都能得到现金或实物回报，人们从事某种职业的一个重要目的就是谋生。通过自己的劳动，换取相应的经济报酬，并以此作为维持、丰富生活的主要收入来源。

④规范性。职业的规范性也就是合法性。它有两个方面的含义：一是职业必须符合社会主流道德观；二是职业必须符合国家规定。

思考

乞讨、倒卖车票、商品传销、个人家务劳动等是职业吗？为什么？

⑤专业性。职业的专业性，是指不同的职业在劳动内容、劳动方式、劳动手段等方面所具有的专业特点。例如，汽车修理工要有汽车构造等方面的知识，并具备对汽车故障的分析诊断与维修能力。

⑥多样性。职业的多样性，是指职业存在于社会的政治、经济、文化、教育、军事、外交等一切领域，在每个领域中又有不同的种类，比如在文化领域中有演员、作家、编辑等，在教育领域有教师、工勤人员等。

⑦技术性。职业的技术性，是指不同的职业都有具体的知识、技能和技巧要求。技术性是一切职业的共有特性。在现代社会里要从事某种职业，必须经过一定时间的知识和技能培训。

思考

你的父母从事何种职业？这些职业有什么技术要求？

⑧时代性。职业的时代性，是指职业随着时代的变化而变化。随着社会的发展进步，新的职业会不断产生，某些职业会消失，原有的职业也会获得新的时代内容。

2. 现代职业的多样性与发展趋势

职业的大千世界可谓五彩缤纷，当今世界有多少种职业呢？这是一个很难给出确切回答的问题。

（1）职业的种类。世界各国由于经济发展、社会生产力水平不一，职业种类也不相同。从美国、加拿大等发达国家的统计资料看，职业已有 2 万多种。我国的职业种类虽然远不及发达国家，但随着经济的发展，特别是受世界经济一体化的影响，我国的职业种类也在不断增加。2022 年，人力资源和社会保障部修订了《中华人民共和国职业分类大典》（以下简称《大典》），新版《大典》包括大类 8 个、中类 79 个、小类 449 个、细类（职业）1639 个。与 2015 年版《大典》相比，增加了法律事务及辅助人员等 4 个中类，数字技术工程技术人员等 15 个小类，碳汇计量评估师等 155 个职业（含 2015 年版《大典》颁布后发布的新职业）。

《大典》所分的八大类职业为：国家机关、党群组织、企业、事业单位负责人；专业技术人员；办事人员和有关人员；社会生产服务和生活服务人员；农、林、牧、渔业生产及辅助人员；生产、运输设备操作人员及有关人员；军队人员；不便分类的其他从业人员。

职业的种类与一个国家的经济、科学、社会发展密不可分，随着社会、经济发展和科技进步，新的职业不断产生。比如房地产业、保险业、咨询服务业、金融投资业等都是在改革开放以后产生和发展起来的，随之也就产生了一批如房地产和证券经纪人、评估师、理赔师、证券分析师、商务策划师、保险代理、专利代理、信息咨询师、职业指导师等职业。近几年，人力资源和社会保障部每年都要公布一批新增职业。当然，有些职业也在随着社会的发展而逐渐消失，比如猎手、杂耍艺人、报幕员等。

当然，社会分工不是决定职业存在与否的唯一因素，某些职业的发展还与一定的社会制度、政府的政策等有关。不同的国家还有反映不同民族特点的职业，像西方国家的牧师、日本的相扑运动员、我国的针灸师和武术师等，都是颇具国家特色的职业。

（2）职业的发展趋势。随着社会的发展和城市化的推进，第一产业的从业人员将加快向第二、第三产业转移，与第三产业有关的职业将得到继续发展，新的职业将不断产生，一些旧的职业会逐渐被淘汰。第三产业的发展规模，是衡量一个国家经济发展程度的重要标志之一。发达国家第三产业的产值占国民生产总值的比例在 60% ～ 70%，中等发达国家的比例也在 50% 以上，而我国目前刚刚超过 40%。随着国家产业结构的调整，第三产业将有较大发展空间，提供的职业岗位会越来越多，很多新兴职业也将在这一领域出现。

3. 职业是实现人生发展的载体

在一生中，我们需要扮演 6 种主要角色：孩子、学习者、休闲者、公民、工作者、持家者。不同时期不同角色的组合就构成了我们独特的职业生涯形态，个人也是通过扮演这些角色来寻求人生需求的满足，实现人生价值的。

20 世纪 80 年代初，职业生涯辅导大师舒伯为了综合阐述职业生涯发展阶段与人生角色彼此间的交互影响，创造性地描绘出生涯彩虹图（见图 1-1），形象地展现了人生发展的时空关系。

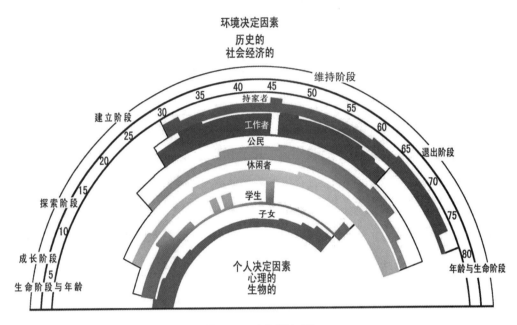

图 1-1　生涯彩虹图

在生涯彩虹图中，最外层代表横跨一生的生活广度，又称为生涯发展的大周期，分为成长阶段、探索阶段、建立阶段、维持阶段和退出阶段。里面的各层代表纵贯上下的生活空间，由一组角色所组成：子女、学生、休闲者、公民、工作者和持家者。各种角色之间是相互作用的，一个角色的成功，将会为其他角色的扮演提供良好的基础。但是，如果在一个角色上投入过多的精力，而没有很好地平衡协调各角色之间的关系，就会导致其他角色扮演的失败。比如，现实生活中，常会看到有的人过分投入工作而忽视家庭，从而导致家庭不和谐，进而对其个人的人生满意度带来负面影响。因此，成功的人生应该包括4个方面：身体健康、家庭和谐、子女自立成才和事业有成。鉴于此，成功的职业生涯规划不仅要考虑如何扮演好工作者角色，还要考虑如何扮演好人生其他角色。只有将各个角色在空间和时间上很好地组合起来，才能满足我们的人生需求，实现我们的人生价值。

在生涯彩虹图中，每一个阶段对每一个角色的投入程度可用涂黑的阴影来表示，黑色越多表示对该角色的投入越多，空白越多表示对该角色的投入越少。生涯彩虹图对我们在各人生发展阶段如何规划各种角色，进而过上有价值、有意义的人生具有非常重要的指导作用。

职业生涯贯穿我们的一生的大部分时间。每个人在实现职业生涯宏伟目标的过程中，都会经历不同的发展阶段，有着不同的职业需求和人生追求。不同阶段的任务，组成一个人向职业生涯顶峰攀登的崎岖之路，同时也将决定职业生涯未来的去向。

在现代社会中，工作是绝大多数人用来获得经济的、社会的和心理的回报，从而满足自身生存和发展需求的主要手段。现时，扮演好工作者角色，在职业生涯发展中有所成就，也能很好地支持其他人生角色的扮演。可以说，职业生涯是人生全面发展的重要载体，而人生全面发展是成功的职业生涯的最终目的。

4. 职业发展与人生需求满足

相信每个人都希望在自己的人生中满足较高层次的需求，最终能够实现自我价值。但高层次需求并不是随心所欲就能满足的。满足人生较高层次的需求与个人的职业生涯发展程度是密切相关的。人生需求与职业生涯发展的关系，如图 1-2 所示。

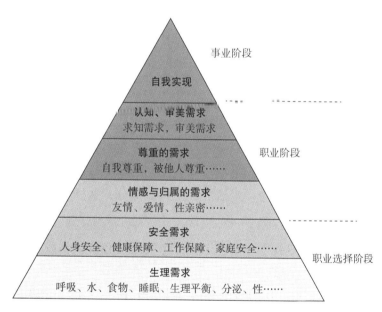

图 1-2 人生需求与职业生涯发展的关系

从图 1-2 可以看出，职位选择阶段是一个人职业生涯发展的第一步。在此阶段，个人依其职业价值观、兴趣、性格、能力素质对所能从事的职位进行匹配性选择，工作还只是个人谋生、满足其生理需求和安全需求的一种手段。随着个人知识的丰富、能力的提高以及个人与职位的匹配性和适应性的提高，个人的职业生涯也就进入了第二阶段——职业阶段。在此阶段，工作成为发挥个人才干、满足其情感与归属的需求、尊重需求、认知需求及审美需求的一种手段。当个人的职业生涯进入事业阶段后，个人不再把工作当作一种生存的手段，而是实现其人生价值的手段。在此阶段，虽然工作负担重、责任大，但个人总是以工作为乐，在工作中总有用不完的激情。个人通过工作满足其自我实现需求及自我超越需求。

需要强调的是，较高级的人生需求，如情感与归属的需求、尊重需求、自我实现需求是无限的，必须通过满足社会公众的需求才能实现。而所有这些需求都要通过职业生涯活动来丰富。通过从事一份职业，我们能获得生命赖以存活的食物、水等物质；通过从事一份职业，我们能够拥有一个安全舒适的住处以休息放松；通过从事一份职业，我们能获得人们的认可、尊敬、友爱，享受美好生活；通过从事一份职业，我们能够发挥自己的潜能，实现自我价值，体验到收获幸福的成就感。

然而，有一份工作就能保证满足我们所有这些需求吗？高级的人生需求能否满足很大程度上依赖于我们的职业生涯发展状况，很难想象一个抱着"当一天和尚撞一天钟"的心态浑浑噩噩度日的人能充分体会到上述高级需求，感受到人生成功的快乐。谁都希望能在自己的职业生涯中有所建树，特别是大学生，更是对未来事业之途充满期望，并愿意为成功付出辛勤努力。但是要想成功，仅有主观努力是不够的，关键在于是否选择了正确的职业生涯发展方向。

一个人的职业生涯是生命、生活的重要组成部分，选择了一份职业，就是选择了一种社会角色，进而选择了一种生活方式。每个人都应该是自己人生事业的规划者和耕耘者，规划自我发展的蓝图，能为实现自我价值创造机会，并扬长避短，最终迈向成功。

人生就好像爬山一样，你唯有怀抱勇攀高峰的雄心壮志，才有可能登上事业的顶峰。积极进取的人生态度是职业生涯发展的基石。"你不能决定生命的长度，但你可以拓宽它的广度；你不能左右天气，但你可以改变心情；你不能改变容貌，但你可以展现笑容；你不能控制他人，但你可以掌握自己；你不能预知明天，但你可以利用今天；你不能样样胜利，但你可以事事尽力！"这就是积极进取的人生态度的生动写照。

5. 人生目标定位

真正的成功是多元化的。成功可能是创造了财富或新的技术，可能是为他人带来了快乐，可能是在工作岗位上得到了别人的信任，也可能是找到了回归自我、与世无争的生活方式。每个人的成功都是独一无二的。所以，凌志军在其《成长》一书中得出的重要结论是："成功就是成为最好的你自己。"也就是说，成功不是要和别人相比，而是要了解自己，发掘自己的目标和兴趣，努力不懈地追求进步，让自己的每一个今天都比昨天更好。

获得职业成功必备的基本要素是目标、信心和行动。一个人既要确定人生的总目标，又要确定达到总目标前的阶段性具体目标。人生的意义在于对于目标的追求与实现，人生就是一个不断打破现状、追求超越自我的过程。一个人的职业生涯尤其如此，必须瞄准顶峰的目标，步步攀登，才能成功。职业成功离不开信心，要想做一个成功者，首先一定要有坚定的信念和意志，明白人生掌握在自己手中的道理，这是成功的先决条件。行动是获取职业成功的关键，如果不付诸实践，信心和目标最终只会成为空谈。

由此可见，一个人要想获得职业成功，必须做到以下几点。一是要积极主动，坚持不懈，保持旺盛的激情，并始终充满信心和热情，锲而不舍、脚踏实地去争取，一分耕耘、一分收获。二是适应环境和形势，不断创新。社会大环境不是一两个人能改变的，作为个体要适应这种外在的环境形势，并不断地调整自己的想法和活动，适应环境的要求与变化以达到成功。三是善于把握机遇，在职业生涯中，把握住了机会，成功往往就在一瞬间。四是有超前的战略眼光，要有远见、有见地，许多时候如果能比别人早行动一点，就占了主动。五是要利用好时间，提高效率，做好时间管理。

在历史的长河中，社会在不断进步，职业也在不断地发展。社会的发展直接推动着职业的发展，职业的发展也对社会的发展产生了重要作用，同时对人们的择业观念也产生了较大的影响。

哈佛大学做过一个非常著名的关于目标定位对人生所产生的影响的跟踪调查，调查对象是一群智力、学历、环境等条件都相当的年轻人。调查显示：27% 的人没有目标定位，60% 的人目标定位模糊，10% 的人有清晰而短期的目标，3% 的人有清晰且长期的人生定位。

经过 25 年的跟踪调查发现，他们的生活状况与其目标定位有极大的关系，定位决定了他们日后的发展，目标定位对人生道路有巨大的导向作用。那 3% 的人，25 年来都朝着一个方向不懈努力，坚守目标。25 年后，他们几乎都成了社会各界的顶尖成功人士，许多人成为行业领袖和社会精英。

那 10% 有清晰短期目标的人，大都处于社会的中上层。他们的短期目标不断被实现，生活状况稳步上升，他们成为各行各业出类拔萃的人物，如工程师、企业家、大学教授等。

那 60% 的目标模糊者，几乎都处于社会的中下层，安于现状，没什么特别的作为。

其余占 27% 的无定位者，都处于社会的最底层，常感到没有出路，靠领社会救济金过日子，常常失业，抱怨社会，抱怨他人，抱怨人生，不知道自己到底要干什么，更不知道如何努力，因为他们一直就不知道路在何方。

为什么如此多的人没有明确的人生定位呢？主要有以下几个原因：

第一，习惯性思维禁锢着人们。

第二，不知道如何定位。

第三，不懂得"根据资源匹配定位人生"的道理。

第四，害怕因实现不了目标而失面子。

生活中有许多人一直在抱怨没有出路，其实是因为他们没有人生目标。没有目标定位，人生就像被蒙上了眼睛的驴子，只会围着磨盘在原地打转，永远平庸，永远走不出周围那狭小的天地。有无出路的本质差别不在于天赋，不在于机遇，而在于是否有明确的人生目标定位。有了定位，就知道自己的出路在哪里。如果没有定位，我们每天清晨起来将茫然四顾；如果没有目标，我们的终日忙碌将毫无意义。

可见，规划对人生有巨大的导向性作用。成功，在一开始仅仅是一种选择，你选择什么样的规划，就会有什么样的人生。在一个人有限的生命中，职业生涯往往占有绝对重要的位置。据调查统计，大部分人平均职业生涯时间占可利用社会活动时间的 71% ～ 92%。职业生涯伴随了我们大半生，拥有成功的职业生涯才可能实现完美的人生。

知识链接

国家人社部最新发布的这18个新职业，有你感兴趣的吗？

近期，人力资源和社会保障部将向社会公示新职业相关信息，其中机器人工程技术人员等18个新职业信息作为第一批向社会进行公示，广泛征求意见。此次公示的新职业具有以下几个特点：

一是在数字经济发展中催生的数字职业。数字经济是以数字技术为基础的新的经济形态，具有发展速度快、辐射范围广、影响程度深等特点。数字经济正在推动生产方式、生活方式和治理方式产生深刻变革。《中华人民共和国国民经济和社会发展第十四个五年规划和2035年远景目标纲要》明确指出，要加快数字化发展，建设数字中国，对数字经济、数字社会、数字政府建设做出了系统部署。此次《中华人民共和国职业分类大典》修订，对产业数字化和数字产业化背景下的职业分类进行了专题研究，拟对其中数字特征明显的职业予以标注。此次公示的"机器人工程技术人员""增材制造工程技术人员""数据安全工程技术人员""数字化解决方案设计师""数据库运行管理员""信息系统适配验证师""数字孪生应用技术员""商务数据分析师""农业数字化技术员"等职业，均是参照《数字经济及其核心产业统计分类（2021）》，以数字产业化和产业数字化2个基本视角，围绕数字语言表达、数字信息传输、数字内容生产3个维度，以及工具、环境、目标、内容、过程、产出等6项指标进行界定的。对数字职业进行标注，是我国职业分类工作的重要创新，对推动数字经济、数字技术的发展以及提升全民数字素养具有重要意义。

二是在碳达峰、碳中和的发展目标要求下涌现的绿色职业。实现碳达峰、碳中和是实现经济社会更高质量可持续发展的必要路径，正在悄然改变能源与经济结构，推动产业转型升级，"碳汇计量评估师""综合能源服务员"等新职业应运而生。占据主体能源地位的煤炭资源，其清洁化、大型化、规模化、集约化利用和由单一燃料属性向燃料、原料方向转变的产业发展新趋势，使"煤提质工"这一新职业从传统产业中诞生。转变农业发展方式、优化农业产业结构，通过数字技术的引入，不断提升农业数字经济渗透率、实现农业农村高质量发展，催生了"农业数字化技术员"这一绿色农业领域的新职业。

三是在新阶段、新理念、新格局和人民美好生活的需要中孕育的新职业。随着基层从事退役军人政策咨询、信访接待、权益保障、安置服务、就业创业扶持等事务的人员增多，传递党和政府的关心关爱、打通政策落实"最后一公里"的重要力量——"退役军人事务员"这一新职业得以被提出。随着《家庭教育促进法》的出台实施和"双减"等政策的推行，从事家庭教育和研学旅行指导人员的职业属性、职业工作任务界定等变得很有必要。基于此，专家和有关部门提出了"家庭教育指导师""研学旅行指导师"2个新职业。为满足广大旅游消费者个性需求，民宿行业蓬勃发展，短短几年数量便实现由"0"到"百万"级规模跨越的"民宿管家"得以设立为职业。城市轨道交通建设的如火如荼开展和城市轨道交通设施的不断投入运营，使得对城市轨道交通行业从业人才的需求量已达数十万人，事关广大城市居民出行安全的"城市轨道交通检修工"这一职业的确立，将为服务人民美好生活、促进共同富裕提供坚实保障。

职业分类作为制定职业标准的依据，是开展职业教育培训和人才评价的重要基础性工作。此次，这些新职业信息的公示发布，对于增强从业人员的社会认同度、促进就业创业、引领职业教育培训改革、推动经济高质量发展等，都具有重要意义。

下一步，新职业信息经公示征求意见、修改完善后，将被正式纳入新版《中华人民共和国职业分类大典》。人力资源和社会保障部将会同有关部门组织制定新职业标准，同时面向社会广泛征集新职业标准或评价规范，指导培训机构依据国家职业标准开展培训。同时，积极稳妥地推行社会化评价，由经人力资源和社会保障部门备案的用人单位和社会组织开展评价活动。对评价认定为合格的人员，由评价机构按照有关规定颁发证书。获证人员信息被纳入人才统计范围，获证人员按政策规定享受职业培训补贴、职业技能鉴定补贴等。

生涯实践

你曾想做哪一行的工作？ _____

你喜欢这一行人的生活方式吗？

这是一种 _____ 的生活方式。

你现在想做哪一行的工作？ _____

你喜欢这一行人的生活方式吗？

这是一种 _____ 的生活方式。

第三节　生涯规划

生涯导入

绿鞋子的故事

有个人在很小的时候，无意中从神仙那里得到了一本书。这本书仔仔细细告诉了他关于完美爱情的一切。里面说，他会遇到一个穿着绿鞋子的女孩，他们会如何牵着手在雨中漫步，会如何在巴黎度蜜月，会生两个可爱的孩子，会一起度过多美好的晚年。

他出发去环游世界，决心找到自己的完美爱人。他盯着每一个女孩子的脚，希望有一天能遇到一个穿绿鞋子的人。有那么几次，他遇到了喜欢的女孩，或者也有人喜欢他。他低下头看看她们的鞋子——没有一个人穿绿鞋子。他拒绝了所有人。他低头找得那么认真，连背都开始驼啦。

一开始这显得很奇怪，直到后来他成了老头，一个驼背的老头这样做就显得不那么奇怪了。但是他还是孤身一人，一直到孤独地死去，他都没有获得完美爱情。

他本来应该想到：

1. 你不应该全信一本书，哪怕是神仙写的；
2. 你可以送给你喜欢的人一双绿鞋子。

生涯知识

第一次听到"生涯规划"这个词时，你是不是也像《绿鞋子的故事》的主人公一样，希望老师能够发一张规划图，上面清晰地记录着一生该干什么，而自己只要干就好了？

1. 什么是生涯规划

职业生涯规划简称生涯规划，又叫职业生涯设计，是指个人和组织相结合，结合自身条件和现实环境，在对个人职业生涯的主客观条件进行测定、分析、总结研究的基础上，对自己的兴趣、爱好、能力、特长、经历及不足等各方面进行综合分析与权衡，结合时代特点，确定最佳的职业奋斗目标，选择职业道路，制订相应的培训、教育和工作计划，并按照职业生涯发展的阶段实施具体行动以达到目标的过程。职业生涯设计的目的绝不只是协助个人按照自己的条件找一份工作，达到和实现个人目标，更重要的是帮助个人真正了解自己，为自己定下事业大计，筹划未来，拟定一生的方向，进一步详细估量内、外环境的优势和限制，在"衡外情，量己力"的情形下设计出合理且可行的职业生涯发展方向。

职业生涯规划的主要目的就是要解决"干什么""何处干""怎么干""以什么样的心态干"的问题。"干什么"就是根据自己的兴趣、理想、专业去选择职业方向。"何处干"就是确定职业发展的地点。"怎么干"实际上就是确定自己在职业人群中的位置，即根据自己的实际水平，在择业时对职位、薪资、工作内容等做好判断和把握。"以什么样的心态干"就是稳定自己的心态，敢于直视就业过程中的困难和问题，始终坚定地按照自己的正确计划去实现理想。

职业生涯规划不等同于人生规划。人生规划就是一个人根据社会发展的需要和个人发展的志向，对自己的未来发展道路做出一种预先的策划和设计。人生规划一般包括健康、事业、情感、晚景4个部分的规划内容，其中事业规划又包含职业规划和学业规划2个部分。

2. 职业生涯规划的意义

假想你是一位旅行家。你可以用自己的步调和韵律，走到任何你想去的地方。

A. 你会选择什么目的地？

B. 出发前，你会做哪些准备？

C. 你会选择走哪条路以到达目的地？

D. 你为什么会做这样的选择？

这些问题，也是生涯规划者会思考的问题。目的地，就是一个人的愿景、使命和目标；起始点，则是一个人的现况和资源；道路，是生涯发展时的路径；而"为什么"，则是追寻自己生命意义的敲门砖。

多数的旅行者，在上路前，对于目的地都抱有憧憬，充满着理想和幻想。第一次出门的旅行者，通常在考虑自己的时间和经济能力后，会选择一家信誉不错的旅行社，随团出游。但在旅行的过程中，经常会发现，大众路线未必能满足自己底层的需求，而且赶鸭子似的"攻占"景点，"上车睡觉，下车拍照，回家什么都不知道"，很难让人能充分地享受其中。因此，下次出游时，就会做一番调整，选择较适合自己的方式——跟随风格特殊的旅行社、改为自助式旅游等。

生涯规划的过程，也和旅游类似。初次上路的生手，常受外界因素的影响，先走再说、且走且战，但是这种无法以自己的"志趣"为主轴的生涯发展，通常在不久之后，就会使自己陷入泥淖，疲惫不振。在这种危急时刻，若能学习生涯规划的内容和步骤，重新思考自己的方向，拟订一个自己心甘情愿实行的行动计划，步步为营，则有机会化危机为转机。

3. 职业生涯规划的基本步骤

一个系统的生涯规划应当包括觉醒与承诺、认识自己、认识工作世界、职业决策、行动、再评估或成长等 6 个步骤。

（1）觉醒与承诺——我的职业目标是什么？要了解到生涯规划的重要性和作用，并愿意花时间来规划自己的生涯。但也要了解，有时我们所播下的种子，未必能马上发芽。职业生涯是一个过程，对其的规划并不能马上为自己带来理想的工作。

（2）认识自己——我是谁？我的兴趣和特质是什么？系统化职业规划是一个"从内而外"的过程，因此在进行职业规划时，要诚实地问问自己：我有哪些人格特质？我的兴趣是什么？哪些东西是我生命中不能缺少的？我最看重什么？我有哪些技能是与众不同、可以赖以为生的？

（3）认识工作世界——我向往的职业究竟要求什么？在这个步骤，我们需要了解职业的分类和内容，专业与职业的关系，工作世界的宏观发展趋势，具体职业对工作人员的要求、条件和待遇等，继续教育方面的选择，以及获取以上信息的方法有哪些。

（4）职业决策——在职业世界里，我该如何取舍？这一步包含选择与决定、综合与评估信息、目标设立与计划、处理决策过程中的各种问题（生涯信息、障碍）。

（5）行动——我已经做了什么？我还能做什么？这个将全部的探索和思考进行落实的阶段，包括求职准备、信息获取、制作简历、面试、保持积极心态。

（6）再评估或成长——成长与发展。同学们在实践中迈出生涯的重要的一步——进入工作世界时，随着外部环境的变化，或许会继续沿着过去的规划前进，也有可能发现过去的规划已不适合自己，或者发现过去的规划并不尽如人意。这就需要再次进行生涯探索，修正生涯规划。所以说，生涯规划是一个循环往复的过程，需要一辈子来探索。

生涯实践

试着从现在开始，给自己做一个一年的学生生涯规划！请在每一个问题下面写下你的答案。

1. 在大学头一年，我想要什么？

（a. 写下你这一年最希望获得的东西，可以是很具体的"认识3个朋友"，也可以是比较抽象的，如"智慧"。b. 按照你认为的重要程度给它们排出顺序。）

2. 哪些学习领域、学校活动、生活方式能够满足我？（我希望获得的东西，在学校和社会的什么地方能够获得？哪些社团、哪些活动可以满足我的需求？哪些生活方式是可以了解一下的？）

3. 我的周围环境和资源支持我做什么？（学校有哪些机会和平台做这些事？我的同学、老师、朋友有哪些资源支持我做这些事？按照环境和资源支持程度给它们排出顺序来。）

4. 在这个方向上，我有什么优势？或者准备培养什么优势？（如果没有，那么你希望在哪一方面培养出优势？）

5. 今年我的目标是什么？（综合上面的思考，你能最后得出自己希望最终达成的目标吗？）

6. 你会在何时、何地开始什么样的行动？（给自己的手机设置一个提醒，一个月以后，回顾一下，看看你做得怎么样。）

生涯感悟

这一小节中，我们详细探讨了生涯规划要解决的6大问题与4个核心元素，以及各个元素的探索方法，让大家对于职业生涯规划有了一个概括的认识。我们还在后面谈论了大众对生涯规划的常见看法，提出了更加系统、全面的观点。

生涯规划是一个动态的自我实现过程，并无标准答案，需要每个人在自己的生活中具体践行。

第二章 我的未来在大学奠基

第一节 大学生涯对职业发展的影响

生涯导入

我为什么要上大学

有很多同学认为考大学就是为了拿文凭——拿到学历证书，因为父母和社会都是很重视学历证书的，似乎学历证书就证明了一个人的能力。所以他们就理所当然地为考大学而考大学，把考上大学作为自己的终极目标。因此，很多人考上大学以后就迷失了方向，开始彷徨和无奈。那是因为他们都忽视了一点：上大学只是通向成功职业生涯的一种途径，是实现个人理想的途径，而不是目标。

相信每位同学上大学都是为了能有光明的前途，比如做企业家、企业经理人、工程师、科学家。原来你的心中可能大致有一个方向，但是目标还不是很清晰。想有光明的前途还不是一个好的答案，你必须在在校期间就明确自己的目标是什么、想要在哪个行业发展、发展成什么样。

生涯知识

1. 大学教育与人生发展

大学是你人生的一个新起点，也是人生发展的新阶段。高考决定了你上哪所大学，大学几年的学习、生活将影响你未来发展的方向和格局。

只要考上了大学，毕业后就能找到好的工作，未来的发展就可以高枕无忧了吗？

2022年，全国各级各类高校毕业生达到1076万人，比2021年净增167万人。这是全国高校毕业生规模首次超过1000万人，2022年也是近年来高校毕业生人数增长最多的一年！毕业生人数在年年递增，就业难似乎成了常态。连续几年的"史上最难就业季"给人的感觉就是：对于就业，"没有最难，只有更难"！今天，大学生身份不再是"铁饭碗"的代名词，只有适应市场才能生存，只有强者才能发展。

大学是从事社会工作前的阶段，是为今后踏上工作岗位做的最后准备。大学的专业学习将为未来的职业选择导航，为未来的职业发展做好铺垫。在此期间，大学生一定要把握人生成长的关键时期，做出如下的准备。

（1）培养良好的职业道德和敬业精神。职业道德是指人们在职业生活中应遵循的基本道德，即一般社会道德在职业生活中的具体体现，不同行业、不同职业有着不同的要求。敬业精神是一种基于热爱的对工作、对事业全身心忘我投入的精神境界，其本质就是奉献的精神。敬业精神决定了能把工作做到多好，职业道德决定了在职业发展的道路上能走多远。你应该热爱自己的职业，在严峻的就业形势下，有可能在不经意间就业机会就离你而去了。

敬业精神的构成要素有如下几方面。

①职业理想：人们对所从事的职业和要达到的成就的向往和追求，是成就事业的前提，能使从业者高瞻远瞩，树立远大志向。

②立业意识：确立职业目标和实现目标的愿望。其意义在于利用职业理想目标的激励导向作用，激发从业者的奋斗热情并指引其成才的方向。

③职业信念：对职业的敬重和热爱之心，表示对事业的迷恋和执着的追求。

④从业态度：持之以恒的工作态度。勤勉工作，笃行不倦，脚踏实地，不好逸恶劳。

⑤职业情感：人们对所从事职业能获得的愉悦的情绪体验，包括职业荣誉感和职业幸福感。

⑥职业道德：人们在职业实践中形成的行为规范。

（2）学好专业技能知识并考取相关证书。大学的专业在很大程度上决定和影响着未来职业的选择和发展，资格证书是专业知识掌握情况的反映。绝大多数高等院校要求学生在毕业前考取与专业相关的职业资格证书，证书在就业时有时会成为被录用的条件。

（3）学会协调人际关系。人具有社会属性，我们每天都在与人接触、与人合作，协调处理好人际关系是人作为社会群体中的一分子长久生存发展下去的必然要求。在大学期间要做好协调处理好人际关系的思想准备，提升自身协调处理人际关系的能力，为今后踏上社会奠定人脉基础。

（4）提高身体素质，养成良好的锻炼习惯。身体是革命的本钱，保持健康的身体是做任何事情的前提，在大学期间应正确地、科学地运用体育运动锻炼身体，促进身体健康，增强体质。

2. 大学教育与人生格局

格，是指人格。局，是指气度、胸怀。所谓人生的大格局，就是以长远的、发展的、战略的眼光来看问题，以帮助、合作、奉献的态度来交朋友，以大局为重、不计小嫌的博大胸怀来做事情。

我国高等教育的目标是培养德、智、体、美、劳全面发展的社会主义事业建设者和接班人。大学里良好的学习环境、深厚的文化底蕴的熏陶，以及专家教授的引导，有助于学生人生大格局的培养。

思考

有人说，读大学没有用，大学生毕业后还有卖猪肉的，不读书也可以卖猪肉。你怎么看?

（1）大学教育与人格气质的优化。大学生人格是大学生具有社会意义的各种特征的统一，是各种特征的综合形式。它包括了大学生在体格上的特征，如身高、体重；心理上的特征，如智力、判断力、知觉；特殊能力，如音乐、美术、社交等。这都属于大学生个性的综合体现和本质表现。大学里优质的师资队伍、良好的校园文化环境、人文素质的提升都将优化大学生的人格气质，为人生的发展奠基。

（2）大学教育与人生选择的机会成本。机会成本，简而言之，就是个人做选择所付出的代价。人生无时无刻不在选择，选择串联着人生。一生中，在选择某一种机会时，就意味着放弃了另一种机会。如果你选择进入高校求学，你的成本将是失去几年挣钱的光阴；如果你选择进入社会闯事业挣钱，你的成本便是失去接受大学教育的机会。

一般来说，每次选择的机会成本都是单一的，但收益与结果或许是多元化的。进入大学学习，收益不仅是毕业时所拿的毕业证书，还有综合素质的提升、人生格局的规划培养能力、人格气质的优化等。

3. 大学生涯对职业发展的影响

（1）大学教育——职业生涯的准备。大学教育是一种全面的教育，首先是道德、精神层面的教育，其次才是专业知识教育；而职业生涯就是一个人的职业经历，它是指一个人一生中与职业相联系的所有行为与活动，以及相关的态度、价值观、愿望等连续性经历的过程，也是一个人一生中职业、职位的变迁及工作、理想的实现过程。职业生涯是一个动态的过程，它与在职业上成功与否无关，每个工作着的人都有自己的职业生涯。大学一般开设名为"职业生涯规划"的课程，引领大学生树立正确的价值观、人生观和职业观。接受大学教育能让你更清晰地规划自己的职业生涯，使你更清楚自己的能力，注意培养并发展这份能力，使之成为你职业生涯中的一把利器，成为你走向社会的许可证。

（2）专业技能——职业选择的基础。专业技能素质是指在教育者的指导下，通过学习和训练，日渐形成的操作技巧和思维活动能力。它是你职业选择的基础，就像是锁和钥匙的关系，一把钥匙打开一把锁，你的专业技能是打开你职业生涯的钥匙，当你学会了某一项技能后，你在选择就业时一般会选择与你专业技能相关的职业，那样你可以少走弯路，并能更快速地使自己的职业生涯发展起来。

（3）人格精神——职业远行的能量。人格具有稳定性。个体在行为中偶然表现出来的心理倾向和心理特征并不能表征他的人格。俗话说："江山易改，本性难移。"这里的"本性"就是指人格。当然，强调人格的稳定性并不意味着它在人的一生中是一成不变的，随着生理的成熟和环境的变化，人格也有可能产生或多或少的变化，只是这个变化是在一定范围内相对稳定的。这是人格具有可塑性的一面，正因为人格具有可塑性，才能培养和发展。人格是稳定性与可塑性的统一。在职业生涯当中，良好的人格是你成功的前提，并能帮助你走得更远。

（4）师生关系——职业发展的资源。构建新型的师生关系，是职业教育长期、健康、快速发展的必要保证。新型的师生关系应当是在"以生为本"的思想指导下，建立民主平等的交往与交流，在和谐融洽的气氛中共同完成教学任务。老师在我们人生的不同时期扮演着不同的角色，同时也与我们有着不同的关系，其中教育关系是最基本的关系。在我们的职业生涯规划中，如果遇到问题，老师将会是我们的"百科全书"，替我们解答所遇到的一些难题。

思考

有人说，大学的老师，既是老师，也是朋友，还可能成为将来的合作伙伴。你怎么看？

生涯感悟

读大学的意义——一位大学生对大学的感悟

陈子昂

此文献给在大学中正处于迷茫、不知何去何从状态的大学生们。希望本文的内容，可以给广大大学生一点启示。若是能帮你们认识到如何更好地利用大学时光，提高自己的竞争力，找到一份理想的工作，本文就有了意义，也是对我本人最大的回报，在此我表示十分的感谢。

首先，我想问大家：你喜欢的是什么？在我高中毕业后，因为计算机能力比较突出，所以在不了解计算机专业实质性内容的前提下，我草率地报了与计算机相关的专业。然后在计算机专业的学习上，却挖掘不出任何的激情和动力。于是，我迷茫了很久。所以，我希望可以用我的亲身经历来帮助各位尽可能地缩短这段迷茫期，从而找到自己的兴趣。

学习一个专业、从事一项工作，兴趣是最好的老师。假如一个人做着一份自己不喜欢的工作，那么可能就会烦躁，对任务感到乏味，这样的态度将会使工作出现漏洞，不能出色地完成任务。因为他根本上还是跳不出"我是因为公司或者学校的命令而不得不做这件事，老实说还真痛苦"这层感受。因此他们不但无法发奋图强，更无法涌出向上之心，这样一来便会在工作中想着如何偷懒或偷工减料了。相反地，在不改变性格的前提下，选择自己喜欢的事情做，这种人可以早一步学到技术，逐渐进步、成功，即使在旁人的眼中看来既吃力又不讨好的工作，对他们来说也是甘之如饴，不久便能想到好办法渡过难关。就算遇到再多的逆境与危机，也能保有足以跨越难关的热情与信念。生活的意义从做自己喜欢的事情当中衍生而出，所以希望大家可以做自己喜欢的事情，而不是别人让你做什么，或者别人在做什么自己就做什么。

如果你是大二、大三甚至大四的学生的话，希望你认识到"路径依赖"和"沉没成本"这两个词。路径依赖：一旦人们做了某种选择，就好比走上了一条不归之路，惯性的力量会使这一选择不断自我强化，并让你轻易走不出去。因为背后都有对利益和所付出的成本的考虑。对个人而言，一旦人们做出选择就会不断地投入精力、金钱及各种物资，即使哪天发现自己选择的道路不合适也不会轻易改变，因为这样会使得自己在前期的巨大投入变得一文不值，前期投入在经济学上叫"沉没成本"。沉没成本是造成路径依赖的主要原因。不要想着你以前专业知识学得多么辛苦，专业技能多么扎实，如果找到了自己喜欢的方向，并决定要往自己喜欢的方向前进，就要学会放下。马云说过，要成功，就要有永不言弃的精神。在学会放弃的时候，才真正开始成长。说的就是这个意思。

大学生应该学会做职业生涯规划。可能有人会说，形势处于不断变化中，今天的规划可能明天就会过期。的确，运动是绝对的，静止是相对的。世界处于不断的改革中，情势正在不断地发生改变。但是我想说的是，职业生涯规划并不是一份详尽的、对生活的每一步都想得尽善尽美的规划，职业生涯规划的意义在于确定生活中的一个目标。当生活有了明确的目标的时候，人们就能够将自己的行进速度和与目标之间的距离加以对照，行动的动机和对目标的渴望就能得到完善和加强，就能克服更多的困难、越过更多的障碍，努力实现目标。

在 1953 年，美国耶鲁大学对毕业的学生进行了一次有关人生目标的研究调查。在开始的时候，研究人员向参与调查的学生们问了这样一个问题："你们有人生目标吗？"对于这个问题，只有 10% 的学生确认他们有目标。

然后，研究人员又问了学生第二个问题："如果你们有目标，那么，你们是否有把自己的目标写下来呢？"这次，总共只有 3% 的学生的回答是肯定的。

20 年后，耶鲁大学的研究人员在世界各地追访当年参与调查的学生，他们发现，当年白纸黑字把自己的人生目标写下来的那些人，无论从事业发展还是从生活水平上看，都远远超过了那些没有这样做的同龄人。这 3% 的人所拥有的财富居然超过了余下 97% 的人的总和。

这就证明了目标对于一个人发展的重要性。"不走弯路便是捷径"，这句话被广大企业家所认同。而设立目标正是在漫漫人生道路上设立了一个方向，在同等行进速度的形势下，有目标的人必然会比别人更快地到达人生理想的终点。

除此之外，做职业生涯规划还有一个好处就是，你可以去对职业进行了解，对就业进行解剖。然后，你就会逼迫自己去了解职业发展的很多相关信息，从而更清楚自己的发展现状，以便更好地设立未来的前进目标。这都是有百利而无一害的。

此外，大学教育现在已经变得越来越普遍。此时你需要思考一个问题：在大学教育的框架下，我们如何在人群中脱颖而出？专业绩点 40 和专业绩点 35 相比，优势并不明显，专业的 HR 们也不会特别看重大学的绩点。那么，如何做到在人群中脱颖而出呢？我们要去研究企业需要怎样的人才。假如一家 IT 开发企业需要 Oracle 数据库专业人员，那么我们只需要将学习的重点从学校安排的课程转到 Oracle 数据库的学习和实践上便能提高我们的竞争力。大学的学习范围广泛，如果你能将业余的精力放在 Oracle 数据库的学习和实践上，在毕业后，你对这门学科的熟悉程度和实践操作能力必定会比其他大学生高出许多倍。而企业需要的，也就是这种人才，能够一到企业就融入企业的工作中，企业无须花钱来培训你。此时，你就能脱颖而出了。

很多同学认为在大学，不担任学生干部就不算上进。我想说，这些同学很无知。请不要生气，原因如下：如果你要考公务员，做行政类的工作，那么我建议你去当学生干部，学生干部评选、学校比赛的参与度和获得奖项都是能够提高竞争能力的途径。但是如果你是走纯技术路线的，我奉劝你在大二的时候就不要再担任学生干部了，哪怕你的协调能力很好，分配能力优越，很有自信能把专业学习和干部工作都做得很好。就像我上面说的，付出的时间越多，得到的成绩也就越多。但是怎么得到足够的时间以供我们付出呢？所以，鱼和熊掌不能兼得。

还有，那些学校性、学院性的活动，是为了丰富学生生活而开展的，使大学生活不至于枯燥无味。动机是好的，但是我们是否能够在此类活动上获得自己想要的锻炼，这就需要我们自己去判断了。所以我建议大家有选择性地参加活动，不要为了综合考评而全部参加，也不要因为懒而什么都不参加，很大一部分活动对我们能力的提升是很有好处的。

那么大学需要培养的，除了专业技能外，还有哪些呢？

能力上，拥有主动的分析能力和独立的思考能力，以及将教材上的知识和理论进行吸收，从而应用于社会实践的能力。读经济学最主要的是学习经济学的思维，学管理学主要是学管理学的思路。本科生和专科生最主要的区别在于，本科生在思想上扎根，专科生在技能上挖掘。若本科生和专科生都是学厨艺的，则专科学习的第一节课就开始学习如何做菜，开始实践性教学。而本科生，必定花一两年的时间来学习厨艺的历史、厨艺的简介、未来发展趋势等。学习的目的就在于塑造思维，学习如何创新、如何去分析一道菜里面的营养价值、如何去配色加香料。分析能力和独立思考能力将是决定薪酬高低的一个筹码。

在思维上，自主性学习，就是要对自己学习的内容有所取舍，有一个比较明确的取舍标准，并用带有批判性的眼光对教材和其他书籍中的观点加以学习。建立自己的一套学习的取舍标准，什么都学不如一门学精。10 个 10% 并不是 100%，而是0。很多人可能会说，我组织活动、策划、销售、人力资源都会一点，但是你是否拥有独立完成工作的能力？这也是企业评判要不要你的重要方面。

在人格上，需要拥有独立的人格，因为一个经过独立思考而坚持自己观点的人比一个不假思索而接受他人观点的人更值得肯定。所以，在大学的时候，我们必须建立自己的价值观，不要认为人多的地方就有真理。2011年的日本地震，震撼了许多人。然而在网站上，一方在笑着日本活该，因为日本曾经进行过南京大屠杀，曾经侵略过中国，给中国带来惨痛的伤害，另一方认为地震是天灾，天灾是人类的天敌，就算日本曾经严重地伤害过中国，但在天灾面前，我们应该援助他们，抱有一颗同理心。你对此次事件是如何看待的？对于网上的内容你是全盘赞同还是用批判性的眼光去审视，体现了你的价值观。

在行动上，要做一个思想深刻的人。第一，利用图书馆，多看有思想深度的书，如哲学、政治、历史、社会学等多个领域的书籍；第二，将自己的思想植根于现实的土壤，如参加有指导性的讲座，并且学会向周围人学习。在专业学习的基础上，我建议大家尽可能地多看看哲学、政治、历史、社会学等多个领域的书籍。专业书籍可能看过就忘记了大部分，但这些课外书籍对你价值观的确立，对你人性修养的提升，是很有益处的。在确立目标后，我们要将目标的内容落到实处。当然，书籍只能确立你的价值观和看待世界的角度，并不能使你真正成长，真正的成长需要通过经历来实现。积极寻找能够使自己成长的机遇，是在大学里面的一个很重要的任务。

谈谈考研和留学吧。21世纪，文凭越来越不重要了，能力越来越重要了；21世纪，大学生越来越多了，能力越来越趋于平庸化了；21世纪，注定是那些有想法、有创意、有激情、有勇气将创意付诸实践的人的世纪。

如果你要考研，那么请你想清楚，考研后你的竞争力何在？如果只是看重一纸文凭，那尽快打消这个念头吧！研究生，顾名思义，研究某一类科学的人才。读研究生的动机在于想要加深对某一科学理论理解的深度。这对于从事学术工作来说，是相当重要的。对于其他类型的工作，则需要权衡。

留学，目的在于学习最先进的知识技能。如是抱着这个目的想去留学，那么我强烈建议出国。如果只是想在回国后拿着一个"海归"的头衔去混饭吃，那就打消这个念头吧。21世纪是注重能力的世纪，你能在国外提升自己的能力，那留学无可厚非。如果只是看着身边的同学、身边的朋友一个一个都留学去了才想出国，那么请不要跟风，思考下自己为什么去留学。

（来源：百度贴吧。有删改）

第二节　人职匹配与大学生成才

生涯导入

王妍和张兰是大一的学生，看着学长学姐们面临着毕业找工作，她们俩也开始思考4年后职业选择的问题。她们一起找到就业指导老师，希望能够解除困惑，帮助自己以后找到合适的工作。老师告诉她们，当前大学生就业压力大，首先要摆正心态，找工作的第一步是认识自己，明白自己的人格类型，第二步是了解职业的类型，第三步是综合考虑分析后，为自己心里确定的职业做好充分的准备。下面，就让我们一起来详细学习吧。

生涯知识

1. 人职匹配理论简介

人职匹配理论即关于人的个性特征与职业性质一致的理论，是现代人才测评的理论基础。人职匹配的基本原理是：不同个体有不同的个性特征，而每一种职业由于其工作性质、工作环境、工作条件、工作方式不同，对工作者的能力、知识、技能、性格、气质、心理素质等也有不同的要求，所以，在进行职业决策时，应选择与自己的个性特征相适应的职业。

霍兰德人职匹配理论认为，人的人格类型、兴趣与职业密切相关，每个人都有自己独特的能力模式和人格特征，每种人格特征的人都可以找到适合自己的职业。当个人的人格特征兴趣与职业相符时，可以调动人的工作热情、激发人的工作潜力，并能提高人的工作满意度。

（1）特性—因素理论。

特性—因素理论的渊源可追溯到18世纪的心理学的研究，直接建立在帕森斯的职业指导三要素思想之上，由美国职业心理学家威廉斯发展形成。

特性—因素理论认为个别差异现象普遍地存在于个人心理与行为中，每个人都具有自己独特的能力模式和人格特质，而某种能力模式及人格特质又与某些特定职业存在着相关性。每种人格特质都有与其相适应的职业，人人都有选择职业的机会，人的特性又是可以客观测量的。因此，职业指导由三个步骤（要素）组成：

第一步是评价求职者的生理和心理特点（特性）。通过心理测量及其他测评手段，获得有关求职者的身体状况、能力倾向、兴趣爱好、气质与性格等方面的个人资料，并通过会谈、调查等方法获得有关求职者的家庭背景、学业成绩、工作经历等情况，并对这些资料进行评价。

第二步是分析各种职业对人的要求（因素），并向求职者提供有关的职业信息，包括：职业的性质、工资待遇、工作条件以及晋升的可能性；求职的最低条件，诸如学历要求、所需的专业训练、身体要求、年龄要求、各种能力以及其他心理特点的要求；为准备就业而设置的教育课程计划，提供这种训练的教育机构、学习年限、入学资格和费用等；就业机会。

第三步是入职匹配。指导人员在了解求职者的特性和职业的各项指标的基础上，帮助求职者进行比较分析，以便选择一种适合其个人特点又有可能得到的并能在工作上取得成功的职业。特性—因素理论强调个人所具有的特性与职业所需要的素质与技能（因素）之间的协调和匹配。为了对个体的特性进行深入详细的了解与掌握，特性—因素理论十分重视人才测评的作用，可以说，用特性—因素理论进行职业指导是以对人的特性的测评为基本前提的。

（2）人格类型—职业匹配理论。在人格和职业的关系方面，霍兰德在其所著的《职业决策》一书中描述了6种人格类型适合的职业。

实际型：基本的人格倾向是，喜欢有规则的具体劳动和需要基本操作技能的工作，缺乏社交能力，不适应社会性质的职业。具有这种类型人格的人，其典型的职业包括技能性职业（如一般劳工、技工、修理工、农民等）和技术性职业（如制图员、机械装配工等）。

研究型：具有聪明、理性、好奇、精确、批判性等人格特征，喜欢完成智力的、抽象的、分析的、独立的定向任务，但缺乏领导才能。其典型的职业包括科学研究人员、教师、工程师等。

艺术型：基本的人格倾向是，具有想象力丰富、冲动、直觉强、无秩序、情绪化、理想化、有创意、不重实际等人格特征。喜欢艺术性质的职业和环境，不善于事务性工作。其典型的职业包括艺术方面的（如演员、导演、艺术设计师、雕刻家等）、音乐方面的（如歌唱家、作曲家、乐队指挥等）与文学方面的（如诗人、小说家、剧作家等）。

社会型：具有善于合作、友善、乐于助人、负责、圆滑、善社交、善言谈、洞察力强等人格特征。喜欢社会交往、关心社会问题、有教导别人的能力。其典型的职业包括教育工作者（如教师、教育行政工作人员）与社会工作者（如咨询人员、公关人员等）。

企业型：具有爱冒险、野心大等人格特征，独断、自信、精力充沛、善社交，其典型的职业包括政府官员、企业领导、销售人员等。

传统型：具有顺从、谨慎、保守、实际、稳重、有效率等人格特征。喜欢有系统、有条理的工作任务，其典型的职业包括秘书、办公室人员、计事员、会计、行政助理、图书馆管理员、出纳员、打字员、税务员、统计员、交通管理员等。

 思 考

我们每个人是否都应该将自己归为以上 6 种人格之一？

上述的人格类型与职业的关系也并非绝对一一对应。霍兰德在研究中发现，尽管大多数人的人格类型可以大体划分为某一类型，但个人又有着广泛的适应能力，若其人格类型在某种程度上近似于另外两种人格类型，则其也能适应另两种职业类型的工作。也就是说，某些类型之间存在着较多的相关性，同时每一类型又有与之极为相斥的职业环境类型。霍兰德用一个六边形简明地描述了六种类型之间的关系，如图 2-1 所示。

员工的工作满意度与流动倾向性，取决于个体的人格特点与职业环境的匹配程度。当人格和职业相匹配时，会产生最高的满意度和最低的流动率。例如，社会型的个体应该从事社会型的工作，社会型的工作对现实型的人则可能不合适。

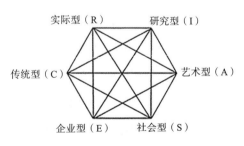

图 2-1　霍兰德人格六角模式图

这一模型的关键在于：个体之间在人格方面存在着本质差异；个体具有不同的类型；当工作环境与人格类型协调一致时，会产生更高的工作满意度和更低的离职可能性。

霍兰德所划分的六大类型，并非是并列的、有着明晰的边界的。他以六边形标示出六大类型的关系。

相邻关系，如 RI、IR、IA、AI、AS、SA、SE、ES、EC、CE、RC 及 CR。属于这种关系的两种类型的个体之间共同点较多，现实型 R、研究型 I 的人就都不太偏好人际交往，在这两种职业环境中也都较少有机会与人接触。

相隔关系，如 RA、RE、IC、IS、AR、AE、SI、SC、EA、ER、CI 及 CS，属于这种关系的两种类型个体之间的共同点较相邻关系少。

相对关系，在六边形上处于对角位置的类型之间即为相对关系，如 RS、IE、AC、SR、EI 及 CA 即是。相对关系的人格类型共同点少，因此，一个人同时对处于相对关系的两种职业环境都兴趣很浓的情况较为少见。

人们通常倾向选择与自我兴趣类型匹配的职业环境，如具有现实型兴趣的人希望在现实型的职业环境中工作，可以最好地发挥个人的潜能。但职业选择中，个体并非一定要选择与自己兴趣完全对应的职业环境。一则因为个体本身常是多种兴趣类型的综合体，单一类型显著突出的情况不多。因此评价个体的兴趣类型时也时常将其在六大类型中得分居前二位的类型组合，组合时根据分数的高低依次排列字母，构成其兴趣组型，如 RCA、AIS 等。二则因为影响职业选择的因素是多方面的，不完全依据兴趣类型，还要参照社会的职业需求及获得职业的现实可能性。因此，选择职业时会不断妥协，有时寻求相邻职业环境，有时甚至选相隔的职业环境。在这种环境中，个体需要逐渐适应工作环境。但如果个体寻找的是相对的职业环境，意味着所进入的是与自我兴趣完全不同的职业环境，那么我们工作起来可能难以适应，或者难以在工作时觉得很快乐，甚至可能会每天工作得很痛苦。

2. 大学生成才准备

就业是学业的导向，学业在很大程度上影响并决定着未来的就业。以就业为学业的导向，有利于大学生学业目标的调整、学习方式的改变、学习外延的拓展以及综合素质的提高。与此同时，就业也构成了衡量学业成就的重要标志。想要就业必须具备强烈的事业心、高度的敬业精神和职业态度、广博精深的专业知识与技能、较强的沟通协调能力、良好的心理素质和强健的体魄以及创新精神。这些都应当在完成大学学业过程中培养。

（思）（考）

　　　大学生要想顺利就业，学好专业知识就够了吗？

　　（1）职业定向测评方式。根据霍兰德的人格类型理论，在职业决策中最理想的是个体能够找到与其人格类型重合的职业环境。一个人在与其人格类型相一致的环境中工作，容易得到乐趣和满足感。因此，在职业选拔与职业指导中，首先就要通过一定的测评手段与方法来确定个体的人格类型，然后寻找到与之相匹配的职业种类。为了确定个体的人格类型，就需要大量运用人才测评的手段与方法，霍兰德本人也编制了一套职业适应性测验来配合其理论的应用。

　生涯实践

职业适应性测验

　　如果被问到有哪些兴趣爱好，每个人都能列举出许多，比如音乐、电影、跳舞、足球、游泳、读书、摄影、书法、设计服装等。但是，如果被问到这些兴趣与职业选择有什么关系时，就不大容易回答了。

　　下面的测验将帮助你发现和确定自己的职业兴趣和能力所长，从而更好地做出求职择业的决策。

霍兰德职业倾向测验量表

　　本测验量表将帮助你发现并确定自己的职业兴趣和能力特长，从而更好地帮助你做出求职择业或专业选择的决策。

　　本测验共7个部分，每部分测验都没有时间限制，但请你尽快按要求完成。

第一部分 您心目中的理想职业（专业）

对于未来的职业（或升学进修的专业），你得早有考虑，它可能很抽象、很朦胧，也可能很具体、很清晰。不论是哪种情况，现在都请你把自己最想干的 3 种工作或想读的 3 种专业，按顺序写下来，并说明理由。请在所填职业 / 专业的右侧按其在你心目中的清晰程度或具体程度，从很朦胧 / 抽象到很清晰 / 具体分别用 1、2、3、4、5 分来表示，如 5 分表示它在你心中的影像非常清晰。

1. 职业 / 专业：_____ 清晰 / 具体程度：_____

理由：_____

_____

2. 职业 / 专业：_____ 清晰 / 具体程度：_____

理由：_____

_____

3. 职业 / 专业：_____ 清晰 / 具体程度：_____

理由：_____

_____

以下第二、三、四部分每个类别下的每个小项皆为"是否"选择题，请选出比较适合你的，与你的情况相符的项目，并按有一项适合的计 1 分的规则统计分值，将相应分值填写在第六部分的统计项目中。

第二部分 你所感兴趣的活动

表 2-1 列举了若干种活动，请就这些活动判断你的好恶。喜欢的，计 1 分，不喜欢的不计分。

表 2-1 你所感兴趣的活动

R：实际型活动	A：艺术型活动
1. 装配修理电器或玩具	1. 素描 / 制图或绘画
2. 修理自行车	2. 参加话剧 / 戏剧
3. 用木头做东西	3. 设计家具 / 布置室内
4. 开汽车或摩托车	4. 练习乐器 / 参加乐队

R：实际型活动	A：艺术型活动
5. 用机器做东西	5. 欣赏音乐或戏剧
6. 参加木工技术学习班	6. 看小说／读剧本
7. 参加制图描图学习班	7. 从事摄影创作
8. 驾驶卡车或拖拉机	8. 写诗或吟诗
9. 参加机械和电气学习班	9. 进艺术（美术／音乐）培训班
10. 装配修理机器	10. 练习书法

I：调研型活动	S：社会型活动
1. 读科技图书或杂志	1. 参加单位组织的正式活动
2. 在实验室工作	2. 参加某个社会团体或俱乐部活动
3. 改良水果品种，培育新的水果	3. 帮助别人解决困难
4. 调查了解土和金属等物质的成分	4. 照顾儿童
5. 研究自己选择的特殊问题	5. 出席晚会、联欢会、茶话会
6. 解算术题或做数学游戏	6. 和大家一起出去郊游
7. 上物理课	7. 想获得关于心理方面的知识
8. 上化学课	8. 参加讲座会或辩论会
9. 上几何课	9. 观看或参加体育比赛和运动会
10. 上生物课	10. 结交新朋友

E：事业型活动	C：常规型（传统型）活动
1. 鼓动他人	1. 整理好桌面与房间
2. 卖东西	2. 抄写文件和信件
3. 谈论政治	3. 为领导写报告或公务信函
4. 制订计划、参加会议	4. 检查个人收支情况
5. 以自己的意志影响别人的行为	5. 参加打字培训班
6. 在社会团体中担任职务	6. 参加文秘等实务培训
7. 检查与评价别人的工作	7. 参加商业会计培训班
8. 结交名流	8. 参加情报处理培训班
9. 指导某种目标的团体	9. 整理信件、报告、记录等
10. 参与政治活动	10. 写商业贸易信

第三部分 你所擅长的活动

表2-2列举了若干种活动，请选择你能做或大概能做的事。喜欢的计1分，不喜欢的不计分。

表2-2 你所擅长的活动

R：实际型能力	A：艺术型能力
1. 能使用电锯、电钻和锉刀等木工工具	1. 能演奏乐器
2. 知道万用电表的使用方法	2. 能参加二部或四部合唱
3. 能够修理自行车或其他机械	3. 能独唱或独奏
4. 能够使用电钻、磨床或缝纫机	4. 能扮演剧中角色
5. 能给家具和木制品刷漆	5. 能创作简单的乐曲
6. 能看建筑设计图	6. 会跳舞
7. 能够修理简单的电气用品	7. 能绘画、素描或创作书法
8. 能修理家具	8. 能雕刻、剪纸或做泥塑
9. 能修理收录机	9. 能设计板报、服装或家具
10. 能简单地修理水管	10. 能写一手好文章
I：调研型能力	S：社会型能力
1. 懂得真空管或晶体管的作用	1. 有向各种人说明解释问题的能力
2. 能够列举三种蛋白质多的食品	2. 常参加社会福利活动
3. 理解铀的裂变	3. 能和大家一起友好相处、工作
4. 能用计算尺、计算器、对数表	4. 善于与年长者相处
5. 会使用显微镜	5. 会邀请人、招待人
6. 能找到三个星座	6. 能简单地教育儿童
7. 能独立进行调查研究	7. 能安排会议等活动
8. 能解释简单的化学原理	8. 善于体察人心和帮助他人
9. 能理解人造卫星为什么不落地	9. 帮助护理病人和伤员
10. 经常参加学术会议	10. 会安排社团组织的各种事务

续表

E：事业型能力	C：常规型能力
1. 担任过学生干部并且干得不错	1. 会熟练地输入中文
2. 工作上能指导和监督他人	2. 能使用外语简单交流
3. 做事充满活力和热情	3. 能快速记笔记和抄写文章
4. 能有效利用自身的做法调动他人	4. 善于整理保管文件和资料
5. 销售能力强	5. 善于从事事务性的工作
6. 曾做过俱乐部或社团的负责人	6. 会用办公软件
7. 向领导提出过建议或反映意见	7. 能在短时间内分类和处理大量文件
8. 有开创事业的能力	8. 能使用计算机
9. 知道怎样做能成为一个优秀的领导者	9. 能搜集数据
10. 健谈善辩	10. 善于为自己或集体做财务预算表

第四部分 你所喜欢的职业

表2-3列举了多种职业，请认真地看，并选择你有兴趣的工作，有一项计1分，不太喜欢或不关心的工作不选，不计分。

表2-3 你所喜欢的职业

R：实际型职业	S：社会型职业
1. 机械师	1. 街道、工会或妇联干部
2. 野生动物专家	2. 小学、中学教师
3. 汽车维修工	3. 精神病医生
4. 木匠	4. 婚姻介绍所工作人员
5. 测量工程师	5. 体育教练
6. 无线电报务员	6. 福利机构负责人
7. 园艺师	7. 心理咨询师
8. 长途公共汽车司机	8. 共青团干部
9. 电工	9. 导游
10. 火车司机	10. 国家机关工作人员

续表

I：调研型职业	E：事业型职业
1. 气象学或天文学学者	1. 厂长
2. 生物学学者	2. 电影电视制片人
3. 医学实验室的技术人员	3. 公司经理
4. 人类学学者	4. 销售员
5. 动物学学者	5. 不动产推销员
6. 化学学者	6. 广告部部长
7. 教学者	7. 体育活动主办者
8. 科学杂志的编辑或作家	8. 销售部部长
9. 地质学学者	9. 个体工商业者
10. 物理学学者	10. 企业管理咨询人员
A：艺术型职业	**C：常规型职业**
1. 乐队指挥	1. 会计师
2. 演奏家	2. 银行出纳员
3. 作家	3. 税收管理员
4. 摄影家	4. 计算机操作员
5. 记者	5. 簿记人员
6. 画家、书法家	6. 成本核算员
7. 歌唱家	7. 文书档案管理员
8. 作曲家	8. 打字员
9. 电影电视剧演员	9. 法庭书记员
10. 电视节目主持人	10. 人员普查登记员

第五部分　您的能力类型简评

下面 2 张表（表 2-4 和表 2-5）是你在 6 个职业能力方面的自我评定表。您可先与同龄人比较自己在每一方面的能力，在斟酌后对自己的能力做评估。请在表中适当的数字上画圈，数值越大表明你的能力越强。

注意，请勿在同样的数字上画圈，因为人的每项能力不会完全一样。

表2-4　自我评定表A

R型	I型	A型	S型	E型	C型
机械操作能力	科学研究能力	艺术创作能力	解释表达能力	商业洽谈能力	事务执行能力
7	7	7	7	7	7
6	6	6	6	6	6
5	5	5	5	5	5
4	4	4	4	4	4
3	3	3	3	3	3
2	2	2	2	2	2
1	1	1	1	1	1

表2-5　自我评定表B

R型	I型	A型	S型	E型	C型
体育技能	数学技能	音乐技能	交际技能	领导技能	办公技能
7	7	7	7	7	7
6	6	6	6	6	6
5	5	5	5	5	5
4	4	4	4	4	4
3	3	3	3	3	3
2	2	2	2	2	2
1	1	1	1	1	1

第六部分　统计

见表2-6。

表2-6 统计

测试内容	R型 实际型	I型 调查型	A型 艺术型	S型 社会型	E型 事业型	C型 常规型
第二部分 兴趣						
第三部分 擅长						
第四部分 喜欢						
第五部分A 能力						
第五部分B 技能						
总分						

第七部分　您所看重的东西——职业价值观

这一部分测验列出了人们在选择工作时通常会考虑的9种因素（见所附工作价值评判标准）。现在请你在其中选出符合条件的因素，并将其填入下面相应空格。

最重要：_____ 次重要：_____ 　　最不重要：_____ 次不重要：_____

附：工作价值评判标准

1. 工资高、福利好　2. 工作环境（物质方面）舒适　3. 人际关系良好

4. 工作稳定有保障　5. 能提供较好的受教育机会　6. 有较高的社会地位

7. 工作不太紧张、外部压力小　8. 能充分发挥自己的能力特长

9. 社会需要程度高与社会贡献大

全部测验至此完毕。

现在，将你得分居第一位的职业类型找出来，对照下文，判断一下自己适合的职业类型。

职业索引

R（实际型）：木匠、农民、操作X射线的技师、工程师、飞机机械师、鱼类和野生动物专家、自动化技师、机械工（车工、钳工等）、电工、无线电报务员、火车司机、长途公共汽车司机、机械制图员、机器/电器修理师。

I（调研型）：气象学学者、生物学学者、天文学家、药剂师、动物学学者、化学家、科学报刊编辑、地质学学者、植物学学者、物理学学者、数学家、实验员、

科研人员、科技图书作者。

A（艺术型）：室内装饰专家、图书管理专家、摄影师、音乐教师、作家、演员、记者、诗人、作曲家、编剧、雕刻家、漫画家。

S（社会型）：社会学者、导游、福利机构工作者、咨询人员、社会工作者、社会科学教师、学校领导、公共保健护士。

E（事业型）：推销员、进货员、商品批发员、旅馆经理、饭店经理、广告宣传员、调度员、律师、政治家、零售商。

C（传统型）：记账员、会计、银行出纳、法庭速记员、成本估算员、税务员、核算员、打字员、办公室职员、统计员、计算机操作员、秘书。

下面查看与你的3个职业兴趣类型代号相应的职业。对照的方法如下：首先根据你的职业兴趣代号，在下表中找出相应的职业，例如你的职业兴趣代号是RIA，那么牙科技术人员、陶工等是适合你兴趣的职业。然后寻找与你职业兴趣代号相近的职业，如你的职业兴趣代号是RIA，那么，其他由这3个字母组成的编号（如IRA、IAR、ARI等）对应的职业，也较适合你的兴趣。

RIA：牙科技术人员、陶工、建筑设计员、模型工、细木工、制作链条人员。

RIS：厨师、林务员、跳水员、潜水员、染色员、电器修理工、眼镜制作人员、电工、纺织机器装配工、服务员、装玻璃工人、发电厂工人、焊接工。

RIE：建筑和桥梁工程技术人员、环境工程技术人员、航空工程技术人员、公路工程技术人员、电力工程技术人员、信号工程技术人员、电话工程技术人员、一般机械工程技术人员、自动工程技术人员、矿业工程技术人员、海洋工程技术人员、交通工程技术人员、制图员、计量员、农民、农场工人、农业机械操作工、清洁工、无线电修理工、汽车修理工、手表修理工、管工、线路装配工、工具仓库管理员。

RIC：船上工作人员、接待员、杂志保管员、牙医助手、制帽工、磨坊工、石匠、机器制造技术人员、机车（火车头）制造技术人员、农业机器装配工、汽车装配工、缝纫机装配工、钟表装配和检验技术人员、电动器具装配工、鞋匠、锁匠、货物检验员、电梯机修工、托儿所所长、钢琴调音员、印刷工、建筑钢铁工作技术人员、卡车司机。

RAI：手工雕刻技术人员、玻璃雕刻技术人员、制作模型人员、家具木工、制作皮革品的技术人员、手工绣花技术人员、手工钩针纺织技术人员、排字工作技术人员、印刷工作技术人员、图画雕刻技术人员、装订工。

RSE：消防员、交通巡警、警察、门卫、理发师、房间清洁工、屠夫、锻工、开凿工人、管道安装工、出租汽车驾驶员、货物搬运工、送报员、勘探员、娱乐场所的服务员、起卸机操作工、灭害虫者、电梯操作工、厨房助手。

RSI：纺织工、编织工、农业学校教师、某些职业课程（诸如艺术、商业、技术、工艺课程）教师、雨衣上胶工。

REC：抄水表员、保姆、实验室动物饲养员、动物管理员。

REI：轮船船长、航海领航员、大副、试管实验员。

RES：旅馆服务员、家畜饲养员、渔民、渔网修补工、水手长、收割机操作工、搬运行李工人、公园服务员、救生员、登山导游、火车工程技术员、建筑工、铺轨工人。

RCI：测量员、勘测员、仪表操作者、农业工程技术人员、化学工程技师、民用工程技师、石油工程技师、资料室管理员、探矿工、煅烧工、烧窑工、矿工、保养工、磨床工、取样工、样品检验员、纺纱工、炮手、漂洗工、电焊工、锯木工、刨床工、制帽工、手工缝纫工、油漆工、染色工、按摩工、木匠、农民建筑工作、电影放映员、勘测员助手。

RCS：公共汽车驾驶员、一等水手、游泳池服务员、裁缝、建筑工、石匠、烟囱修建工、混凝土工、电话修理工、爆破手、邮递员、矿工、裱糊工人、纺纱工。

RCE：打井工、吊车驾驶员、农场工人、邮件分类员、铲车司机、拖拉机司机。

IAS：经济学家、心理学家、哲学家、内科医生、数学家。

IAR：人类学家、天文学家、化学家、物理学家、医学病理学家、化石修复者、艺术品管理者。

ISE：营养学家、饮食顾问、火灾检查员、邮政服务检查员。

ISC：侦察员、电视播音室修理员、电视修理服务员、验尸室人员、编目录者、医学检验师、调查研究者。

ISR：水生生物学者、昆虫学者、微生物学家、配镜师、矫正视力者、细菌学家、牙科医生、骨科医生。

ISA：实验心理学家、普通心理学家、发展心理学家、教育心理学家、社会心理学家、临床心理学家、目标学家、皮肤病学家、精神病学家、妇产科医师、眼科医生、五官科医生、医学实验室技术专家、民航医务人员、护士。

IES：细菌学家、生理学家、化学专家、地质专家、地理物理学专家、纺织技术专家、医院药剂师、工业药剂师、药房营业员。

IEC：档案保管员、保险统计员。

ICR：质量检验技术员、地质学技师、工程师、法官、图书馆技术辅导员、计算机操作员、医院听诊员、家禽检查员。

IRA：地理学家、地质学家、声学物理学家、矿物学家、古生物学家、石油学家、地震学家、声学物理学家、原子和分子物理学家、电学和磁学物理学家、气象学家、设计审核员、人口统计学家、数学统计学家、外科医生、城市规划家、气象员。

IRS：流体物理学家、物理海洋学家、等离子体物理学家、农业科学家、动物学家、食品科学家、园艺学家、植物学家、细菌学家、解剖学家、动物病理学家、作物病理学家、药物学家、生物化学家、生物物理学家、细胞生物学家、临床化学家、遗传学家、分子生物学家、质量控制工程师、地理学家、兽医、放射性治疗技师。

IRE：化验员、化学工程师、纺织工程师、食品技师、渔业技术专家、材料和测试工程师、电气工程师、土木工程师、航空工程师、行政官员、冶金专家、原子核工程师、陶瓷工程师、地质工程师、电力工程量、口腔科医生。

IRC：飞机领航员、飞行员、物理实验室技师、文献检查员、农业技术专家、动植物技术专家、生物技师、工商业规划者、矿藏安全检查员、纺织品检验员、照相机修理者、工程技术员、程序员、工具设计者、仪器维修工。

CRI：簿记员、会计、计时员、铸造机操作工、打字员、按键操作工、复印机操作工。

CRS：仓库保管员、档案管理员、缝纫工、讲述员、收款人。

CRE：标价员、实验室工作者、广告管理员、自动打字机操作员、电动机装配工、缝纫机操作工。

CIS：记账员、顾客服务员、报刊发行员、土地测量员、保险公司职员、会计师、估价员、邮政检查员、外贸检查员。

CIE：打字员、统计员、支票记录员、订货员、校对员、办公室工作人员。

CIR：校对员、工程职员、海底电报员、检修计划员。

CSE：接待员、通信员、电话接线员、卖票员、旅馆服务员、私人职员、商学教师、旅游办事员。

CSR：运货代理商、铁路职员、交通检查员、办公室通信员、簿记员、出纳员、银行财务职员。

CSA：秘书、图书管理员、办公室办事员。

CER：邮递员、数据处理员、办公室办事员。

CEI：推销员、经济分析家。

CES：银行会计、记账员、法人秘书、速记员、法院报告人。

ECI：银行行长、审计员、信用管理员、地产管理员、商业管理员。

ECS：信用办事员、保险人员、各类进货员、海关服务经理、售货员、购买员、会计。

ERI：建筑物管理员、工业工程师、农场管理员、护士长、农业经营管理人员。

ERS：仓库管理员、房屋管理员、货栈监督管理员。

ERC：渔船船长、机械操作领班、木工领班、瓦工领班、驾驶员领班。

EIR：科学技术和有关周期出版物的管理员。

EIC：专利代理人、鉴定人、运输服务检查员、安全检查员、废品收购人员。

EIS：警官、侦察员、交通检验员、安全咨询员、合同管理者、商人。

EAS：法官、律师、公证人。

EAR：展览室管理员、舞台管理员、播音员、驯兽员。

ESC：理发师、裁判员、政府行政管理员、财政管理员、工程管理员、职业病防治人员、售货员、商业经理、办公室主任、人事负责人、调度员。

ESR：家具售货员、书店售货员、公共汽车的驾驶员、日用品售货员、护士长、自然科学和工程的行政领导。

ESI：博物馆管理员、图书馆管理员、古迹管理员、饮食业经理、地区安全服务管理员、技术服务咨询者、超级市场管理员、零售商品店店员、批发商、出租汽车服务站调度员。

ESA：博物馆馆长、报刊管理员、音乐器材售货员、导游、（轮船或班机上的）

事务长、飞机上的服务员、船员、法官、律师。

ASE：戏剧导演、舞蹈教师、广告撰稿人、报刊专栏作者、记者、演员、英语翻译。

ASI：音乐教师、乐器教师、美术教师、管弦乐指挥、合唱队指挥、歌星、演奏家、哲学家、作家、广告经理、时装模特。

AER：新闻摄影师、电视摄影师、艺术指导、录音指导、丑角演员、魔术师、木偶戏演员、骑士、跳水员。

AEI：音乐指挥、舞台指导、电影导演。

AES：流行歌手、舞蹈演员、电影导演、广播节目主持人、舞蹈教师、口技表演者、喜剧演员、模特。

AIS：画家、剧作家、编辑、评论家、时装艺术大师、新闻摄影师、演员、文学作者。

AIE：花匠、皮衣设计师、工业产品设计师、剪影艺术家、复制雕刻品大师。

AIR：建筑师、画家、摄影师、绘图员、环境美化工、雕刻家、包装设计师、陶器设计师、漫画家。

SEC：社会活动家、退伍军人服务官员、工商会事务代表、教育咨询者、宿舍管理员、旅馆经理、饮食服务管理员。

SER：体育教练、游泳指导。

SEI：大学校长、学院院长、医院行政管理员、历史学家、家政经济学家、职业学校教师、资料员。

SEA：娱乐活动管理员、国外服务办事员、社会服务助理、一般咨询者、宗教教育工作者。

SCE：部长助理、福利机构职员、生产协调人、环境卫生管理人员、戏院经理、餐馆经理、售票员。

SRI：外科医师助手、医院服务员。

SRE：体育教师、职业病治疗者、体育教练、专业运动员、房管员、儿童家庭教师、警察、引座员、传达员、保育员。

SRC：护理员、护理助理、医院勤杂工、理发师、学校儿童服务人员。

SIA：社会学家，心理咨询者，学校心理学家，政治科学家，大学或学院的系主任，大学或学院的教育学教师，大学农业教师，大学工程和建筑课程的教师，大学法律教师，大学数学、医学、物理、社会科学和生命科学的教师，研究生助教，成人教育教师。

SIE：营养学家、饮食学家、海关检查员、安全检查员、税务稽查员、校长。

SIC：描图员、兽医助手、诊所助理、体检检查员、监督缓刑犯的工作者、娱乐指导者、咨询人员、社会科学教师。

SIR：理疗员、救护队工作人员。

第三节　职业生涯发展理论

生涯导入

斯皮尔伯格的故事

大导演斯皮尔伯格的电影同学们都喜欢看，如《侏罗纪公园》等。他在 36 岁时就成了世界上最成功的制片人，电影史上十大卖座的影片中，他个人就有 4 部。在 17 岁的时候，他有一次去到一个电影制片厂参观，尔后，就偷偷立下了目标，要拍最好的电影。第二天，他穿了一套西装，提着爸爸的公文包，里面装了一块三明治，再次来到制片厂。他故意装作大人的模样，骗过了警卫，来到了厂里面，然后找到了一辆废弃的手推车，用一些塑胶字母，在车门上拼出"斯蒂芬·斯皮尔伯格""导演"等字样。然后他利用整个夏天去认识各位导演、编剧等，以一个导演的生活状态来要求自己。从与别人的交谈中学习、观察、思考。最终在 20 岁那年，他成为正式的电影导演，开始了他的职业生涯。从这个故事里，我们可以看到他是如何确立自己的目标，并为之奋斗的。

目标与理想并不是大人的事情，从小立志，并努力实现它，你就能拥有超人的力量。

生涯知识

1. 职业生涯发展阶段理论

（1）金斯伯格的职业生涯三段论。美国著名职业指导专家金斯伯格，对职业生涯的发展进行过长期研究，其理论对于实践产生过广泛影响。1951年，金斯伯格出版《职业选择》一书，对青少年职业选择的过程与问题进行了深入的研究，提出了职业发展的幻想阶段、尝试阶段和现实阶段3个发展阶段，认为职业在个人生活中是一个连续的、长期的发展过程。

①幻想阶段。幻想阶段是指11岁之前的儿童时期。儿童对大千世界，特别是对于他们所看到或接触到的各类职业，充满了新奇。此阶段职业需求的特点是：单纯凭自己的兴趣爱好，不考虑自身的条件、能力水平和社会需要与机遇，完全处于幻想之中。

②尝试阶段。尝试阶段是指11～17岁，这是由儿童向青年过渡的时期。从此时起，人们的生理和心理迅速成长、发育和变化，有独立的意识，价值观念开始形成，知识和能力显著增长和增强，初步懂得社会生活和生活经验。在职业需求上呈现出的特点主要体现为：有职业兴趣，并能客观地审视自身各方面的条件和能力；开始注意职业角色的社会地位、社会意义，以及社会对该职业的需要。但此时，由于长期在学校学习，对社会、对职业的理解还不全面，选择职业主要考虑的还是个人的兴趣，具有理想主义色彩。此阶段分为兴趣阶段、能力阶段、价值观阶段和综合阶段4个子阶段。

兴趣子阶段。开始注意并培养个人对某些职业的兴趣，期盼着自己将来从事某些职业。

能力子阶段。不仅仅考虑个人的兴趣，同时也注意到个人能力与职业的关系，注重衡量自己的能力，并积极参加各种相关的职业活动，以检验自己的能力。

价值观子阶段。个人的职业价值观逐步形成，能兼顾个人与社会的需要，以职业的价值为标准来选择职业。

综合子阶段。将上述3个阶段的职业相关资料综合考虑，以正确判定未来的职业生涯发展方向。

③现实阶段。现实阶段是指 17 岁以后的青年阶段。这一阶段的青年即将步入社会开始劳动，能够客观地把自己的职业愿望或要求，同自己的主观条件、能力以及社会现实的职业需要紧密地协调起来，寻找适合自己的职业。

此阶段，人对于所需求的职业不再模糊不清，已经有具体的、现实的职业目标，表现出的最大特点是客观性、现实性、讲求实际。此阶段分为试探阶段、具体化阶段和专业化阶段 3 个子阶段。

试探子阶段。根据尝试期的结果，进行各种试探活动，试探各种职业机会和做进一步的选择。

具体化子阶段。根据试探阶段的经历，做进一步的选择，将职业目标具体化。

专业化子阶段。依据自我选择的目标，做具体的就业准备。

金斯伯格的职业发展理论主要研究的是个人进入职业前的一段时期的职业观的变化及进入职业前的职业选择问题，对进入职业角色后如何调整与发展职业生涯研究得不够。

（2）格林豪斯的职业生涯五段论。格林豪斯将职业生涯分为以下 5 个阶段。

①职业准备。典型年龄段为 0 ～ 18 岁。主要任务是发展职业想象力，对职业进行评估和选择，接受必需的职业教育。

②进入组织。19 ～ 25 岁为进入组织阶段。主要任务是在一个理想的组织中获得一份工作，在获取足量信息的基础上，尽量选择一种合适的个人较为满意的职业。

③职业生涯初期。处于此期的典型年龄段为 26 ～ 40 岁。学习职业技术，提高工作能力，了解和学习组织纪律和规范，逐步适应职业工作，适应和融入组织，为未来的职业成功做好准备，是该时期的主要任务。

④职业生涯中期。40 ～ 55 岁是职业生涯中期阶段。主要任务是：需要对早期职业生涯重新评估，强化或改变自己的职业理想；选定职业，努力工作，有所成就。

⑤职业生涯后期。56 岁直至退休为职业生涯的后期。继续保持已有职业成就，维护尊严，准备引退，是这一阶段的主要任务。

（3）施恩的职业生涯周期论。美国学者施恩立足于人生不同年龄段面临的问题和工作的主要任务，将职业生涯分为以下9个阶段。

①成长、幻想、探索阶段。主要任务如下：

发展和发现自己的需要和兴趣，发展和发现自己的能力和才干，为进行实际的职业选择打好基础。

学习职业方面的知识，寻找现实的角色模式，获取丰富的信息，发现和发展自己的价值观、动机和抱负，做出合理的受教育决策，将幼年的职业幻想变为可操作的现实。

接受教育和培训，培养工作实践中所需要的基本习惯和技能。在这一阶段，个人所充当的角色是学生、职业工作的候选人、申请者。

②查看工作世界。首先，查看劳动力市场，获取可能成为一种职业基础的第一项工作；其次，个人和雇主之间达成正式可行的契约，个人成为一个组织或一种职业的成员，充当的角色主要是应聘者、新学员。

③基础培训。与上一阶段不同，个人要担当实习生、新手的角色，也就是说，已经迈进职业或组织的大门。此时的主要任务：一是了解、熟悉组织，接受组织文化，融入工作群体，尽快取得组织成员资格，成为一名正式的成员；二是适应日常的操作程序以应付工作。

④早期职业的正式成员资格。面临的主要任务如下：

承担责任，成功地履行与第一次工作分配有关的任务。

发展和展示自己的技能和专长，为横向职业成长打基础。

根据自身才干和价值观，以及组织中的机会和约束，重估当初追求的职业，决定是否留在这个组织或职业中，或者在自己的需要、组织约束和机会之间寻找一种更好的配合。

⑤职业中期。主要任务如下：

选定一项专业或查看管理部门。

保持技术竞争力，在自己选择的专业或管理领域内继续学习，力争成为一名专家或职业能手。

承担较大的责任，确定自己的地位。

开发个人的长期职业计划。

⑥职业中期危险阶段。主要任务如下：

现实地评估自己的进步、职业抱负及个人前途。

就接受现状或者争取看得见的前途做出具体选择。

建立与他人的良好关系。

⑦职业后期。此时的职业状况或任务如下：

成为一名良师，学会发挥影响，指导、指挥别人，对他人承担责任。

扩大、发展、深化技能，或者提高才干，以担负更大范围的、更重大的责任。

如果求安稳，就此停滞，则要接受和正视自己影响力和挑战能力的下降。

⑧衰退和离职阶段。此阶段主要的职业任务如下：

学会接受权力、责任、地位的下降。

基于竞争力和进取心的下降，要学会接受和发展新的角色。

评估自己的职业生涯，着手退休。

⑨离开组织或退休。在失去工作或组织角色之后，人面临两大问题或任务：

保持一种认同感，适应角色、生活方式和生活标准的急剧变化。

保持一种自我价值观，运用自己积累的经验和智慧，以各种角色，对他人进行传、帮、带。

需要指出的是，施恩虽然基本依照年龄增大的顺序划分职业发展阶段，但并未拘囿于此，其职业阶段划分更多是根据职业状态、任务、职业行为的重要性。因为每人经历某一职业阶段的年龄有别，所以，他只给出了大致的年龄跨度，并在各职业阶段所对应的年龄上有所交叉。

（4）职业生涯发展"三三三"理论。"三三三"理论是将人的职业生涯分为三大阶段：输入阶段、输出阶段和淡出阶段。每一阶段又分为3个子阶段：适应阶段、创新阶段和再适应阶段。每一子阶段又可分为3种状况：顺利晋升、原地踏步、降到波谷。（如图2-2）

①职业生涯发展第一阶段。人生的第一个"三阶段"：输入阶段、输出阶段、淡出阶段。输入是指知识、信息、经验的输入，输出是指输出服务、知识、智慧和其他产品。这一划分方式不同于美国的萨柏、金斯伯格、格林豪斯等人的那种将职业生涯阶段硬性地按年龄进行划分的方式，也不同于施恩的九阶段理论在按年龄划分的基础上增加了重叠的部分，却并没有提出重叠的原因、背景、特点和处理对策。"三三三"理论存在弹性边界，弹性产生的原因受教育程度、工作

行业、职位高度、身体状况和个人特质、成就欲望等因素所影响。相比较美国几位著名学者的职业生涯阶段划分方法而言,这种弹性的划分方法更加具有个性化(因人不同)、弹性化(因教育背景不同)、开放化(因工作性质不同)等等特点,更加适合当前迅速发展的人性特质影响职业生涯发展的现实。表 2-7 是职业发展的第一个"三阶段"。

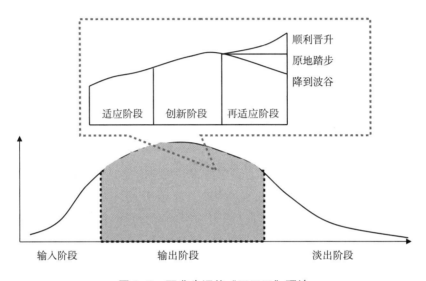

图 2-2　职业生涯的"三三三"理论

表 2-7 表达的输入阶段与输出阶段的交线是一个动态和开放的状态,是柔性而非硬性的划分,表 2-8 表达了这种弹性状态。

表 2-7　职业生涯的第一个"三阶段"

阶段	输入阶段	输出阶段	淡出阶段
时间	从出生到从业前	从就业到退休前	退休以后
主要任务	输入信息、知识、经验、技能,为从业做重要准备;认识环境和社会,锻炼自己的各种能力	输出自己的智慧、知识、服务、才干;进行知识的再输入、经验的再积累、能力的再锻炼	精力渐衰,但阅历渐丰、经验渐多,逐步退出职业,适应角色的转换。该阶段是"夕阳无限好"阶段,有更加广阔的时空以实现以往的夙愿

表 2-8　人生输入阶段与输出阶段的弹性焦点

年龄	输入阶段	输出阶段
18 岁左右	大专教育	成为高级技工、医护师、农村初等教育工作者等
20 岁左右	大学本科教育	成为中学教师、医生、政府公务员和企业中基层管理者等
24 岁左右	硕士研究生学位教育（包括 MBA、MPA）	成为高校教师、企业中高级管理、政府公务员等
27 岁左右	博士研究生学位教育	成为高校教师、研究院研究员、政府高级公务员、企业中高级管理人员等

表 2-8 给我们的最重要的启示是，进入职业阶段的时间因为学历背景不同而不同。有的人在输入阶段更长一些，受到更多的教育，获取的知识在广度、深度上更进一步；有的人在输入阶段时间更短，受教育更少。人进入职业的年龄不同，其今后职业发展道路、职业发展高度的起点也不同。尽管人力资本不完全被学历所决定，但受教育程度显然是一个十分重要的影响因素。

②职业生涯发展第二阶段。职业生涯发展的第二个"三阶段"主要是指输出阶段中职业发展的阶段。这一阶段的发展特点与前者一样，依然是弹性的、开放的、动态的，有显著的个性化特征，是受多维环境因素和个体因素影响的结果。表 2-9 表达的是输出阶段的二段论。

表 2-9　输出阶段的三段论

阶段	个人的工作状态	职业环境状态
适应阶段	订三个契约 对领导：我要服从你的领导； 对同事：我要与你协同工作； 对自己：我要表现出色。	适应工作硬软环境，个体与环境、个体与同事相互接受，进入工作状态。
创新阶段	独立承担工作任务； 努力做出创造性贡献； 向领导提出合理化建议。	受到领导和群众认可，进入事业辉煌阶段。

续表

阶段	个人的工作状态	职业环境状态
再适应阶段	由于工作出色获得晋升； 由于发展空间小而原地踏步； 由于自身骄傲或工作差错受到批评。	个体要先调整心态，再适应变化了的环境；此时属于职业状态分化的阶段，领导和同事看法不一。

人生的输出阶段是人的一生中最重要的阶段，也是人的职业生涯成功与否的决定性阶段。这一个阶段孕育着职业生涯的成功与失败，饱含着人生的酸甜苦辣。人生所有的沧海桑田的体会均在这一阶段，这里既包含着个性的特质、智慧、勤勉、欲望、健康、能力、毅力等诸多个体要素的影响，也包括了环境与人文的影响，如机遇、家庭背景、社会关系、毕业学校、学术导师的成就和支持、关键人物的态度、配偶的素质水平、个人小家庭的和睦、朋友或人生导师的指导等因素的影响。

③职业生涯发展第三阶段。职业生涯发展的第三个"三阶段"主要是指再适应阶段中职业发展的阶段。"再适应阶段"在现实中每一个人都要遇到，在职业中一次性就成功的人很少，都要经历"再适应阶段"。这一阶段不是人生最辉煌的阶段，却是人生到达辉煌的必经阶段。表2-10表达的是再适应阶段的三段论。

表 2-10 再适应阶段的三段论

阶段	职业状况	对策分析
顺利晋升	面临着新的工作环境的挑战、新的工作技能的挑战、原同级同事的嫉妒，领导会提出新的要求，表面的风光隐藏着一定的职业风波。	谦虚、谨慎、更加努力，执着地追求成功。
原地踏步	此时会有倚老卖老或不求上进的状态出现，挂在口头的话是"此事我早已了解"或"我再熟悉不过了"，对同事的发展出现心理不平衡，此时更适合做职业平移或变更。	寻找新的切入点，寻求各种支持，调整个体的心态，大胆尝试新的工作方法。

续表

阶段	职业状况	对策分析
下降到波谷	由于个体原因或客观原因，遭受上级批评，或受降级处分，工作状态进入波谷，此时如能重新振奋精神，有希望进入第二次"三三三"发展状态。	不躁不馁，重新振奋，适当平移和变更职业，再学习并重新构建人力资本，寻求机会重新开始。

人们在进入职业阶段后，首先是适应环境、适应工作，其次是独立地去工作、去创新，展示自己。但这一阶段不可能延续至人生的淡出阶段，即退休阶段。在人生最重要的输出阶段，当你具备独立工作能力，能独当一面肩挑重担之时，通常会遇到3种情况：顺利晋升、原地踏步和下降到波谷。这三个阶段是人生的关键时期，需要智慧和勇气，需要虚心和学习，需要帮助和支持。

再适应阶段是重新调整自己，使自己的思路、工作态度、工作行为更加适应自己的工作硬环境和工作软环境，更加适应个人的职业状况，在各种不同际遇中去寻找柳暗花明又一村的佳境，在千回百转中去攀登职业的高峰的阶段。这一阶段，比任何时候都更需要智慧，更需要导师，更需要容忍和让步，更需要毅力和沉着，更需要素质和内涵的支撑。

2. 职业发展模式

（1）直线型职业生涯。终身从事某一专业领域的工作，在线形等级结构中，从低级走向高级，不断获得更大的权利、更多的报酬和承担更多的责任。

（2）螺旋型职业生涯。跨专业的职业生涯方式，围绕职业锚这个核心，从事不同的专业工作，不断找到发展的新起点。

3. 男性职业发展的模式与特点

男性职业辉煌的顶点通常在中年；成功的年龄与其从事的职业关系密切；职业成功与配偶的教育背景关系小；职业成功与个人的教育背景关系大；职业成功与个人的家庭背景关系较大。

（1）养家糊口的人。这也许是与男性工作有关的最典型的性别刻板印象或图式。然而，今天养家糊口的角色已发生了变化，女性也被认为应在这个角色中负担更多的责任。过去作为主要的养家糊口的角色的男性现在被要求负担更多的家庭事务。

（2）双性特征。现代生活中的男女两极性特征已逐渐被打破，一个人往往表现出男性和女性的双重特征，使得男性和女性都有机会超越传统的性别刻板印象。但这种变化对某些男性来说还不太容易接受。

（3）A型人格。定义：精力充沛，过度投入工作，有很高的成就趋向，没有耐心，很少休息，易紧张，无法放松。不能适应看重团队工作、人际交往、分享权力、合作的新的工作环境。

A型人格行为在一定程度上是男性的特质，它会引起健康问题并使男性很难投入家庭中的养育和照料的角色。

（4）"家庭妇男"。当女人快速进入工作领域时，男人不得不开始分担家务，参与照看儿童的工作。参与照看儿童工作的男性应该知道，父亲不同于母亲，应该找到自己的方式来教养儿童。

（5）传统的男性职业。男性倾向于在实用型、研究型和企业型领域中工作。而被性别差异隔离最严重的职位都由女性主宰，包括社会工作、护理、基础学校教育和办公室工作。

（6）"父亲假期"。目前社会上还很少有单位专门给男人照看孩子放假。在更高级的管理阶层的双职工家庭中，女性和男性都很少担负照看孩子的责任。

4. 女性职业发展的模式与特点

（1）职业刻板印象。女性传统上会选择养育或照料他人的职业，例如教学、护理等，然而这方面变化很快，越来越多的女性开始选择传统上由男性做的工作。霍兰德职业编码字典中显示女性常常能找到代码为 CS（事务—社会型）、CE（事务—企业型）、SI（社会—研究型）、EC（企业—事务型）的工作，而在 RI（实用—研究型）、IE（研究—企业型）、IR（研究—实用型）、EI（企业—研究型）领域更难一些。

（2）"女性的工作永远做不完"的压力。这就意味着女性在工作和照顾家庭中有更多的压力，但美国劳工部一项关于妇女的调查显示：80% 的妇女喜欢她们的工作。

（3）传统的角色期望值。

①传统的女性角色，如母亲和家庭主妇，"委任的母性义务"仍为许多人所看重。

②人们对妇女就业仍存在偏见，女性在一个不公平的系统中致力于修正不公平的部分，而男性是系统中不可或缺的一部分。

③性别刻板印象可以让同一个公司里的男性和女性从事不同类型的工作。

④玻璃天花板效应：态度和组织偏见而造成的人为障碍阻碍了合格的女性进入中高级管理阶层。

1980 年，世界 500 强企业中有 1% 的女性担任高层管理工作。

1990 年，有 3% 的女性担任高级管理工作。

1995 年，女性在所有的管理 / 执行岗位中占据了 48% 位置。

随着女性自身素质的不断提高，这个天花板将逐渐被打破。

知识链接

打开你观念的抽屉

一天，报社的一位年轻记者去采访日本著名的企业家松下幸之助。

年轻人很珍惜这次采访机会，做了认真的准备。因此，他与松下幸之助先生谈得很愉快。采访结束之后，松下先生亲切地问年轻人："小伙子，你一个月的薪水是多少？""薪水很少，一个月才 1 万日元。"年轻人不好意思地回答。

"很好！虽然你现在薪水只有 1 万日元，但其实，你知道吗，你的薪水远远不止 1 万日元。"松下先生微笑着对年轻人说。

年轻人听后，感到有些奇怪：不对呀，明明我每个月的薪水只有 1 万日元，可松下先生为什么会说不止 1 万日元呢？

看到年轻人一脸的疑惑，松下先生接着说："小伙子，你要知道，你今天能争取到采访我的机会，明天也就同样能争取到采访其他名人的机会，这就证明你在采访方面有一定的潜力。如果你能多多积累这方面的才能与经验，这就像你在银行存钱一样，钱存进了银行是会生利息的，而你的才能也会在社会的银行里生利息，将来能连本带利地还给你。"

松下先生的一番话，使年轻人茅塞顿开。

许多年后，已经做了报社社长的年轻人，回忆起与松下先生的谈话时，深有感慨：对于年轻人来说，注重才能的积累远比注重薪水的多少更重要，因为它是每个人最厚重的生存资本。

第三章　认识自己

第一节　什么是自我认知

生涯导入

　　"人啊，认识你自己。"这句镌刻在古希腊神庙里的碑铭，犹如一把千年不熄的火炬，表达了人类与生俱来的内在要求和至高无上的思考。启蒙思想家卢梭说过："我敢说，德尔菲城阿波罗神庙的碑铭上的那句箴言——认识你自己，比伦理学家一切的巨著都更为重要、更为深奥。"在个人成长的过程中，我们可以不断地认知天地万物，增长知识，丰富经验，但唯独离我们最近的"自我"往往是最难认知的。先哲老子给予能够正确自我认知的人很高的评价："知人者智，自知者明。"

　　吴快乐一进大学就对专业学习毫无兴趣，他把大部分课余时间都花在社团活动和志愿者工作上，对于专业学习则是勉强应付。在丰富的学校生活中，他收获了以往在高中时期无法奢求的东西，每天都在学长的赞赏和同学们的肯定中度过，但沉下心来想一想，总觉得自己好像还缺点什么，有时候甚至不知道自己到底要什么。田小花一进大学，家人就在为她张罗出国的事情。大学期间，她想把全部精力都放在专业和英语学习上，希望能以较好的成绩取得国外大学的入学资格。于是，她平时很少参与学校及班级组织的各种活动，与同学之间的交往也很少。随着英语成绩一天天提升，有时候，她会突然间对这个并非自己选择的目标产生怀疑：出国能干什么？今后又该如何发展？

生涯知识

1. 自我认知与职业发展

职业选择与发展是人生重大课题之一。特质因素论的创立者帕森斯早在20世纪初叶就提出了职业选择的三大任务：正确了解自己、了解外部世界和职业决策。其中，认识自我是第一位的，是职业选择与发展的前提和基础。因此，如果不能在职业问题上正确认识自我，就很难选择适合自己的职业发展道路，进而必然会影响今后人生道路的顺利发展。

认识自我需要进行自我探索，并通过自我认知形成统合的职业自我概念。职业自我概念由职业心理学家舒伯最先提出，是指个人整体自我概念在职业选择和职业发展上的反映。具体到职业选择和发展中，就是主体的我对涉及与自己职业选择和职业发展有关因素的认识，包括影响个人职业选择和发展的自我的各个方面（价值观、兴趣、性格、能力等）。心理学家泰德曼在舒伯的基础上继续进行了研究，他指出职业自我概念是个体在与社会接触的过程中对自我发展进行不断反省的结果，当职业自我概念定型时，职业定向也就形成了。同时，职业自我概念是一个发展的范畴，是在自我认知的过程中逐渐形成的。因此，在一定程度上，职业发展的过程，同时就是职业自我概念形成的过程。而统合的职业自我概念的形成与个人对自我的不断认知紧密相连。正是从这个角度来说，自我认知是职业选择和发展的前提和根基。

2. 自我认知的维度和方法

自我认知是一个复杂、渐进、终身的过程，自我认知的复杂性、渐进性、终身性决定了我们必须要从多个方面采用多种方法对自我进行分析和了解。了解自我认知的维度和方法，对于我们科学认识自我具有非常重要的作用。

自我认知的维度包括个体对自我各个方面的认识，因此，自我认知也需要从多个方面来进行。其中既包括个体的一些人口学特征、外显特征，如性别、年龄、体貌特征等，也包括个体心理特性，如性格、兴趣、价值观等。

（1）生理我。生理我就是个人对自己的生理属性的意识，包括对自己的身体特征和生理状况的认识，如意识到自己的高矮、胖瘦、美丑、黑白、力量的大小、体质的强弱等内容。生理我使一个人把自我和非我区别开来，意识到自己的生存是寄托在自己的躯体上的。生理我是自我中最基本的内容，是其他自我内容的基础，它也是在自我认知形成过程中最早形成的内容，认识自我最早是从认识生理我开始的。

（2）心理我。心理我是指一个人对自己的心理属性的意识，包括对自己的感知、记忆、思维、价值观、性格、能力、兴趣、需要等方面的意识。它使人认识到自己的心理特征和心理倾向，如意识到自己的观察力强不强，记忆力好不好，自己的思维是敏捷还是迟钝，自己的情绪是容易激动还是比较稳定，自己的性格是内向还是外向，自己对什么事感兴趣，自己的信念理想是什么，自己的能力优势，等等。心理我是职业自我的核心内容，也是自我认知的重点领域，它对一个人的职业选择和职业发展都起着至关重要的作用。

（3）社会我。社会我是指个人对自己社会属性的意识，是对自己在社会和集体中的地位、他人对自我的期望的认识，包括个人对自己在各种社会关系中的角色、地位、权利、义务等的意识。社会我是由历史、文化、社会塑造成的。例如，一位教师，在学校里，他要意识到自己是一个教师，要教书育人，有教师的责任与义务，在家里，他可能是丈夫和父亲，他要意识到做丈夫和父亲的责任与义务。

（4）自我认知的方法。认识自我的方法是多种多样的，总的来说，可以归纳为经验法和心理测验法两大类。

①经验法。经验法，是指在人际交往中或依据过去的活动成果由他人或本人对自己进行主观的分析和评价。

自我反省——回顾过去，发现自我。春秋时期，曾子就提出："吾日三省吾身。"古希腊大哲学家苏格拉底说："未经反省的生活是无价值的生活。"自我反省是一种简单、有效的自我认知的途径。只要有心，生活中每时每刻我们都能通过正在发生的事件，观察自己的行为、情绪和体验，并通过对于观察的积累总结自身的特长兴趣和职业倾向。

他人评价——旁观者清，指出盲点。"除了自己，谁最了解你？"对于这个问题，你可能回答：是父母，是同学，是某个亲朋或师长。总之，和我们长期共同生活的人，都可能对我们的性格、能力、兴趣等职业倾向有所了解。而且，相对于自我反省，他人的反馈建议可能更为客观。也许不是所有人都能对我们有全面的评价，但有可能对我们某一方面有所了解。因此，收集尽可能多的反馈，在不同意见和观念中碰撞，我们才能跳出自身局限，完善对自我的探索。

班级、社团或其他活动——参与活动，亲身体验。人对自我的了解有很强的情境性，只有在实际的情境中，我们才能看到自己的表现到底怎样、喜欢什么不喜欢什么。对于接触社会较少的大学生而言，由于很少有机会进入真实的职场，对职业自我进行了解相对比较困难。但是，大学里有很多实践活动，比如班级、社团、社会实践等，为我们通过亲身体验认识自我提供了很好的平台和机会。通过平时多参加班级、社团或其他一些活动，可以了解自己的价值观、兴趣、性格、体能、人际关系处理能力等。

②职业测评法。职业测评是心理测验在职业心理测评中的具体运用。凡是经过测验编制程序完成标准化，用以测量心理特征的工具均称心理测验。心理测验的基本原理是，通过一个人对问题情境的反应来推论他的心理特征，也就是从个体的外在行为模式来推知其内在心理特征。因而，心理测验是间接地而不是直接地测量人的心理特征。通过职业测评可以深入分析和评价自己不知道且别人也不知道的一面——潜在我。

为了最大限度地发挥职业测评的效用，首先，应该选用一个权威性比较高的心理测量工具，其次，在做测验的过程中，一定要按自己的真实想法填答，避免主观情绪，最后，要选择一个安静、没有外界干扰的环境进行测验。

3. 自我认知之心理分析

（1）大学生自我认知心理。就自我认知而言，许多大学生在择业中存在以下几种心理：

①盲目自信的心理。有的同学认为自己在择业中具备种种优势：学习成绩优秀，政治条件好，学校牌子亮，专业需求旺，求职门路广……因而盲目自信，将择业胃口吊得很高，到头来往往会由于对自己太高估了，轻视了困难而在择业中受挫。

②自卑畏怯的心理。有的同学顺利地走过大学了，也具备了一定的实力和优势，面对激烈的竞争，却觉得自己这也不行，那也不如别人。自卑心理使其缺乏参与竞争的勇气，缺乏自信心，走进就业市场就心里发怵，参加招聘面试时，心里忐忑不安。一旦中途受到挫折，更缺乏心理上的承受能力，总觉得自己确实不行。在激烈的择业竞争中，这种心理障碍是走向成功的大敌，必须认真加以克服。

③急功近利的心理。有些同学在择业时过分看重地位，过分看重实惠，一心只想进大城市、大机关，想去沿海发达地区，到挣钱多、待遇好的单位，甚至为了暂时的功利宁可抛弃所学的专业。这种心理可能会得到一些眼前的利益，但从长远发展看并非明智的选择。

④患得患失的心理。有些同学在择业时顾虑太多，当断不断、患得患失，这山望着那山高，最后什么也没有得到。这也是导致许多同学陷入择业误区的一种心理障碍。

⑤依赖心理。在求职择业中又具体表现为2种倾向：一种是依赖大多数的从众心理，自己缺乏独立的见解，不是从自己的实际情况做出切合实际的选择，而是人云亦云，见别人都往大城市、大机关挤，自己也跟着凑热闹；另一种是依赖政策、依赖他人的倾向，不是主动选择，积极竞争，这种心态也是与竞争激烈的社会现实格格不入的。

（2）分析。上面所说的这些心理现象，其实都折射出一个事实，即很多学生缺乏对自己的准确认识，不知道自己的长处，不知道自己能做什么。他们在求职的过程中，还存在着一些误区。下面将从几个方面来探讨这个问题。

①记住"我"是谁。在谈到认识自我的问题时，日本动画片《千与千寻》的故事对我们很有启发：一个叫千寻的小女孩和父母在森林里迷了路，之后他们来到了一个小镇——神灵之镇。父母告诉她要永远记住自己的名字，要知道自己是谁。后来，千寻知道，这个神灵之镇，只接待各路的妖怪神仙，人类是不能进来的，如果不幸进来的话，唯一能生存的办法就是为魔女汤婆婆工作。汤婆婆会用魔法剥夺一些人的名字，让他们去做坏事，而千寻始终坚持记住自己是谁，就没有受到魔女的控制。最后，她不仅自己获得了自由，还想办法解救了所有的人。

有一个大学生，刚参加工作不久就决定回学校读研究生，原因是他在广告公司做业务，要和一些外企打交道，需要提高英语水平。他的工作有多需要英语呢？其实，他只和外企的中国人打交道，也只是一些偶尔出现的英文词汇他看不懂。

认识自己真是一件很困难的事，这个在广告公司做业务的大学生实际上做得也很成功了。但是他在环境中迷失了自己，而产生了要去学英语的想法。这实际上是一种逃避的行为，真正的原因是工作压力比较大。其实，大学生所面临的问题都差不多，尤其是即将毕业的大学生，因此，一定要首先弄清自己是谁。

②"我"的能力取向。能力可分为一般能力和专业能力。一般能力包括：自学能力，如阅读、使用工具书、利用文献信息资料、独立思考等方面的能力；表达能力，主要有口头的、书面的、图表和数字的表达能力；环境适应能力，如独立生活、人际交往、应付挫折、独立工作等能力；创造能力，如从事科研活动、提出新见解、创造新发明等；自我教育能力，如自我评价、自我监督、自我管理等能力；管理能力，即人的管理和技术的管理等能力；动手能力，如具体的操作能力。专业能力因专业的不同，有不同的内容和要求。但无论是什么专业的大学生，都要具有一定的专业能力，和工作成就相当有关系的就是"能力"。这里说的是和工作有关系，和人生幸不幸福、快不快乐，可能有关系，也可能没关系。如果，你相信工作是你人生的全部，就有关系；如果不是，关系就未必有那么大。举例而言，担任公关工作，需要良好的协调能力、口语表达能力等，如果你具备这样的能力，又从事这样的工作，可能很容易获得赏识，得到晋升机会，但这样的能力对于从事设计工作的人而言，未必派得上用场。

因此，"了解自己的能力取向""了解各项工作或职业所需具备的能力"以及"根据自己的能力寻找适合的职业"，往往是"适材适所"的生涯抉择。然而，从事自己有能力做的工作，就会比较乐在其中吗？这却不见得，因为是否乐于工作往往与个人兴趣、特质或人生目标有关。我们看到很多人具备某些职业的特长，却宁可舍弃，即是如此。

③选择容易成功的工作还是适合的工作。在以前，大家都想找一份能获得成功的工作；而现在，人们更倾向于找一份适合自己的工作。做自己感兴趣的、适合的工作，就会感到愉快。如果只想找能获得成功的工作，那么附加条件会有很多，就限制了人们的职业选择。比如，某人目前的月工作收入是1万多元，但他不喜欢。如果换一个自己喜欢的工作，收入可能只有五六千元。他愿意承受更换

专业和工作环境而带来的风险和压力，这是做出选择的一个前提。当然，这和大家自己的分析和预期有很大的关系。

④"我"的人格特质和价值观。"我"具有什么样的特质？"我"的特质适合从事什么工作？一直有学者专家从事这方面的研究，可是很少得到一致的结果。有一点可以肯定，不同职业会因为所具有的特定工作内容，而特别适合具备某些人格特质的人。例如：社会福利类或服务人群的工作，由具有同情心的人来担任应较为得心应手；从事科学研究的工作者，需长期投入实验，势必需要具备情绪稳定的特质；作家、剧作家要有丰富的创意；而金融工作者，必须对数字敏感且细心，否则处在"锱铢必较"的工作环境中，恐怕也会紧张不安。因此，了解自己的性格及人格特质，在生涯发展的过程中，也会帮助我们做出更好的生涯选择。

或许有人会说：我可以训练自己，让我更外向，这样我会不会比较容易成功？当然，这是可能的。比如某位同学的父亲开了一家服饰店，有客人进门时，他很容易就和客人打成一片，不认识他的人以为他是很外向的人，也很容易交心；但是，事实上，在家里的时候，他几乎不苟言笑，对孩子也甚为严厉。你认识这样的人吗？你对这样的人感觉如何呢？如果是你，你会做这样的选择吗？

其他如价值观、人际关系等，也是影响职业生涯选择的重要因素。若身为律师，理论上应为当事人提供辩护，但若是他发现无法认同当事人的行为或处事方式，或对当事人的对错有不同的看法，进而无法执行其律师的职责，这样的价值观的混淆，可能对其律师生涯有重要影响。再如，在科技公司有美好的前景、优厚的待遇，但若重视个人生活品质或希望多些时间陪家人者，可能就会面临相当的冲突。价值观的冲突，往往是职业生涯中影响决策的重要因素。

因此，正确地认识自我、进行完整的自我认知不仅仅会对个人职业选择起到重要的作用，更重要的是，对个人整个职业生涯发展都有良好的推动作用。

生涯探索

几乎每个人都被问过"你长大后要做什么"，或者问过自己"我将来想做什么"这样的问题，可以说这是自我认识的起点。有位哲人说了这么一句话："知道你是谁比知道你要去哪里更重要。"

有关认识自我，最常见的几个问题如下：

（1）"我"喜欢做什么？

（2）"我"具备哪些能力？"我"可以做到哪些事？"我"做哪些事总是较有成就感？

（3）"我"具有什么样的特质？"我"比较适合做些什么性质的工作？

（4）在"我"的生命中，"我"重视什么？"我"是否会担心做的事违反"我"的信念？

（5）"我"喜欢的工作和休闲方式为何？

（6）"我"希望一生中可以达成的目标是什么？

（7）"我"有何资源？包括家庭、个人、同学、朋友、师长、经验。

（8）"我"的发展限制为何？

如果能够清楚地回答这些问题，那么接下来我们要问的就是：这样的一个"我"，适合什么样的职业生涯？该如何实现"我"的职业生涯愿望？下面，本书将会循序渐进地带领大家回答这些问题。

1. 了解工作世界

社会上有很多不同的工作，我们不可能全都了解。不过，根据工作的共通性质，我们可以按照上一章中霍兰德给出的分类模型，选择适合自己的工作类别，然后再仔细地挑选职业和筹划未来。

2. 你可从工作中得到什么

工作是生活中不可缺少的一部分。通过工作，你不仅可赚取生活所需，还可以获得满足感和成就感，而个人的自信心、价值观和潜能亦可得到肯定和发挥。基于不同的价值观、生活及社会环境，工作对每个人都有不同的意义或价值，但有一点可以肯定，除了金钱之外，还有其他的重要因素推动我们努力工作。在选择职业及决定自己的发展方向时，我们可以考虑以下要点。

（1）工资及其他物质报酬：供给生活所需和提供物质享受。

（2）满足感及挑战：成功完成任务或解决难题后所获得的满足感或成就感。

（3）别人的认同及赏识：得到别人对自己的努力或才能的认同，并获得奖赏，如晋升机会等。

（4）个人成长及发展：通过不断尝试及学习或参与培训，增长知识和磨炼技能。

（5）友谊及人际网络：在工作上，除了可结识公司同事外，亦能接触其他不同阶层、背景、国籍的人，扩充生活圈子及增长见闻。

（6）人生目标及理想：工作可作为人生目标之一或达成个人理想的踏脚石。

（7）服务及贡献社会：有些工作以服务他人为宗旨，能帮助有需要的人士，造福社会。

3. 认识自我

认识自我是整个择业过程中的第一步，你首先需要确切地了解自己的特质和对工作的期望，然后才能在选择职业时有所依据。增进自我了解的方法有很多，哪种方法最为有效，则视个人而定。

生涯实践

兴趣体现了个人对事物的喜好，并不受物质报酬的影响。能够投身真正感兴趣的行业，你自然会工作愉快，办起事来倍加投入和充满干劲。问问自己喜欢做什么事、将来要做什么，这是检视自己兴趣最简单的方式，也是相当主观的方式。可是，我们常常会觉得不确定自己喜欢做的事是什么，以及喜欢的事是不是可以作为职业或可不可以获得成功。不同的人对于某种职业的兴趣是不同的，下面将运用一个较为客观的测验方式，来帮助大家了解自己的职业兴趣。请你仔细阅读下面的问题，回答"是"或"否"，并分别记下回答的次数。

第一组

1. 你喜欢自己动手修理收音机、自行车、缝纫机、钟表、电线开关一类的器具吗？

2. 你对自己家里使用的电扇、电熨斗、缝纫机等器具的质量和性能了解吗？

3. 你喜欢动手做小型的模型（诸如滑翔机、汽车、轮船、建筑模型等）吗？

4. 你喜欢与数字、图表打交道（诸如记账、制表、制图）的工作吗？

5. 你喜欢制作工艺品、装饰品和衣服吗？

第二组

1. 你喜欢给别人当买东西方面的顾问吗？

2. 你热衷于参加集体活动吗？

3. 你喜欢接触不同类型的人吗?

4. 你喜欢拜访别人、爱与人讨论各种问题吗?

5. 你喜欢在会议上积极发言吗?

第三组

1. 你喜欢没有干扰地、有规则地从事日常工作吗?

2. 你喜欢对任何事情都预先做周密的安排吗?

3. 你善于查阅字典、辞典和资料索引吗?

4. 你喜欢按固定的程序有条不紊地工作吗?

5. 你喜欢把事物分类和归档的工作吗?

第四组

1. 你喜欢倾听别人的难处并乐于帮助别人解决困难吗?

2. 你愿意为残疾人服务吗?

3. 在日常生活中,你愿意给人们提供帮助吗?

4. 你喜欢向别人传授知识和经验吗?

5. 你喜欢防病治病和照顾病人的工作吗?

第五组

1. 你喜欢主持班级集体活动吗?

2. 你喜欢接触领导和老师吗?

3. 你喜欢在人多时当众发表自己的观点和意见吗?

4. 如果老师不在,你能主动维持班里学习的正常秩序吗?

5. 你具有强烈的责任感和工作魄力吗?

第六组

1. 你特别爱读文学著作中对人内心世界的细致描写吗?

2. 你喜欢听人们谈论他们的活动和想法吗?

3. 你喜欢观察和研究人的心理和行为吗?

4. 你喜欢阅读领导人物、政治家、科学家等名人的传记吗?

5. 你很想了解世界各国的政治和经济制度吗?

第七组

1. 你喜欢参观技术展览会或收听(收看)有关新技术消息的节目吗?

2. 你喜欢阅读科技杂志（如《我们爱科学》《科学 24 小时》《科学动态》）吗？

3. 你想了解生机勃勃的大自然的奥秘吗？

4. 你想了解使用科学精密仪器和电子仪器的工作吗？

5. 你喜欢复杂的绘图和设计工作吗？

第八组

1. 你想设计一种新的发型或服装吗？

2. 你喜欢创作画吗？

3. 你会尝试着写小说或编剧吗？

4. 你很想参加学校宣传队或演出小组吗？

5. 你爱用新方法、新途径来解决问题吗？

第九组

1. 你喜欢操作机器吗？

2. 你很羡慕机械类工程师的工作吗？

3. 你想了解机器的构造和工作性能吗？

4. 你喜欢交通工具驾驶一类的工作吗？

5. 你喜欢参观和研究新的机器设备吗？

第十组

1. 你喜欢从事具体的工作吗？

2. 你喜欢做很快就能看到产品的工作吗？

3. 你喜欢做让别人能看到效果的工作吗？

4. 你喜欢做那种时间短、但可以做得很好的工作吗？

5. 你喜欢做有形的事情（诸如编织、烧饭等）而不喜欢抽象的活动吗？

根据对每组问题回答"是"的总次数，填表 3-1。

表 3-1　职业兴趣测验结果统计表

组别	相应的兴趣类型序号	回答"是"的总次数
第一组	兴趣类型 1	
第二组	兴趣类型 2	

续表

组别	相应的兴趣类型序号	回答"是"的总次数
第三组	兴趣类型 3	
第四组	兴趣类型 4	
第五组	兴趣类型 5	
第六组	兴趣类型 6	
第七组	兴趣类型 7	
第八组	兴趣类型 8	
第九组	兴趣类型 9	
第十组	兴趣类型 10	

通过上面的测试，找出你的兴趣类型，回答"是"的总次数一栏中的次数越多，相应的兴趣类型就越符合你的职业兴趣特点，次数越少，相应的兴趣类型就越不符合你的职业兴趣特点。然后对照各种兴趣类型所对应的职业，给你的职业生涯定位。

兴趣类型 1——愿意与事物打交道。

这类人喜欢同事物打交道（比如工具、器具或数字），而不喜欢从事与人打交道的职业。相应的职业有：制图员、修理工、裁缝、木匠、建筑工、出纳员、记账员、会计等。

兴趣类型 2——愿意与人接触。

这类人喜欢与他人接触的工作，他们喜欢销售、采访、传递信息一类的活动。相应的职业有：记者、营业员、服务员、营销人员等。

兴趣类型 3——愿意干有规律的工作。

这类人喜欢常规的、有规律的活动，在预先安排的条件下做细致工作。相应的职业有：邮件分拣员、图书馆管理员、办公室职员、档案管理员、打字员、统计员等。

兴趣类型 4——愿意从事社会福利类和助人的工作。

这类人乐意帮助别人，试图改善他人的状况，喜欢独自与他人接触。相应的职业有：医生、律师、护士、咨询人员等。

兴趣类型 5——愿意做领导和组织工作。

这类人喜欢管理工作，爱好掌握一些事情，他们在企事业单位中起着重要的作用。相应的职业有辅导员、行政人员、管理人员等。

兴趣类型6——愿意研究人的行为。

这类人喜欢谈论涉及人的主题，他们爱研究人的行为举止和心理动态。相应的专业有：心理学、政治学、人类学等。

兴趣类型7——愿意从事科学技术事业。

这类人喜欢分析、推理、测试类活动，长于理论分析，喜欢独立解决问题，也喜欢通过实验获得新发现。相应的专业有：生物、化学、工程学、物理学等。

兴趣类型8——愿意从事抽象性和创造性的工作。

这类人喜爱需要想象力和创造力的工作，爱创造新的式样和概念。相应的职业有：演员、创作人员、设计人员、画家等。

兴趣类型9——愿意做操纵机器的技术工作。

这些人喜欢运用一定的技术，操纵各种机械来制造产品或完成其他任务。相应的职业有：机床工、驾驶员、飞行员等。

兴趣类型10——愿意从事具体的工作。

这类人喜欢制作看得见、摸得着的产品，希望很快能看到自己的劳动成果，他们从完成的产品中得到自我满足。相应的职业有：厨师、园林工、理发师、美容师、室内装饰人员等。

第二节 性格

生涯导入

两颗种子，两种人生

春天到了，轻柔的风在吹拂着这个睡眼惺忪的大地，万物开始复苏。这个时候，两颗种子也醒了，它俩正躺在一片肥沃的土壤里憧憬着各自的未来。

第一颗种子说："我一定要努力生长！我要向下扎根，让生命在土壤里变得坚强！我要出人头地，让茎叶随风摇摆，歌颂春天的到来！我还要开出美丽的花朵，结出丰硕的果实，给这个大地增添些许沁人的花香，为人们提供醉人的果实。这样我既可以感受春晖照耀脸庞的温暖，也可以体味晨露滴落花瓣的喜悦和生命成熟的欢欣！"

第二颗种子听后皱着眉头颤抖地说："我可没有你那么勇敢！我若向下扎根，也许会碰到坚硬的石块；我若用力往上钻，可能会伤到我脆弱的茎；我若长出幼芽，难保不会被蜗牛吃掉；我若开出美丽的花，只怕小孩看了会将我连根拔起；我若结出果实，只怕还会被想要不劳而获的家伙偷偷摘去。我还是等情况安全些再做打算吧！"于是它继续瑟缩在那一片它自认为十分安全的土壤里。几天后，一只母鸡在庭院里觅食，它就这样不声不响地进了母鸡的肚子。而第一颗种子一直在努力生长着，这期间它受过伤，挨过冻，哭过，笑过，被人踩踏过，被蜗牛啃啮过。但是它始终没有忘记自己的梦想。每当寒夜侵袭，一切都沉寂下来的时候，它也会不时地感到一种难以抑制的孤独和凄凉，但它总是一遍一遍地对自己说："我不能放弃，也不会放弃！因为我有梦想啊！"终于有一天，它长大了，开出了娇艳的花，结出了累累的果实。它笑了，很开心！

生涯知识

性格认知

（1）性格与职业发展的关系。职业心理学研究表明，性格影响着一个人对职业的适应性，一定的性格适合从事一定的职业。同时，不同的职业对人有不同的性格要求。因此，在选择职业时，还要考虑自己的性格特点，考虑职业对人的性格要求，根据自己的性格特点选择最易适应的职业，或改变自己的性格特点来适应职业的要求。

职业心理学家勃兰特曾经做过一个实验。他追踪调查了一批大学毕业生，将他们的个性、在校学习成绩、智力与他们毕业 5 年后的收入做了一下比较，结果显示：事业成功和智力的相关系数是 0.18，和学习成绩的相关系数是 0.32，与个性的相关系数是 0.72。这个实验证实了事业成功与否与个性是否适合此项事业的关联度最高。也就是说，一个人所做的工作与自己的个性越契合，他事业成功的可能性越大。

（2）了解自己的性格。我们还可以借助人格测评量表来探索自己的性格类型。

目前的性格测验主要分为两大类，即客观量表类和投射测验。人格理论是人格测验的基础。

常用的性格测评量表包括迈尔斯 - 布里格斯类型指标（MBTI）、明尼苏达多项人格测验（MMPI）、加州人格量表（CPI）等。投射测验可分为多种类型，如罗夏墨迹测验、主题统觉测验、绘人测验和语句完成测验。

生涯探索

MBTI性格测验

职业倾向测试（Myers-Briggs Type Indicator，MBTI）以瑞士著名心理学家卡尔·荣格（Carl G. Jung）的心理类型理论为基础，后来两位作者，母亲 Katharine Cook Briggs 与女儿 Isabel Briggs Myers 研究并发展了卡尔·荣格的理论，最终使 MBTI 成为目前国际上应用最广的人才测评方案。该方案通过了解人们在做事、获取信息、决策等方面的偏好来从 4 个角度对人进行分析，其中两两组合，构成 16 种人格类型。大部分人在 20 岁以后会形成稳定的 MBTI 人格，从此便很难变化。MBTI 的人格会随着年龄的增加、经验的丰富逐步发展完善。根据 MBTI 的理论，任何类型的人均有相应的优点和缺点、适合自己的工作环境、适合自己的岗位特质。使用 MBTI 辅助进行职业选择的关键在于如何将个人的人格特点与职业特点进行结合。

MBTI性格类型测试问卷

注意事项：

1. 请在心态平和及时间充足的情况下开始答题。

2. 每道题目均有两个选项：A 和 B。请仔细阅读题目，按照与你性格相符的程度分别给 A 和 B 打一个分数，并使一组中的 2 个分数之和为 5。最后，请在问卷后的答题纸上相应的方格内填上相应的分数。

3. 请注意，题目的选项无对错之分，你不需要考虑哪个选项"应该"更好，而且不要在任何问题上思考太久，而是应该凭你心里的第一反应做出选择。

4. 如果你觉得在不同的情境里，两个选项或许都能反映你的倾向，请选择一个对于你的行为方式来说最自然、最顺畅和最从容的答案。

例子：你参与社交聚会时：

A. 总是能认识新朋友。（4）

B. 只跟几个亲密挚友待在一起。（1）

很明显，你参与社交聚会时有时能认识新朋友，有时又会只跟几个亲密挚友待在一起，所以在以上的例子中，你给"总是能认识新朋友"打了4分，而给"只跟几个亲密挚友待在一起"打了1分。当然，在你看来，也可能是3+2或者5+0，也可以是其他的组合。

1. 当你遇到新朋友时，你：

　　A. 说话的时间与聆听的时间相当。（　　）

　　B. 聆听的时间会比说话的时间多。（　　）

2. 下列哪一种是你的一般生活取向？

　　A. 只管做吧。（　　）

　　B. 找出多种不同选择。（　　）

3. 你喜欢自己的哪种性格？

　　A. 冷静而理性。（　　）

　　B. 热情而体谅。（　　）

4. 你擅长：

　　A. 同时协调进行多项工作。（　　）

　　B. 专注在某一项工作上，直至把它完成为止。（　　）

5. 你参与社交聚会时：

　　A. 总是能认识新朋友。（　　）

　　B. 只跟几个亲密挚友待在一起。（　　）

6. 当你尝试了解某些事情时，一般你会：

　　A. 先要了解细节。（　　）

B. 先了解整体情况，细节容后再谈。（　　）

7. 你对下列哪方面较感兴趣？

　　A. 知道别人的想法。（　　）

　　B. 知道别人的感受。（　　）

8. 你较喜欢下列哪种工作？

　　A. 能让你迅速和即时做出反应的工作。（　　）

　　B. 能让你定下目标，然后逐步达成目标的工作。（　　）

下列哪一种说法较适合你？

9. A. 当我与友人尽兴后，我会感到精力充沛，并会继续追求这种欢愉。（　　）

　　B. 当我与友人尽兴后，我会感到疲累，觉得需要一些个人空间。（　　）

10. A. 我较有兴趣知道别人的经历，例如他们做过什么？认识什么人？（　　）

　　B. 我较有兴趣知道别人的计划和梦想，例如他们会去往哪里？憧憬什么？

　　　（　　）

11. A. 我擅长制订一些可行的计划。（　　）

　　B. 我擅长促使别人同意一些计划，并通力合作。（　　）

12. A. 我会突然尝试做某些事，看看会有什么事情发生。（　　）

　　B. 我尝试做任何事前，都想事先知道可能会有什么事情发生。（　　）

13. A. 我经常边说话，边思考。（　　）

　　B. 我在说话前，通常会思考要说的话。（　　）

14. A. 四周的实际环境对我很重要，而且会影响我的感受。（　　）

　　B. 如果我喜欢所做的事情，气氛对我而言并不是那么重要。（　　）

15. A. 我喜欢分析，心思缜密。（　　）

　　B. 我对人感兴趣，关心他们身上所发生的事。（　　）

16. A. 即使计划已出，我也喜欢探讨其他新的方案。（　　）

　　B. 一旦定下计划，我便希望能依计划行事。（　　）

17. A. 认识我的人，一般都知道什么对我来说是重要的。（　　）

　　B. 除了我感觉亲近的人，我不会对人说出什么对我来说是重要的。（　　）

18. A. 如果我喜欢某种活动，我会经常进行这种活动。（　　）

　　B. 我一旦熟悉某种活动后，便希望转而尝试其他新的活动。（　　）

19. A. 当我做决定的时候，我更多地考虑正反两面的观点，并且会推理与论证。
（　　）

B. 当我做决定的时候，我会更多地了解其他人的想法，并希望能够达成共识。（　　）

20. A. 当我专注做某件事情时，需要不时停下来休息。（　　）

B. 当我专注做某件事情时，不希望受到任何干扰。（　　）

21. A. 我独处太久，便会感到不安。（　　）

B. 若没有足够的自处时间，我便会感到烦躁不安。（　　）

22. A. 我对一些没有实际用途的意念不感兴趣。（　　）

B. 我喜欢意念本身，并享受产生意念的过程。（　　）

23. A. 当进行谈判时，我会依靠自己的知识和技巧。（　　）

B. 当进行谈判时，我会拉拢其他人至同一阵线。（　　）

当你放假时，你多数时候会怎么做？

24. A. 随遇而安，做当时想做的事。（　　）

B. 为想做的事情订时间表。（　　）

25. A. 花多些时间与别人共度。（　　）

B. 花多些时间自己阅读、散步或者做白日梦。（　　）

26. A. 前往你曾去过且喜欢的地方度假。（　　）

B. 选择前往一些你从未到达的地方。（　　）

27. A. 处理一些与工作或学校有关的事情。（　　）

B. 处理一些对你重要的人际关系。（　　）

28. A. 忘记平时发生的事情，专心享乐。（　　）

B. 想着假期过后要准备的事情。（　　）

29. A. 参观著名景点。（　　）

B. 花时间逛博物馆和一些较为幽静的地方。（　　）

30. A. 在喜欢的餐厅吃饭。（　　）

B. 尝试新的菜式。（　　）

下列哪个说法最能贴切地形容你对自己的看法？

31. A. 别人认为我会公正处事，并且尊重他人。（　　）

B. 别人相信在他们有需要时，我会在他们身边。（　　　）

32. A. 随机应变。（　　　）

　　B. 按照计划行事。（　　　）

33. A. 坦率。（　　　）

　　B. 深沉。（　　　）

34. A. 留意事实。（　　　）

　　B. 注重事实。（　　　）

35. A. 知识广博。（　　　）

　　B. 善解人意。（　　　）

36. A. 容易适应转变。（　　　）

　　B. 处事井井有条。（　　　）

37. A. 爽朗。（　　　）

　　B. 沉稳。（　　　）

38. A. 实事求是。（　　　）

　　B. 富有想象力。（　　　）

39. A. 喜欢询问实情。（　　　）

　　B. 喜欢探索感受。（　　　）

40. A. 不断接受新意见。（　　　）

　　B. 着眼于达成目标。（　　　）

41. A. 率直。（　　　）

　　B. 内敛。（　　　）

42. A. 实事求是。（　　　）

　　B. 目光长远。（　　　）

43. A. 公正。（　　　）

　　B. 宽容。（　　　）

你会倾向于：

44. A. 暂时放下不愉快的事情，直至有心情时才处理。（　　　）

　　B. 及时处理不愉快的事情，务求把它们处理好后抛诸脑后。（　　　）

45. A. 自己的工作被欣赏，即使你自己并不满意。（　　　）

B. 创造一些有长远价值的东西，但不一定需要别人知道是你做的。（   ）

46. A. 在自己有兴趣的领域，积累丰富的经验。（   ）

    B. 有各式各样不同的经验。（   ）

哪一句较能表达你的看法？

47. A. 感情用事的人较容易犯错。（   ）

    B. 逻辑思维会令人自以为是，因而容易犯错。（   ）

48. A. 犹豫不决必失败。（   ）

    B. 三思而后行。（   ）

MBTI性格类型测试问卷答题纸

请回过头去看一看你给每个问题所分配的分数。现在将那些分数像下表所显示的那样加在一起：

表 3-2　MBTI 测试答题纸

题号	A	B	题号	A	B	题号	A	B	题号	A	B
1			2			3			4		
5			6			7			8		
9			10			11			12		
13			14			15			16		
17			18			19			20		
21			22			23			24		
25			26			27			28		
29			30			31			32		
33			34			35			36		
37			38			39			40		
41			42			43			44		
45			46			47			48		
总计											
	E	I		S	N		T	F		J	P

现在，将每项总得分转移到下列各个空白处，也就是说，将在维度 E 名下的总得分记在 E 后面的空白处，在维度 I 名下的总得分记在 I 后面的空白处，以此类推。

总得分   总得分

E: _____   I: _____

S: _____   N: _____

T: _____   F: _____

J: _____   P: _____

以上 8 个偏好两两成对，也就是说，E 和 I、S 和 N、T 和 F、J 和 P 分别是不同组合。在每一对组合中，比较得分的高低，高的那个就是你的优势类型。如果同分的话，选择后面的那一组，即 I、N、F、P。对 4 对组合都做一比较后，你会得到一个由 4 个字母组成的优势类型，如 ENFP、ISTJ 等，把它写在下面的横线上。

问卷所揭示的优势类型是：_____

下面的介绍中，有对 4 个维度 8 种偏好的详细描述，认真地自我评估一下，究竟哪种偏好的描述更接近你自己，然后把结果写在下面。

在 E 和 I 这个维度上，我认为更接近我本性的是：_____

在 S 和 N 这个维度上，我认为更接近我本性的是：_____

在 T 和 F 这个维度上，我认为更接近我本性的是：_____

在 J 和 P 这个维度上，我认为更接近我本性的是：_____

自我评价所揭示的优势类型是：_____

两者综合，我确定我的优势类型是：_____

MBTI性格类型介绍

通常我们觉得随着一个人年龄的增长，他的性格也发生了变化。但按照荣格的理论，人的性格一旦成型，就很难发生变化，之所以展现为不同的表现方式，正是因为环境、经历等因素在变化，使性格在动态地发展，之前不太使用的功能也得到了相应的发挥。如果用左手和右手来比喻的话，一个人的 MBTI 倾向就是他最常使用的那只手，而随着阅历的增加，他也开始练习使用另外一只手。MBTI 有四个子量表，分别是：

外倾—内倾（E—I），感觉—直觉（S—N），思维—情感（T—F），判断—知觉

（J—P）。

第一个维度：根据个人的能量更集中地指向哪里来区分，分为内倾与外倾两种类型（I—E）。

如果只能用一个维度将人群区分开来的话，那么，这个维度应该是内外倾向，它是区分个体的最基本的维度。我们以自身为界，可以将世界分为自身以外的世界和自我的世界两个部分，也可称为外部世界和内部世界。外倾的人倾向于将注意力和精力投注在外部世界，如外在的人、外在的物、外在的环境等，而内倾的人则相反，较为关注自我的内部状况，如内心情感、思想。两种类型的个体在自己偏好的世界里会感觉自在、充满活力，而到另一种世界里则会不安、疲惫。因此，外倾与内倾的个体之间的区分是广泛而明显的，并不像我们平时讲的"外倾者健谈、内倾者害羞"那么简单，具体可以从表3-3列举的几个方面进行分析：

表3-3　内倾型与外倾型

类型	外倾型（E）	内倾型（I）
特点	与他人相处时精力充沛	独自度过时光时精力充沛
	希望成为焦点	避免成为焦点
	行动，之后思考	思考，之后行动
	喜欢边想边说出声	在心中思考问题，不善于表露
	易于被读懂和了解；随意地分享个人信息	相对封闭，更愿意在经挑选的小群体中分享个人的信息
	说的比听的多	听的比说的多
	高度热情地进行社交	不把热情表现出来
	反应快，喜欢快节奏	仔细考虑后，才有所反应，喜欢慢节奏
	重于广度而不是深度	喜欢深度而不是广度

参照上述的"条条框框"，你能确定你的内外倾向的偏好了吗？当然，不要期望每条标准都完全符合，大部分符合基本上就可以确定了。也不要要求每时每刻都以同样类型的方式行事。人毕竟生活在社会中，有时会顺应外在环境的、工作的需要调整自己的行为。再外倾的人，在权威人士面前或者十分隆重、严肃的场合，也

会是个好的倾听者；再内倾的人，走上领导岗位，该发表意见的还得发表，准备充分的话，也会滔滔不绝。关键在于，我们需扪心自问：到底以什么样的方式行事，才是自己感觉最好的，最习惯的。

第二个维度：根据个人收集信息的方式不同来区分，分为感觉与直觉两种类型（S—N）。

我们每个人都在不断接受着信息，这是我们跟上外界节奏的必要前提。但不同类型的个体接受信息的方式不同，这便有了感觉型与直觉型之别。首先，面对同样的情景，两者的注意中心不同，依赖的信息通道也不同。感觉型的人关注的是事实本身，注重细节，而直觉型的人注重的是基于事实的含义、关系和结论；感觉型的人信赖五官听到、看到、闻到、感觉到、尝到的实实在在、有形有据的事实和信息，而直觉型的人注重"第六感觉"，注重"弦外之音"。直觉型的人的许多结论在感觉型的人眼里，也许是飘忽的，不实在的。注重细节的结果是感觉型的人擅长记忆大量事实与材料，他们有时候像本"百科全书"，能清晰地讲出大量的数据、人名、概念乃至定义，常使其他人感到吃惊。而直觉型的人更擅长解释事实，捕捉零星的信息，分析事情的发展趋向。其次，感觉型的人对待任务，习惯于按照规则、手册办事，比如照着手册使用家电，比如看着地图辨认交通路线。而直觉型的人，习惯尝试，跟着感觉走，不习惯仔细地看完一大本说明书再动手。结果呢？可能比感觉型的人更快地完成了任务，也可能因为失败而须重新开始。感觉型的人习惯于固守常规，享受现实，使用已有的技能；直觉型的人更习惯变化、突破常规。简言之，感觉型注意"是什么"，实际而仔细，直觉型则更关心"可能是什么"。具体区别如表3-4所示：

表3-4 感觉型与直觉型

类型	感觉型（S）	直觉型（N）
特点	相信确定和有形的事物	相信灵感和推断
	喜欢新想法，但它们必须有实际意义	喜欢新思想和概念，但它们必须符合自己的意愿
	重视现实性和常识性	重视想象力和独创力
	喜欢使用和琢磨已知的技能	喜欢学习新技能，但掌握之后很容易就厌倦了

续表

类型	感觉型（S）	直觉型（N）
特点	留心具体的和特殊的；进行细节描述	留心普遍的和有象征性的；使用隐喻和类比
	循序渐进地讲述有关情况	以一种绕圈子的方式跳跃性地展现事实
	着眼于现实或现在	着眼于未来

在我们的周围，两种类型的人都会存在，当然极端典型的比较少。大多数人兼有两种特质，但其中一种会更突出一些，成为本人的特色，也由此可以确定本人的类型。使用哪种方式接受信息都有利有弊。作为个体，往往只擅长一种，了解到这一点，直觉型的人就不必在百科全书式的人物面前自叹弗如，感觉型的人也无须在灵动、敏感的直觉者面前不好意思了。当然，我们在享受自我性格类型所带来的优势的同时，也不妨逐渐有意识地弥补弱处，比如说，直觉型的人可多关注一些细节，而感觉型的人可多留神蕴含的潜在信息。国外的研究表明，25 岁以后，伴随着对人生的反思，个体完善自我性格的倾向会更明确。确定一下你的类型，看看这种类型的优势所在。

第三个维度：根据个人做决定的方式的不同来区分，分为思维与情感两种类型（T—F）。

仅看这个维度的名称，也许你会觉得，思维型的人是理性的，而情感型的人是非理性的，事实上并非如此。两类人都有理性思考的成分，但做决定或下结论的主要依据不一样。情感型的人常从自我的价值观念出发，变通地贯彻规章制度，做出一些自己认为对的决策，比较关注决策可能给他人带来的情绪体验，人情味较浓。思维型的人则比较注重依据客观事实的分析，一以贯之、一视同仁地贯彻规章制度，不太习惯根据人情因素变通，哪怕做出的决定并不令人舒服。具体区别如表 3-5 所示：

表 3-5 思维型与情感型

类型	思维型（T）	情感型 F
特点	退后一步思考，对问题进行客观地分析	超前思考，考虑行为对他人的影响

续表

类型	思维型（T）	情感型 F
特点	重视符合逻辑、公正、公平的价值；一视同仁	重视同情与和睦；重视准则的例外性
	容易发现缺点，有吹毛求疵的倾向，倾向于批评	给人快乐，容易理解别人
	被认为冷酷、麻木、漠不关心	被认为感情过多，缺少逻辑性，软弱
	认为圆通比坦率更重要	认为圆通与坦率同样重要
	情感只有符合逻辑时，才是正确的，才可取	无论是否有意义，认为任何情感都可取
	渴望成就而行动	为了获得欣赏而行动

不同性别的个体在这个维度上的偏好有所差异，据研究，大约2/3的女性偏好情感型，2/3的男性偏好思维型。这是什么原因造成的？也许社会本身对不同性别的人就给予了不同的期待，期待女性的同情心，期待男性的冷静、客观。其实，这两种类型无所谓好或坏，重要的是理解和自己不同类型的人的做法，并且尽量避免走入极端。极端的思维倾向，可能会给人"冷酷"的感觉，而极端的情感倾向则给人"无原则"的感觉。看看你的性格在这个维度上会有什么样的偏好。

第四个维度：根据个人最感到舒适的生活方式来区分，分为判断与知觉两种类型（J—P）。

看看人们的办公桌上、包内或柜子里摆放的物品，便可以发现，有些人经常是井然有序的，而有些人就不那么习惯于保持整齐，前者是判断型的人具有的特征，后者是知觉型的人经常有的状态。不仅如此，在处事方式上，判断型的人目的性较强，一板一眼，他们喜欢有计划、有条理的世界，更愿意以比较有序的方式生活。知觉型的人好奇心、适应性强，他们会不断关注新的信息，喜欢变化，也会考虑许多可能的变化因素，更愿意以比较灵活、随意、开放的方式生活。在做决策时，判断型的人较为果断，而知觉型的人总希望获得更多信息后再决断。比如逛了两天商场，还决定不了买什么的人，多半是知觉型的。两者的具体区别如表3-6所示：

表 3-6 判断型与知觉型

类型	判断型（J）	知觉型（P）
特点	做了决定后感到快乐	当各种选择都存在时，感到快乐
	"工作原则"：先工作再玩（如果有时间的话）	"玩的原则"：先玩（如果有时间的话）再完成工作
	建立目标，并准时地完成	随着新信息的获取，不断改变目标
	愿意知道它们将面对的情况	喜欢适应新情况
	着重结果（重点在于完成任务）	着重过程（重点在于如何完成工作）
	满足感来源于完成计划	满足感来源于计划的开始
	把时间看作有限的资源，认真地对待最后期限	认为时间是可更新的资源，而最后期限也是可调整的

多数人兼具两种倾向，只是更偏向某一端。我们在日常生活、工作中，也会受其他因素影响，改变一贯的方式，如面临紧急的或期限明确的任务，知觉型的人也会果断起来，兴之所至，也会把物品收拾得整整齐齐。但这些并不是他们常有的行为方式，也不是让他们感到真正自然、舒服的方式。作为个体，一方面需要根据内心的感觉识别自我的偏好，发挥优势，另一方面，则要约束一下性格的弱点。如完全的判断型，比较容易走入刻板、教条的境地，完全的知觉型则容易使事情的进行没有约束。看看最后一个维度上，你的偏好是什么？

通过对照四个维度的描述，你或许已经能识别出自己在每个维度上的偏好，取每个维度上偏好类型的代表字母，即可以由四个字母构成你的性格类型，如 ISFJ 即内倾感觉情感判断型，ENFP 即外倾直觉情感知觉型。4 个维度、8 个端点可组合成下列的 16 种性格类型，你必然属于其中的一种。

16 种类型中，每一种都将是独特的类型，没有哪一种类型最好，也没有哪一种类型不好，要记住的是，这就是你，具有独特风格的你。

内倾感觉思维判断（ISTJ）：

1.严肃、安静，借由集中心志与全力投入及可被信赖获得成功。

2.行事务实、有序、实际、有逻辑、真实及可信赖。

3.十分留意且乐于做事（工作、居家、生活），做任何事均有良好组织性及次序。

4.负责任。

5.照设定成效来做出决策，且不畏阻挠与闲言，坚定为之。

6.重视传统与忠诚。

7.是具有传统性的思考者。

内倾感觉情感判断（ISFJ）：

1.安静、和善、负责任且有良心。

2.行事尽责投入。

3.安定性高，常成为项目工作或团体之安定力量。

4.愿投入、吃苦及力求精确。

5.兴趣通常不在于科技方面。

6.忠诚、考虑周到、知性且会关切他人感受，对细节事务有耐心。

7.致力于创构有序及和谐的工作与家庭环境。

内倾直觉情感判断（INFJ）：

1.因为坚忍、有创意及具备必须达成目的的意图而能成功。

2.会在工作中投注最大的努力。

3.默默地、诚挚地及用心地关切他人。

4.因坚守原则而受敬重。

5.提出造福大众的、有利的明确远景而为人所尊敬与追随。

6.追求创见及物质财富的意义。

7.想了解什么能激励别人，对他人具洞察力。

8.光明正大且坚信自身价值观。

9.有组织地且果断地履行其愿景。

内倾直觉思维判断（INTJ）：

1.具强大动力与意愿来达成目的与创意。

2.有宏大的愿景且能快速在众多外界事件中找出有意义的模范。

3.对所承负职务，具良好的履行能力。

4.具怀疑心、挑剔性、独立性，行事果决，对专业水准及绩效要求高。

内倾感觉思维知觉（ISTP）：

1. 安静、预留余地、有弹性，会以无偏见的好奇心观察与分析。

2. 对探索原因及效果有兴趣，了解技术如何运作，且擅长使用有逻辑的原理组构事实、重视效能。

3. 擅于掌握核心问题及找出解决方式。

4. 擅长分析成事的缘由且能实时从大量资料中找出实际问题的核心。

内倾感觉情感知觉（ISFP）：

1. 羞怯、安宁、和善、敏感、亲切，且行事谦虚。

2. 擅于避开争论，不对他人强加己见或价值观。

3. 无意成为领导，常是忠诚的追随者。

4. 办事不急躁，安于现状，无意于以过度的急切或努力破坏现况，且非成果导向。

5. 喜欢有自由的空间，照自订的章程办事。

内倾直觉情感知觉（INFP）：

1. 安静的观察者，具理想性，对自身价值观及重要之人具忠诚心。

2. 希望外在生活形态与内在价值观相吻合。

3. 具好奇心且很快能看出机会所在。常担负开发、创意类工作。

4. 除非价值观受侵犯，行事具弹性，适应力与承受力强。

5. 具有想了解及发展他人潜能的愿望。想做太多事且做事全神贯注。

6. 对所处境遇及所拥有的不太在意。

内倾直觉思维知觉（INTP）：

1. 安静、自持、有弹性，具适应力。

2. 特别喜爱追求理论与科学真理。

3. 习惯于以逻辑及分析来解决问题。

4. 对创意性事务及特定工作最有兴趣，对聚会与闲聊无大兴趣。

5. 追求可发挥强烈个人兴趣的职业生涯。

6. 追求发展对有兴趣事务之逻辑解释。

外倾感觉思维知觉（ESTP）：

1. 擅长现场实时解决问题。

2. 喜欢办事并乐在其中。

3. 倾向于技术事务及运动，喜好结交友人。

4. 具适应性、容忍度、务实性，会投注心力于能很快有成效的工作。

5. 不喜欢对冗长的概念进行解释。

6. 专精于可操作、处理、分解或组合的真实事务。

外倾感觉情感知觉（ESFP）：

1. 外向、和善，接受性强，乐于与他人分享喜乐。

2. 喜欢与他人一起行动且促成事件发生，在学习时亦然。

3. 知晓事件未来的发展并会热烈参与。

4. 最擅长人际交往，具备完备的常识，很有弹性，能立即适应他人的交际风格与环境。

5. 生命的热爱者。

外倾直觉情感知觉（ENFP）：

1. 充满热忱、精力充沛、聪明、富有想象力，认为生命充满机会，期待能得到他人肯定与支持。

2. 几乎能完成所有有兴趣的事。

3. 对难题很快就有对策并能对有困难的人施以援手。

4. 依赖可塑的能力而无须预先做规划准备。

5. 为达目的常能找出强制自己为之的理由。

6. 即兴执行者。

外倾直觉思维知觉（ENTP）：

1. 反应快，聪明，长于多样事务。

2. 具激励伙伴、敏捷及直言不讳的专长。

3. 会为了兴趣对问题的两面进行剖析。

4. 对解决新的及有挑战性的问题富有策略，但会轻忽细节或厌烦重复性的任务。

5. 兴趣多元，易倾向于新生的事物。

6. 对想要的会有技巧地找出符合逻辑的理由去获得。

7. 长于看清楚他人，有能力去解决新的或有挑战的任务。

外倾感觉思维判断（ESTJ）：

1. 务实、真实、事实倾向，具技术天分。

2. 不喜欢抽象理论，最喜欢学习可立即运用的事理。

3. 喜好组织与管理活动，且专注于以最有效率的方式行事以获得成效。

4. 具决断力，关注细节，且能很快做出决策。

5. 易忽略他人感受。

6. 乐于做领导者或企业主管。

7. 做事风格比较偏向于权威指挥性。

外倾感觉情感判断（ESFJ）：

1. 诚挚，爱说话，合作性高，受欢迎，光明正大。

2. 重和谐且长于创造和谐。

3. 常做对他人有益的事。

4. 获鼓励及称许后会有更显著的工作成效。

5. 最有兴趣的是会直接地、有形地影响人们生活的事物。

6. 喜欢与他人共事，能精确且准时地完成工作。

外倾直觉情感判断（ENFJ）：

1. 热忱、同理心强及负责任。

2. 对别人所想的或希求的会表达真正的关切，且会切实用心地去处理。

3. 能怡然且有技巧性地带领团体讨论或演示文稿提案。

4. 爱交际，受欢迎，富有同情心。

5. 对称许或批评很在意。

6. 喜欢引导别人且能使别人或团体发挥潜能。

外倾直觉思维判断（ENTJ）：

1. 坦诚、具决策力的活动领导者。

2. 长于发展与实施广泛的系统以解决组织的问题。

3. 专精于具内涵的谈话，如对公众演讲。

4. 乐于经常吸收新知识且能广开信息渠道。

5. 易于过度自信，会专注于表达自己的创见。

6. 擅于长期项目的策划及目标设定。

第三节 能力探索

生涯导入

　　小王在高中阶段一直是班级中的佼佼者，来到大学以后，他发现很多同学都"身怀绝技"——有的同学唱歌好，有的同学会打球，有的同学擅长演讲，有的同学擅长交际，有的同学在自己感兴趣的社团中大展身手。自己过去特别自豪的学习成绩，在某些学习特别优异的同学面前，也显得有些逊色了。小王感到有些自卑，不知道自己到底有什么能力，有什么优势，适合做什么。

生涯知识

　　人的能力可分为一般能力和特殊能力两大类。一般能力通常又称为智力，包括注意力、观察力、记忆力、思维能力和想象力等，是人们顺利完成各项任务必须具备的一些基本能力。特殊能力是指从事各项专业活动的能力，也可称为特长，如计算能力、音乐能力、动作协调能力、语言表达能力、空间判断能力等。

1. 能力与职业发展的关系

　　能力是一个人完成任务的前提条件，是影响工作效果的基本因素。人在其一生之中，要从事各种各样的社会生活和生产活动，必须具备多种能力与之相适应。每种职业都需要具备一般能力和一定的特殊能力才能胜任。

　　不同职业对人的能力有不同要求，能力制约着人们活动的领域与职业的选择范围。能否了解自己的能力倾向对职业的选择就有影响。一个人如果不能很好地评价自己的能力，错误地选择职业，将无法发挥出自身的潜力，也将一事无成。

2. 探索自己的能力

　　为了探索自己的能力，或判断某个特定的职业领域就你的能力而言是否合适，可以借助一些能力倾向测验。目前，常用的能力测验包括韦克斯勒智力量表

（Wechsler Intelligence Scale，WS）、斯坦福 – 比奈智力量表、职业能力测试量表、一般能力倾向测验量表（General Aptitude Test Battery，GATB）、差别能力倾向测验（Different Aptitude Tests，DAT）等。

（1）能力探索一：韦克斯勒智力量表。

韦克斯勒是继法国的比纳之后对智力测验研究贡献最大的人，其所编的多种智力量表，是当今世界最具权威的智力测验方式。韦克斯勒智力量表（韦氏成人智力测验）首先由韦克斯勒于 1955 年编制，之后于 1981 年和 1997 年又经过 2 次修订。韦克斯勒认为，智力不是一种单一的特性，而是一个多元的完整的实体。在 1939 年出版的《成人智力测量》中，他正式提出了智力的概念。他认为，智力是个人有目的地行动，理智地思考，以及有效地应付环境的整体的或综合的能力。根据这一基本思想，他在量表中设计了 11 个分测验，分为 2 类，一类是语言，另一类是操作。其中，理解、算术、背数、类同、填图、词汇等取自比奈测验，常识、数字符号、图片排列等取自陆军测验，拼图、积木图案等取自特纳 – 帕特森操作测验。

（2）能力探索二：一般能力倾向测验量表。

企业在招聘时寻找的是有资格、有能力胜任岗位的人选，对人才的考察往往侧重于包括教育背景、工作经验和态度品质在内的综合素质。有些领域（如医学、程序设计、化工等）的岗位需要专门的知识或证书，但大部分职业并不要求有什么特殊的知识技能，而需要的是一些更为普遍的、一般性的技能和素质，即职业能力或职业技能。下面的职业能力测试主要从一般性职业技能方面来测试学生的几大能力，主要包括创造能力、领导能力、情绪智力、组织协调能力及适应能力等，并在测验结果的基础上提供合适的职业建议。

生涯探索

职业能力测试

对于日常生活和职业活动的观察和研究都证明，人的职业能力各不相同，有人善于言语交谈，有人善于操作，有人善于理论分析，有人善于事务性工作。每个人都有自己独特的能力结构。社会上的职业也是多种多样的，各种职业对从业者的能力要求亦各不同，有的需要言语能力，有的需要计算能力，有的需要动手能力，大多数职业需要几种能力的综合。

评分说明

职业能力的评定采用"五级量表"：强、较强、一般、较弱、弱。每级评定都有相应的权重参数，将评定等级乘以权重参数，然后把 6 项数值加起来，再除以 6，就得到一组评定的等级分数。

根据自己实际情况，对下面的每一种活动做出评定。

第一组

　　　　　　　　　　　　　　　　　　　　　　强　较强　一般　较弱　弱

（1）善于表达自己的观点　　　　　　　　　（　）（　）（　）（　）（　）

（2）阅读速度快，并能抓住中心内容　　　　（　）（　）（　）（　）（　）

（3）清楚地向别人解释难懂的概念　　　　　（　）（　）（　）（　）（　）

（4）擅长对文章中的字、词、段落和篇章进行

　　　理解、分析　　　　　　　　　　　　（　）（　）（　）（　）（　）

（5）掌握词汇量的较多　　　　　　　　　　（　）（　）（　）（　）（　）

（6）中学时你的语言成绩　　　　　　　　　（　）（　）（　）（　）（　）

　　　各等级次数累计　　　　　　　　　　　×1　×2　×3　×4　×5

　　　　　　　　　　　　总计次数（　）÷6= 评定等级（　）

第二组

　　　　　　　　　　　　　　　　　　　　　　强　较强　一般　较弱　弱

（1）做出精确的测量（如测长、宽、高等）　（　）（　）（　）（　）（　）

（2）解算术应用题　　　　　　　　　　　　（　）（　）（　）（　）（　）

（3）笔算能力　　　　　　　　　　　　　　（　）（　）（　）（　）（　）

（4）心算能力　　　　　　　　　　　　　　（　）（　）（　）（　）（　）

（5）使用工具（如计算器）的计算能力　　　（　）（　）（　）（　）（　）

（6）中学时你的数学成绩　　　　　　　　　（　）（　）（　）（　）（　）

　　　各等级次数累计　　　　　　　　　　　×1　×2　×3　×4　×5

　　　　　　　　　　　　总计次数（　）÷6= 评定等级（　）

第三组

	强	较强	一般	较弱	弱
（1）画美术素描的水平	（　）	（　）	（　）	（　）	（　）
（2）画三维的立体图形	（　）	（　）	（　）	（　）	（　）
（3）看几何图形会有立体感	（　）	（　）	（　）	（　）	（　）
（4）想象盒子展开后的平面形状	（　）	（　）	（　）	（　）	（　）
（5）玩拼板（图）游戏	（　）	（　）	（　）	（　）	（　）
各等级次数累计	×1	×2	×3	×4	×5

总计次数（　）÷6= 评定等级（　）

第四组

	强	较强	一般	较弱	弱
（1）发现相似图形中的细微差异	（　）	（　）	（　）	（　）	（　）
（2）识别物体的差异	（　）	（　）	（　）	（　）	（　）
（3）注意到多数人所忽视的物体的细节部分	（　）	（　）	（　）	（　）	（　）
（4）检查物体的细节	（　）	（　）	（　）	（　）	（　）
（5）观察图案是否正确	（　）	（　）	（　）	（　）	（　）
（6）学习时善于找出数学作业中的细小错误	（　）	（　）	（　）	（　）	（　）
各寺级次数累计	×1	×2	×3	×4	×5

总计次数（　）÷6= 评定等级（　）

第五组

	强	较强	一般	较弱	弱
（1）能快而正确地抄写资料（诸如姓名、日期、电话号码等）	（　）	（　）	（　）	（　）	（　）
（2）能在阅读中发现错别字	（　）	（　）	（　）	（　）	（　）
（3）能发现计算错误	（　）	（　）	（　）	（　）	（　）
（4）在图书馆能很快地查找到编码卡片	（　）	（　）	（　）	（　）	（　）
（5）能发现图表中的细小错误	（　）	（　）	（　）	（　）	（　）
（6）有自我控制能力（如能较长时间地进行抄写资料工作）	（　）	（　）	（　）	（　）	（　）

各等级次数累计   ×1   ×2   ×3   ×4   ×5

总计次数（   ）÷6＝评定等级（   ）

第六组

强   较强   一般   较弱   弱

（1）能进行操纵机器一类的活动   （   ）（   ）（   ）（   ）（   ）

（2）玩瞄准打靶类电子游戏   （   ）（   ）（   ）（   ）（   ）

（3）在体操、广播操一类活动中具有灵活性   （   ）（   ）（   ）（   ）（   ）

（4）打球姿势的标准度   （   ）（   ）（   ）（   ）（   ）

（5）打字比赛或算盘比赛成绩   （   ）（   ）（   ）（   ）（   ）

（6）闭眼单脚站立的平衡能力   （   ）（   ）（   ）（   ）（   ）

各等级次数累计   ×1   ×2   ×3   ×4   ×5

总计次数（   ）÷6＝评定等级（   ）

第七组

强   较强   一般   较弱   弱

（1）能灵巧地使用手工工具（如榔头、锤子） （   ）（   ）（   ）（   ）（   ）

（2）能灵巧地使很小的工具（如镊子、缝衣针等）（   ）（   ）（   ）（   ）（   ）

（3）弹乐器时手指的灵活度   （   ）（   ）（   ）（   ）（   ）

（4）能动手做一件小手工品   （   ）（   ）（   ）（   ）（   ）

（5）能很快地削水果（如苹果、梨子）皮   （   ）（   ）（   ）（   ）（   ）

（6）能进行修理、装配、拆卸、纺织、缝补等

活动   （   ）（   ）（   ）（   ）（   ）

各等级次数累计   ×1   ×2   ×3   ×4   ×5

总计次数（   ）÷6＝评定等级（   ）

第八组

强   较强   一般   较弱   弱

（1）善于在陌生的场合发表自己的意见   （   ）（   ）（   ）（   ）（   ）

（2）善于在新场合结交新朋友   （   ）（   ）（   ）（   ）（   ）

（3）口头表达能力   （   ）（   ）（   ）（   ）（   ）

（4）善于与人友好交往，并协同工作   （   ）（   ）（   ）（   ）（   ）

（5）善于帮助别人 　　　　　　　　（ ）（ ）（ ）（ ）（ ）

（6）擅长做别人的思想工作 　　　　（ ）（ ）（ ）（ ）（ ）

　　各等级次数累计 　　　　　　　　×1　×2　×3　×4　×5

　　　　　　　　总计次数（ ）÷6= 评定等级（ ）

第九组

　　　　　　　　　　　　　　　　　强　较强　一般　较弱　弱

（1）参与单位或班级的集体活动 　　（ ）（ ）（ ）（ ）（ ）

（2）在集体活动或学习中，时常关心他人的情况 （ ）（ ）（ ）（ ）（ ）

（3）平时能经常动脑筋，想出别人想不到的好

　　点子 　　　　　　　　　　　　　（ ）（ ）（ ）（ ）（ ）

（4）冷静果断地处理突然发生的事情 （ ）（ ）（ ）（ ）（ ）

（5）在你曾做过的组织工作中，你认为自己的

　　能力属于哪一水平 　　　　　　　（ ）（ ）（ ）（ ）（ ）

（6）善于解决同事或同学之间的矛盾 （ ）（ ）（ ）（ ）（ ）

　　各等级次数累计 　　　　　　　　×1　×2　×3　×4　×5

　　　　　　　　总计次数（ ）÷6= 评定等级（ ）

把每一组的评定等级填入表3-7：

表3-7　评定等级填入表

组别	评定等级	相应的职业能力
第一组		言语能力
第二组		数理能力
第三组		空间判断能力
第四组		察觉细节能力
第五组		书写能力
第六组		运动协调能力
第七组		动手能力

组别	评定等级	相应的职业能力
第八组		社会交往能力
第九组		组织管理能力

5个等级的含义："1"为强；"2"为较强；"3"为一般；"4"为较弱；"5"为弱。评定等级可有小数点，如：等级2.2，表示此种能力水平稍低于较强水平，高于一般水平。

言语能力：指对字词及其含义的理解和使用能力，对句子、段落篇章的理解能力，以及清楚正确地表达自己的观念和向别人介绍信息的能力。

数理能力：指迅速而准确地运算，以及在准确的同时，能推理、解决应用问题的能力。

空间判断能力：指对立体图形以及平面图形与立体图形之间关系的理解能力，包括能看懂几何图形，正确理解立体图形，识别物体在空间运动中的联系，解决几何问题。

察觉细节能力：指对物体或图形的有关细节具有正确的感知能力，对于图形的明暗、线的宽度和长度能做出区分和比较，看出其细微的差异。

书写能力：指对印刷物、账目、表格等材料的细微部分具有正确感知的能力，以及发现错字和正确地校对数字的能力。

运动协调：指眼、手、脚、身体迅速地随活动做出精确的动作和运动反应，以及手能跟随眼所看到的东西迅速行动，进行正确控制的能力。

动手能力：指手、手指、手腕能迅速而准确地活动和操作小的物体，在拿取、放置、替换、翻转物体时手做出精巧运动的能力和腕的自由运动能力。

社会交往能力：指善于进行人与人之间的相互交往，相互联系，相互帮助，相互影响，从而协同完成工作或建立良好的人际关系的能力。

组织管理能力：指擅长组织和安排各种活动，协调参加活动的人的人际关系的能力。

3. 能力的培养与提升

（1）厘清能力清单。

也许你经常觉得，与别人相比，自己不那么优秀，好像总欠缺点什么。但究竟是什么，却不太确定，即使知道有差距，也不知从何下手。那么，从现在开始，认真考虑下面的问题：

我最突出的能力有哪些？

我想学什么知识？

我想提升哪些技能？

目前工作最急需的能力是什么？

我最欠缺的能力是什么？

我希望培养什么样的特质？

我希望养成什么样的习惯？

列一个表单，逐一回答上述问题，从而更清晰地认识自己对能力的需求，明确努力方向。厘清能力清单后，你还可以制订如下实践方案，以督促自己的行为。

我_____（你的名字），决定每天花_____时间，每周_____天，不断致力于_____（你所选的领域）的改善和学习。我会遵守自己的承诺，做一个说话算数的人。我会邀请支持我的人_____（名字）来监督我。当我能如计划兑现自己的诺言后，我会奖励自己_____（激励自己的东西）。

（2）制订提升计划。

在明确要提升的目标后，我们应该为自己制订一套科学可行的提升计划，包括提升的目标、要达到的效果、计划实施时间、提升策略以及风险控制等。一份好的提升计划不仅能帮助我们合理地利用时间，促使自己排除困难和干扰，更能让我们的每一步行动都很明确，也不用总是花费心思去考虑下一步应该做什么。

制订计划还有助于我们及时获得反馈并提升实践的效果，从而适时调整自己的行动。每一个计划执行结束或执行到一个阶段，就应当回顾一下效果如何。如果效果不好，就应该找找原因，进行必要的调整。我们可以利用以下回顾列表进行回顾。

是否完成计划中的提升任务？

是不是按照计划去执行任务？

提升效果如何？

如果有任务没有完成，是出于什么原因？

（3）实践训练。

能力常常需要以一定的认知为基础，只有建立和完善科学合理的知识结构，才能有效地支撑和提升自己的职业能力。比如在"曹冲称象"的故事中，曹冲如果不懂得物体浮力的知识，就不可能拿出解决"称象"问题的方案。职场中所运用到的知识可以分为三种类型：专业知识、管理知识和通才知识。因此在提升能力的实践中，需要首先从这三个方面优化与提升知识结构。

但知识的掌握和积累必须化为实践和行动，否则知识再多也只能是纸上谈兵。所以，在优化知识结构的同时，一定要注意把学到的知识、方法和工具运用到自己的实践中去。比如，你学习了关于时间管理、目标管理、沟通管理方面的知识和方法，那就要有意识地给自己制订一个如何落实的行动计划，并及时检查自己的执行情况，切实改正自己存在的问题和不足。

能力的提升是一个"艰难困苦，玉汝于成"的"炼狱"过程，不是一朝一夕就可以达成的，且没有什么"快速"的途径和方法。唯有不停地进行实践检验，才能少走弯路。

生涯感悟

亚里士多德说，一个人最佳的人生发展道路，就是天赋才能和社会需要的结合。

能力是个体将所学的知识、技能和态度在特定的职业活动或情境中进行类化迁移与整合所形成的能完成一定职业任务的素质。

能力按照其获得的方式，可以分为先天具有的能力倾向（天赋）和后天培养的技能（显性能力）两大类。能力不等于天赋，也不等于自我评价，也不是一成不变的，可以通过学习训练来培养，也可以从一个领域转化到另一个领域中。技能由专业知识技能、可迁移技能和自我管理技能组成。

了解自己的能力，可以通过撰写成就事件、360度评估、参加各种考试和竞赛以及心理测评等方法进行。

第四节　价值观探索

生涯导入

渔夫与商人的故事

有个渔夫每天都会划着小船在海上钓鱼，他钓鱼钓得很轻松：每天睡到自然醒后，出海不一会儿工夫就可以钓到几条鱼。回家后跟孩子玩一会儿，吃午饭，跟老婆睡个午觉，黄昏时和朋友喝点儿酒、弹弹吉他。他感觉自己的生活过得很惬意，也很充实和忙碌。

一天，一个商人路过海边，与渔夫聊天，了解了渔夫的生活状况后，说："你为什么不多钓一会儿鱼呢？通过多钓来的鱼积攒一些钱，买一条大的渔船，钓更多的鱼，再买更多的渔船，成立一个渔船队，开一家工厂，从此控制生产、加工处理和行销整个链条，离开这个小渔村，到墨西哥，再到洛杉矶、纽约，扩大自己的企业……"

渔夫问商人："这需要多长时间呢？"

商人说："15 到 20 年吧。"

渔夫又问："然后我做什么呢？"

商人笑着说："然后你就可以在家当皇帝了！等时机一到，你可以让公司上市，将股票卖给大众，然后你就可以赚几亿了。"

渔夫又问："再然后呢？"

商人说："然后你就可以退休了，搬到海边的小渔村住，每天睡到自然醒后，出海钓几条鱼，回家跟孩子玩一会儿，吃午饭，跟老婆睡个午觉，和朋友喝点酒、弹弹吉他……"

渔夫不解地说："我现在不是已经这样了吗？"

（1）你喜欢过渔夫现在的生活还是商人所描述的生活呢？

（2）你如何看待渔夫现在的生活和商人描述的生活？

渔夫和商人的生活、人生路径不同，他们所看重的东西自然也就不会相同。

谁更幸福呢？我们无法衡量。但价值观对人们的职业选择会产生很大影响却是毋庸置疑的。那么，什么是价值观？价值观又是如何影响职业选择的？

生涯知识

价值观是指个人对客观事物（包括人、事、物）及对自己的行为结果的意义、作用、效果和重要性的总体评价，是对"什么是好的，是应该的"的总体看法，是推动并指引一个人决定采取行动的原则和标准。价值观是一种基本信念，带有判断的色彩，代表了一个人对于什么是好、什么是对、什么会令人喜爱这些问题的意见。

1. 价值观与职业价值观

价值观是一种内心尺度，支配着人的行为、态度、信念等，促进人的自我了解、自我定向、自我设计等，也为人自认为正当的行为提供充足的理由。一个人的价值观会直接影响到他的行为风格和生活方式。能否树立正确的价值观和科学、合理的价值取向，对个人的发展至关重要。职业价值观，是人们依据自身和社会的需要，对职业行为和工作结果产生的一套稳定且具有概括性和动力作用的信念系统，是个体一般价值观在职业生活中的体现。它是属于个性倾向范畴的概念。它不但决定了人们的择业倾向，而且决定了人们的工作态度，是个体在长期的社会化过程中所获得的关于职业经验和职业感受的结晶。职业选择决定了人们的职业状况，从而也决定了人们的生活方式，这种生活方式又最后决定了人们的人生幸福感。从价值观的角度来说，职业发展是成功还是失败的判别标准就是你是否得到了想要的生活，你的职业所带来的生活方式是否符合你的价值观。职业发展从来都不是停滞的，不同时期有不同的职业伦理和职业价值观。

价值观多种多样，不同的心理学家从不同角度对职业价值观进行了分类。美国心理学家奥尔波特是最早对职业价值观进行分类的学者，他划分了 6 种价值观类型：经济型、政治型、理论型、审美型、社会型和宗教型。而美国社会心理学家米尔顿·洛克奇于 1973 年在《人类价值观的本质》一书中提出：价值观是个人或社会偏好某种行为方式或生存目标的持久性信念。他总结了 13 种价值观偏好：

成就感、挑战、健康、收入与财富、独立性、道德感、自我成长、协助他人等。此外，职业辅导专家舒伯做了更为细致的分类，他将职业价值观分为 13 类，即利他主义、美感、智力刺激、成就感、独立性、社会地位、管理、经济报酬、安全感、舒适、人际关系、社会交际、多变性或追求新意，并基于这些分类发展出职业价值观问卷（1970）和工作价值观量表（1986）。

2. 价值观与职业选择

价值观在人们的职业生涯发展中起到极其重要的、决定方向的作用，甚至超过了兴趣和个性对个人的影响。由于个人的身心条件、年龄阅历、教育状况、家庭影响、兴趣爱好等方面的不同，人们对各种职业有着不同的主观评价。

从社会来讲，由于社会分工，各种职业在劳动性质上，在劳动难度和强度上，在劳动条件和待遇上，在所有制和稳定性上，都存在差别，再加上传统的思想观念的影响，各类职业在人们心目中也有好坏高低之分，这些评价都形成了人的职业价值观，影响着人对就业方向和具体职业岗位的选择。

每一个求职者由于所受教育不同及所处环境的差异，在职业取向上的目标和要求也不同。在许多场合，我们往往要在一些得失中做出选择，而左右我们选择的往往是我们的职业价值观，如是要工作舒适轻松还是要高薪，要成就一番事业还是要安稳太平。当两者有冲突时，最终影响我们决策的是存在于内心的职业价值观，而我们有时对自己的价值观并不是很清楚。

3. 探索自己的价值观

人们常常在不清楚自己所持的价值观是什么的时候就已做出选择，尤其是青少年。因此，应利用一些方法和途径来认清自己做选择时所依据的价值观，从而对今后做出正确选择提供帮助。

生涯探索

价值观探索（一）：团体活动（价值观大拍卖）

1. 活动规则

（1）拍卖的东西如表 3-8 所示，每一样东西的底价都是 5000 元。

表 3-8　拍卖物品表

项目	代表的价值观	成交价格	获得者
1. 做全世界最聪明的人			
2. 有一颗使人说实话的药丸			
3. 有一帮志同道合的知心朋友			
4. 有个幸福的家庭			
5. 可以环游世界，尽情享乐			
6. 有机会完全自主			
7. 成为富翁，有一屋子钱			
8. 有机会成为国家领导人			
9. 富有亲和力，被班上每个人喜欢			
10. 在世界上最美的地方有个别墅			
11. 每天都过得很快乐			
12. 有机会成为世界 500 强企业的 CEO			
13. 成为公认的帅哥或美女			
14. 有机会健康地活到 100 多岁			
15. 成为某一领域的知名专家			

（2）每个同学有6000元（不可转借），每次叫价最少增加500元，叫价3次若无人加价则价高者得。

（3）叫价者必须举手，经同意后方可站起来，然后大声报出价格，否则叫价视为无效。

（4）若有多人同时出最高价抢拍同一物品，则启动竞争模式：速度大竞拍；石头剪刀布。

（5）竞拍物品出价3次无他人叫价则成交，并转入下一物品；卖出货品概不退换，也不可二手转卖。

（6）有效利用你手中的金钱，尽可能买你认为最需要的东西。

（7）金钱用完或者所剩的钱不足以购买竞拍物品，则自动退出竞拍。

2. 拍卖开始（逐一进行拍卖）

3. 团体分享与讨论——采访交流

（1）对参与了叫价的同学进行采访。

问竞拍成功的同学：你在拍卖过程中和结束后，心情是怎样的？你拍到的物品是否是你最想要的？为什么？

问没有拍到物品的同学：你在拍卖过程中和结束后，心情是怎样的？你最想拍的是哪件物品？为什么？

（2）采访未叫价的学生为什么没叫价。

完成该活动后，进行以下思考和探索：

我重视的价值观是什么？

我所选择的价值观是我一直都重视的吗？

如果曾经有改变，是在什么时候？

有哪些价值观是我父母认为重要的，而我却不认同的？

有哪些价值观是我和父母共同拥有的？

价值观的改变是否曾经改变我安排生活的方式？

我理想的工作形态与我的价值观之间是否有某种关联？

我是否会因为谁说的一句话或某件事，例如考试成绩一般，而对自己的价值观感到怀疑？

我曾经崇拜哪些人？他们目前对我有什么影响？

我的行为是否能反映我的价值观？例如重视在工作中的变化、成长与突破。我能适应一成不变的工作吗？

我会在父母的期待下选择他们认为理想的工作吗？

价值观探索（二）：职业价值观测评

当今国际上广泛使用的价值观调查问卷主要有罗克奇价值观调查表、奥尔波特价值观量表及美国心理学家舒伯编制的职业价值量表等。罗克奇归纳的价值观包括终极性（舒适的生活、振奋的生活、成就感及和平的世界等）和工具性（雄心勃勃、心胸开阔、能干及欢乐等）两种价值观。

罗克奇的价值系统认为，各种价值观是按一定的逻辑意义联结在一起的，它们按一定的结构层次或价值系统而存在，价值系统是根据价值观的重要程度而形成的层次序列。奥尔波特职业价值观具体包括政治取向、经济取向、审美取向、社会取向、信仰取向和科学取向6个维度。

职业价值量表是美国心理学家舒伯于1970年编制的，用来衡量价值观——工作中和工作以外的——以及激励人们的工作目标。量表将职业价值分为3个维度：一是内在价值观，即与职业本身性质有关的因素；二是外在价值观，即与职业性质有关的外部因素；三是外在报酬，共计13个因素——利他主义、美感、智力刺激、成就感、独立性、社会地位、管理、经济报酬、社会交际、安全感、舒适、人际关系和多变性或追求新意。

指导语：表3-9是职业价值量表，共有52道题目，每个题目都有5个备选选项（A.非常重要；B.比较重要；C.一般；D.较不重要；E.很不重要），请根据自己的实际情况或想法，在题目后面选出相应字母，每题只能选择一个选项。通过测验，你可以大致了解自己的职业价值观倾向。

表3-9　职业价值量表

项目	A	B	C	D	E
1. 你的工作必须经常解决新的问题。					
2. 你的工作能为社会带来看得见的效果。					
3. 你的工作奖金很多。					
4. 你的工作内容经常变换。					
5. 你能在你的工作范围内自由发挥。					
6. 你的工作能使你的同学、朋友非常羡慕你。					
7. 你的工作带有艺术性。					
8. 你的工作能使人感觉到你是团体中的一分子。					
9. 不论你怎么干，你总能和大多数人一样晋级和涨工资。					
10. 你的工作使你有可能经常变换工作地点、场所或方式。					
11. 在工作中你能接触到各种不同的人。					

106

项目	A	B	C	D	E
12. 你的工作上下班时间比较随意、自由。					
13. 你的工作使你不断获得成功的感觉。					
14. 你的工作赋予你高于别人的权力。					
15. 在工作中，你能试行一些自己的新想法。					
16. 在工作中你不会因为身体或能力等因素，被人瞧不起。					
17. 你能从工作的成果中，知道自己做得不错。					
18. 你的工作需要你经常外出，参加各种集会和活动。					
19. 只要你干上这份工作，就不用担心再被调到意想不到的其他单位或是被迫换工种。					
20. 你的工作能使世界更美丽。					
21. 在你工作时，不会有人常来打扰你。					
22. 只要努力，你的工资会高于其他同年龄的人，升职或涨工资的可能性比干其他工作大得多。					
23. 你的工作是一项对智力的挑战。					
24. 你的工作要求你把一些事物管理得井井有条。					
25. 你的工作单位有舒适的休息室、更衣室、浴室及其他设备。					
26. 你的工作有可能结识各行各业的知名人物。					
27. 你在工作中，能和同事建立良好的关系。					
28. 在别人眼中，你的工作是很重要的。					
29. 在工作中你经常接触到新鲜的事物。					
30. 你的工作使你能常常帮助别人。					
31. 你在工作单位中，有可能经常变换工种。					
32. 你的作风使你被别人尊重。					
33. 同事和领导人品较好，相处比较随便。					
34. 你的工作会使许多人认识你。					

项目	A	B	C	D	E
35.你的工作场所很好,比如有适度的灯光,安静、清洁的工作环境,甚至恒温、恒湿等优越的条件。					
36.在工作中,你为他人服务,使他人感到很满意,你自己也很高兴。					
37.你的工作需要计划和组织别人的工作。					
38.你的工作需要敏锐的思考能力。					
39.你的工作可以使你获得较多的额外收入,比如:常发实物;常能购买有折扣的商品;常发商品的提货券;有机会购买进口货等。					
40.在工作中你是不受别人差遣的。					
41.你的工作结果应该是一种艺术品而不是一般的产品。					
42.在工作中不必担心会因为所做的事情领导不满意,而受到训斥或经济惩罚。					
43.你在工作中能和领导有融洽的关系。					
44.你可以看见你努力工作的成果。					
45.在工作中常常要你提出许多新的想法。					
46.由于你的工作,经常有许多人来感谢你。					
47.你的工作成果常常能得到上级、同事或社会的肯定。					
48.在工作中,你做一个负责人,虽然可能只领导很少的几个人,你信奉"宁做兵头,不做将尾"的俗语。					
49.你从事的那种工作,经常在报刊、电视中被提到,因而在人们的心目中很有地位。					
50.你工作起来有数量可观的夜班费、加班费、保健费或营养费。					
51.你的工作比较轻松,精神上也不紧张。					
52.你的工作需要和影视、戏剧、音乐、美术、文学等艺术打交道。					

评分与评价:

上面的52道题分别代表13项工作价值观。每个A得5分,B得4分,C得3分,D得2分,E得1分。请你根据下面评价表中每一项前面的题号,计算一下每一项的得分总数，并把它填在表 3-10 中的每一项的得分栏中。然后在表格下面依次列出得分最高和最低的 3 项。

表 3-10 评价表

题号	得分	价值观	说明
2，30，36，46		利他主义	工作的目的和价值，在于直接为大众的幸福和利益尽一份力。
7，20，41，52		美感	工作的目的和价值，在于能不断地追求美的东西，得到美的享受。
1，23，38，45		智力刺激	工作的目的和价值，在于不断进行智力的操作，动脑思考，学习以及探索新事物，解决新问题。
13，17，44，47		成就感	工作的目的和价值，在于不断创新，不断取得成就，不断得到领导与同事的赞扬，或不断实现自己想要做的事。
5，15，21，40		独立性	工作的目的和价值，在于能充分发挥自己的独立性和主动性，按自己的方式、步调或想法去做，不受他人的干扰。
6，28，32，49		社会地位	工作的目的和价值，在于所从事的工作在人们的心目中有较高的社会地位，从而使自己得到了重视与尊敬。
14，24，37，48		管理	工作的目的和价值，在于获得对他人或某事物的管理支配权，能指挥和调遣一定范围内的人或事物。
3，22，39，50		经济报酬	工作的目的和价值，在于获得优厚的报酬，使自己有足够的财力去获得自己想要的东西，使生活过得较为富足。
11，18，26，34		社会交际	工作的目的和价值，在于能和各种人交往，建立比较广泛的社会联系，甚至能和知名人物结识。
9，16，19，42		安全感	不管自己能力怎样，希望在工作中有一个安稳局面，不会因为奖金、工资、工作调动或领导训斥等经常提心吊胆、心烦意乱。
12，25，35，51		舒适	希望能将工作作为一种消遣、休息或享受的形式，追求比较舒适、轻松、自由、优越的工作条件和环境。

题号	得分	价值观	说明
8、27、33、43		人际关系	希望一起工作的大多数同事和领导人品较好，在一起相处感到愉快、自然，认为这就是很有价值的事，是一种极大的满足。
4、10、29、31		变异性或追求新意	希望工作的内容经常变换，使工作和生活显得丰富多彩，不单调枯燥。

得分最高的 3 项是：1. _____；2. _____；3. _____。

得分最低的 3 项是：1. _____；2. _____；3. _____。

从得分最高和最低的 3 项中，可以大致看出你的价值倾向，在选择职业时就可以加以考虑。

在利用测评进行职业价值观的判断时，需要强调的是，每个人在进行职业选择时，都会从多个价值角度对职业进行衡量，而通常不会只有一种类型占据绝对主导的地位，因而要对测评结果进行综合分析。在做职业决策时，也要着重从自己占据优势的几种价值观倾向来综合衡量。

知识链接

阿里巴巴的价值观落地

阿里巴巴集团成立于 1999 年，经过多年经营，成长为中国第一家全球 B2B 公司。阿里巴巴的发展史就是中国进入信息经济时代的一个缩影，短短二十余年，以阿里巴巴为代表的新一代互联网企业彻底改变了世界。

阿里巴巴到底是一家什么样的公司？是什么成就了阿里梦想？当前人们对阿里巴巴的评论容易走极端——要么神化，要么妖魔化。其实阿里巴巴不过是在管理上坚持自己的价值观，阿里巴巴的成功与其个性鲜明的独特企业文化以及与之配套的人力资本战略有着密切的关系。

由于独特的企业文化，阿里巴巴对员工的价值观十分重视。价值观是阿里人的群体价值取向，是阿里人的共识，是整个组织的 DNA，是阿里人一直坚守的内核。

阿里巴巴的"六脉神剑"（客户第一、团队合作、拥抱变化、诚信、激情、敬业），其实就是对其价值观的一个综合阐述。当其他互联网公司把"速度"和"创新"作为企业生存基础的时候，阿里巴巴则把"六脉神剑"作为自己的"天条"，这或许正是阿里巴巴的独特之处。

在每个季度的员工考核中，对价值观行为标准的打分占到了总分的50%，这就意味着员工是不是"阿里人"对其在薪酬、晋升等方面起着至关重要的作用。而在大多数企业，价值观只是作为考核中的一个参考因素。由于价值观的"软性"，评价起来势必会增加绩效考核的成本。阿里巴巴依托具体的分拆性评价，将6个核心价值观具体演化成30种行为方式，使之可操作化，从而对每一位员工起到重要的导向作用。而且，阿里巴巴的价值观考核还采用过关的形式。可见，阿里巴巴加大这方面的投入是希望借由这种相对极端的硬性制度，来确保阿里巴巴的风格。

第四章　了解职业

第一节　我的专业与职业

生涯导入

　　吴快乐在学校学的是物流管理专业，而田小花学的是社会工作专业。在没有进入大学以前，吴快乐和田小花对所谓的专业的认识都比较"懵懂"，报专业的时候最主要的决定因素还是这个专业的就业情况。吴快乐的父母曾经在一个物流公司打工，看见公司里的那些大学生工资收入不错，工作环境又好，便让他也学了物流管理。田小花则因为妈妈是一个公益慈善机构的负责人，认为社会工作人才在我国需求很大，也比较好升学，所以便学了社会工作。但是这些专业与自己未来的职业之间有着什么样的内在联系，他们却并不清楚。

生涯知识

1. 什么是专业

专业泛指专门学业或专门职业，就学业来说，专业是指教育机构培养专门人才的门类。大学设置专业是大学培养人才的重要特征。

关于专业设置有 3 点需要说明：

（1）专业设置有人才培养规格的要求。一个大学生只有完成专业教学计划规定的学习任务，才是一个符合该专业培养规格的合格毕业生。

（2）专业设置兼顾了职业群的要求。大学本科的专业设置是以学科为主进行划分的。学科有其自身的科学体系和内涵，与职业有联系，但不紧密。高等职业学校和高等专科学校专业目录中的 532 种专业，兼顾了职业群的要求，建立了专业与职业（职业群）较紧密的联系。大学生除完成专业学习外，还可以跨专业选修课程，以满足自己职业规划的需要。

（3）专业受社会需求发展变化制约。那种"上了大学就有一个好职业"的时代，已经结束了。

(思)(考)

某校举办职业规划大赛，一个英语专业的大二男生不以为然："我学英语，以后出来做翻译，有什么好规划的。"别人问他："你了解翻译这个职业吗？毕业后想做笔译还是口译？"他回答得很干脆："只要把专业学好了，还怕出来找不到翻译工作吗？"

（1）这个男生说得有没有道理？

（2）学什么专业就从事什么职业，真的是这样的吗？专业和职业的关系是怎样的？

（3）如果不喜欢所学的专业，应该怎样去规划职业路线？

2. 专业与职业的关系

专业是学业门类，职业是工作门类，专业与职业之间有 4 种关系，如图 4-1 所示。

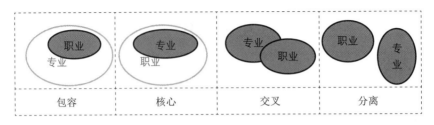

图 4-1 专业与职业的关系

（1）专业包容职业。

在这种情况下，个人的职业发展一直在所学专业的领域内，选择的职业与学习的专业相吻合，能够做到学以致用。

（2）专业为核心，职业包容专业。

个人的职业发展以所学专业为核心，向外扩展。这种情况下，选择的职业与学习的专业虽然方向一致，但职业发展超出所学专业领域，需要根据自己的职业规划，在学好专业的基础上通过选修、自学提高自己在相应的职业方面的素质。

（3）专业与职业相互交叉，以专业为基础发展职业。

个人的职业发展在所学专业基础上有重点地沿某一方向拓展。所学专业在个人职业发展中仍有重要意义，个人需要在职业生涯规划的指导下，在学好本专业的基础上，同时辅修或自学自己规划要从事职业相关的其他专业课程。

（4）专业与职业分离。

个人规划要从事的职业与所学专业基本无关，所学专业的某些方面在个人职业发展中有一定的重要性，但方向并不一致，这时应尽早调整专业，若为时已晚，则应辅修其他专业。

3. 基于专业的职业信息分析

从你所学的专业出发，分析本专业所对应的职业群的相关职业信息，了解并把握你的专业与未来职业的关系。

对高校的专业而言，每个专业的人才培养方案制订的基础就是对专业与职业的关联性分析，翻开你所学专业的人才培养方案，我们可以从以下 3 个方面了解所学专业对应的职业信息。

（1）与本专业对应职业群有关的职业资格。

例如，财经类专业的学生不但应了解与会计有关的职业资格，还应了解统计、金融、保险、证券、仓储等职业资格，甚至营销、秘书等职业资格。仅就会计而言，应知道至少有 4 类证书与职业生涯有关：一是会计上岗证和会计电算化证，这是具有从业资格的基本条件；二是注册会计师证、资产评估师证等，这是今后具有执业资格的证明；三是专业技术职务资格证书，如助理会计师、会计师、高级会计师，这是专业水平的体现；四是跨职业的能力水平证书，如外语、计算机、普通话方面的证书和汽车驾驶证等，或者是与取得第二、第三类证书有关的证书，以及与提高求职成功率有关的证书。对于这些证书，你不但要分清种类和功能，更要知道取得这些证书应具备的学识、技术和能力，即资格标准。这是你结合自己的专业方向进行职业生涯设计的基础。

（2）科技进步对本专业对应的职业群及相关职业群的影响，以及这些职业群的演变趋势。

在分析中你必须明确，现行的职业资格标准是职业岗位的现实需要，职业会随科技进步而演变，职业资格标准也会不断调整。因此，你不但要努力学习，为今后做好铺垫，还要树立"活到老、学到老"的终身学习的观念。

（3）与本专业相关的职业机会与前景。

例如物流专业，加入世界贸易组织（WTO）使中国逐步拥抱全球市场，跨国快递巨头们在中国的人才需求也随之剧增。联邦快递在中国的员工队伍以每年 20% 的速度增长。而在其他行业的需求上，最缺乏的物流专业人才是中高级物流策划管理与营销方面的人才，最好是既懂得营销管理又懂得策划，还懂得如何运用现代技术去改善、提升原有操作模式的人才。显然，刚毕业的大学生在工作经验上难以适应这些岗位。但经验总是要积累才有的，你完全可以通过在操作岗位以及低级别管理岗位上的锻炼来获得这一能力。

知识链接

从4个维度看企业对专业性的要求

问：企业负责人或人力资源管理者在招聘中，是怎样看待求职者的专业教育背景的？

请您说说不同职业对于专业性的要求，比如什么行业、什么企业、什么岗位，对专业的要求非常高，什么情况下，要求会放低甚至没有专业要求。

答：对求职者专业教育背景的要求，主要跟行业特点、企业发展阶段、企业文化和职位特点有关。

首先，看行业特点。IT 等技术密集型行业、金融业等资本密集型行业、咨询业等知识密集型行业，一般要求求职者具备很强的专业教育背景；而制造业、日用品等快速消费品行业和家电等耐用消费品行业，具备劳动密集的特点，这样的行业，除了技术岗位之外，一般的职位对于专业的要求会稍微放低一些。

其次，看企业发展阶段。对于初创和处于快速成长期的企业来说，企业规模小，人员少，职位之间职责界限比较模糊，更需要具备跨专业技能和综合素质的复合型人才，更看重人才的开拓精神、工作热情和学习能力，相比较而言会降低对专业教育背景的要求。企业发展到了稳定期，企业规范化管理越来越重要，管理的规范、流程的清晰意味着职责界定的清晰、职位的专业化程度加强，这时候企业需要更多的专业人才和管理人才，对专业人才的专业教育背景的要求也大为提高。

再次，看企业文化。我们可以把企业文化初步分成 3 种。第一种是权威型，这样的企业令行禁止，要求员工恪尽职守、尊重权威、遵守规则，一般会对员工制订较严格和详细的职位要求和工作标准。这样的企业一般要求很强的专业教育背景和很强的责任心。第二种是创新型，这样的企业重视各种形式的创新，希望员工打破旧有观念和规则，提出创新的产品设计、管理办法、企业策略等。这样的企业甚至鼓励员工换岗，获得不同角度的体验。这样的企业虽然也需要一定的专业教育背景，但是更重视员工的创新能力。第三种是和谐型，这样的企业重视员工关系、关注员工发展、重视建立和谐融洽的工作氛围，要求员工之间互相尊重，更重视团队合作和团队业绩。这样的企业对专业教育背景的要求要稍低一些，更强调团队互补和团队合作精神。

最后，看职位特点。我们可以把一般企业中典型的职位分成 6 种。第一种是专业型职位，比如会计师、律师、工程师、各职能领域的专业人士，这种职位的特点是需要专业资格、专业证书或者很强的专业教育背景。第二种是研究型职位，比如研发、金融分析、市场调查等各行业各职能部门的分析类型的职位，这种职位的特点是除了要求很强的专业教育背景以外，还要求很强的思维分析能力，学历高的占有优势。第三种是管理型职位，比如企业各层级各部门的经理职位，这种职位要求具备专业领域的工作经验，以及较强的管理能力，其中，对专业领域的工作经验的要求重于专业教育背景。第四种是顾问型职位，比如各类针对企业管理、个人发展的咨询顾问，这种职位的特点是要求具备较强的专业教育背景、专业领域资深的工作经验和很强的思维能力，如果缺乏一定的专业教育背景，工作经验和系统培训也能补充不足。第五种是行政型职位，比如行政管理、助理、秘书等，这种职位对专业教育背景要求较低，但是要求细心、责任心和严谨的工作态度。第六种是说服型职位，比如销售人员，这种职位一般对于专业教育背景要求不高，但是要求有很强的成功欲望、毅力和很好的沟通能力。

（资料来源：《职业》杂志，有修改）

生涯实践

佳明从小非常喜欢玩机器人，但是本科时因为几分之差，被调剂到了天文专业。佳明非常郁闷，因为他觉得天上的东西看得见摸不着，老师和同学们每天都在讨论一些在他看来不实在的东西。而且天文系的就业前景也不是很好，佳明对自己的未来感到担忧，不知道该如何是好。

如果你是佳明，你会怎么做？请帮助他想一些办法解决现在的困扰。

第二节　从职业的角度认识社会

生涯导入

英国有一位青年在当装订书报的工人时，听了当时誉满欧洲的化学家戴维的报告之后，把报告的所有内容整理誊抄，装上羊皮封面，一起邮给戴维。戴维大为感动，就请他来面谈。

这位青年很想在戴维的实验室找份工作，戴维却拒绝了，说："你年纪也不小了，什么教育都没有受过，还是回到装订车间去吧！"若是一般人，被人拒绝到这种地步，还有什么可说的呢。这位青年则不然，一计不成又生一计。他向戴维请求："不能当实验员，就让我当勤杂工吧！"

就这样，这位青年就从普通的勤杂工干起，一步一步终于当上了实验室助手，并因此有了一系列的创造发明。他被后人尊称为"电学之父"，而且最终的成就还超过了戴维。

这位从小事干起并成就大业的人，就是大名鼎鼎的法拉第。

生涯知识

1. 社会环境综合分析

每个人都处在一定的社会环境之中，倘若离开社会环境，我们便无法生存与成长。在进行职业规划和选择职业时，我们要充分认识社会环境对职业生涯的影响，要注意分析社会环境的基本特点，了解社会环境的发展变化。只有充分了解社会环境因素，才能做到在复杂的社会环境中找到自己的职业位置，也只有这样，我们的职业生涯规划才能具有实际的意义。

（1）社会环境对个人职业生涯的影响。

①社会经济对就业的影响。随着经济全球化的发展，人才全球化趋势进一步加快。我国加入世界贸易组织后，面临的国际性人才竞争的问题更加突出。全球范围内的经济结构调整对人才素质提出了更高要求，综合国力的竞争更加倚重于科技进步和人才开发。当代大学生应该转变学习观念，在完成知识学习和探究人生课题的同时，要关注世界、时代和社会的发展，关注国家前途和命运，让自己成为一个高瞻远瞩、面向世界、面向未来、面向现代化、不断自我调整的人。

随着我国市场经济的不断发展，大学生就业已经社会化、市场化、多元化。就业的市场化使大学生的就业与我国经济发展的形势紧密相连。经济高速发展的年份，对毕业生的需求量就大，就业形势相对就较好。相反，经济发展如果处于调整时期，毕业生的就业形势就较严峻。

因此，毕业生要对我国经济发展的总体态势有一个较全面的了解。首先，要了解国家政治经济建设方针、任务和发展战略，了解产业的分类与结构，以及随着社会的发展，产业结构的调整和变化趋势，了解职业的分类与结构，以及该职业发展的趋势，使自己总揽全局，更好地把握自己，在国家建设的大背景下找到自己的正确位置。其次，要了解当年毕业生总的供求形势，即与自己同时毕业的学生全国有多少，而用人单位的需求有多少，是供大于求，还是求大于供，或者两者基本平衡。再次，要了解同自己专业直接对口或相关的行业、部门和单位的现状和发展趋势。另外，毕业生对全国各地的经济形势也应有所了解，并结合自己的实际情况有针对性地选择就业区域，从而使自己的才能得到最大限度的发挥。

②就业政策对就业的影响。

就业政策在就业过程中起到宏观调控和规范作用，相关的政策信息是高校毕业生求职所必须掌握的知识之一。掌握了就业政策，在就业过程中才会减少盲目性和随意性，防止不必要的纠纷和违约现象。近年来，为缓解高校扩招后毕业生人数急剧增加所带来的就业压力，国家对高校毕业生的就业出台了一系列的倾斜政策和措施。各地接纳高校毕业生的地方规定、军队接纳应届毕业生的规定以及各地招考公务员的条件等，都属于政策方面的宏观信息。

"不以规矩，不能成方圆。"毕业生在就业过程中必须遵循一定的规则，即就业政策法规。

我们应了解国家的就业政策。它虽然会随着时间的推移而不断调整变化，但在相当长一段时间内，还是具有高度的稳定性的。国家的就业政策一般有《中华人民共和国劳动合同法》《中华人民共和国教育法》等相关法规和文件。各省、自治区和直辖市在遵循国家总的就业工作指导原则的基础上，也会根据地方的实际情况制定出相应的规范性文件。有的省会城市还会对进入本地区的外省市生源制订出一些鼓励或限制性的措施。各个高校也会根据国家就业政策和地方主管部门公布的就业文件，制订出适合本校毕业生情况的就业实施办法和细则。这些内容包括就业信息的收集管理、就业实习、毕业生的推荐、就业协议的签订、优秀毕业生的评选、毕业生离校手续的办理、自主创业、申请自费出国留学审批流程等方方面面。

（2）社会环境对人才的需求。

社会存在决定社会意识，社会发展引导社会需求，社会需求又反过来推动社会的发展。因此，人的职业生涯发展，必须以社会的发展和需要为基础。

分析社会环境对人才的需求状况，也就是要求我们能够从总体上把握当前及未来人力资源需求的变化状况。

①人才需求状况。

人才需求状况是指社会各行业对当前人才的需求状况。例如，随着信息技术的发展和普及，社会对计算机、网络等方面的应用人才的需求不断增加，同时，对各种管理人才的需求也越来越大。对这方面信息的分析，可以使个体认识到自己目前所具备的知识和技能是否为社会所需要。在明确了社会的需求程度后，学生就需要在相关方面主动地学习基本知识，并提高基本技能，以便更好地适应社会发展和需要。

②人才竞争状况。

人才竞争状况是指社会各行业的人才竞争状况。在现实中，往往是很多人竞争同样的单位或是同一个岗位。通过了解和分析人才的竞争状况，可以认识到与自己竞争相似职业的其他人的状况；同时，还能通过与竞争者的相互比较，更好地意识到自身的优势和劣势。知己知彼，才能百战百胜，知己知彼，才能让我们在竞争中处于优势地位。

③相关政策。

相关政策是指国家和当地政府制定的各项有关政策。目前，我国的相关就业政策，对大学生就业市场仍有积极的作用。通过政策分析，可以使个体了解到一些新的行业和就业机会，以便在进行职业设计时利用这些机会。例如，对大学生志愿服务西部的鼓励政策、对大学生的创业扶持政策等，有利于想到西部发展和愿意创业的同学找到职业发展路线。

现阶段，我国的社会经济正处于高速发展阶段，整个社会政治稳定、文化繁荣，且人们的价值取向呈多元化发展。这样良好的社会发展环境，形成了对各类人才的广泛而大量的需求之势。

其中，应用型高级技术人才很有竞争力，市场对这样的人才表现出"求贤若渴"的状态。这是由市场经济对人才的需求决定的。一般来说，市场经济对人才的需求呈金字塔状：1个科学家、9个工程师、100个高级技工。因此，高等职业教育成为高等教育体系中一个特殊层次的教育，在整个国民教育体系中成为不可或缺的一个重要的组成部分。高等职业教育所培养的人才，不仅是社会所需要的，而且是其他层次的人才无法取代的。

另外，国家也积极制定并推出了有利于大学生就业的若干政策，许多用人单位也开始走出盲目追求高学历的误区，转而实行更加务实的用人理念。许多人力资源经理认为，"你是谁"不再重要，重要的是"你能干什么"。这样的社会环境就为大学生提供了展示自己能力的更加广阔的舞台。

了解和认识社会环境与职业的关系，有利于在设计职业生涯时做出与社会经济、政治、文化和价值观相一致的职业选择，在了解人才需求、人才竞争和相关政策情况的条件下，找到适合我们的职业发展定位，从而使我们的生涯规划有一个务实的社会基础，使个人在变化的社会环境中不断取得职业生涯方面的更好发展。

2. 行业环境与行业状况

在现代社会环境下，虽然人们的职业选择并不再像传统社会那么有局限性，但是，在社会现实中，行业的整体发展状况和环境总是会直接影响到企业的发展状况，进而也就影响到每个人职业生涯的发展。

了解和分析影响职业生涯发展的行业因素，有利于个人选择有发展前途的行业和职业，有助于更好地实现个人职业目标。

行业环境分析的主要内容，包括以下几个方面：

（1）行业发展现状。

进行行业发展现状分析，首先应了解这个行业是什么样的行业，该行业的发展趋势如何。行业发展主要受到以下3方面因素的影响。

①技术因素。

随着科学技术的不断进步，新技术和新产品会带动新的社会需求、产生新的经济增长点，这样必然会出现新的行业和职业，例如，手机短信技术的进步，产生了短信写手这一职业。同时，技术发展也会加速朝阳行业（如旅游业、保险业、管理咨询行业）和夕阳行业（如资源消耗大、造成环境污染的采矿业、造纸业）的产生和分化。

②资本投入。

政府主导与资本流向是影响行业发展的重要因素。有些行业是国家制定发展计划和国家基础建设规划中的重点行业，对于这些行业，政府会投入大量的资金、技术、人力和物力，而这些会大大促进这些行业的发展。

③社会需求。

社会需求是刺激行业发展的主导因素。随着社会经济的发展，人们的收入增加，对某一产品的有效需求增大，会增加这一产品的购买力，从而促进该行业发展。

（2）重大事件对行业的影响。

行业的发展，往往容易受到国内、国际重大事件的影响，这些事件会影响到行业提供的职业机会。如北京申办 2008 年奥运会成功后，迅速拉动了北京乃至全国的奥运经济，给建筑业、旅游业和服务业等，都提供了较大的发展空间，也相应地提供了较多的就业机会。

（3）行业优势及问题。

社会的发展变化，总是影响着各个行业。因此，行业的优势和劣势，实际上都是相对而言的。在某一时期成为优势的地方，在变化后的下一时期，有可能成为行业发展的劣势。所以，我们要特别关注的是行业当下的特征和问题，例如：该行业的哪些问题是可以改进或避免的？哪些问题是无法消除的？该行业是否具有优势和竞争力？这种优势体现在哪些地方，会持续多久？

（4）行业发展前景预测。

对某一行业的发展前景预测，可从两方面进行分析：一方面，是关于行业自身生命力的分析，要了解该行业的产生背景和条件，是否具有雄厚的技术支持和充足的资金支持等；另一方面，也要考虑到国家对这个行业所实行的相关政策，政府会根据经济与社会发展状况对某些行业发布政策、法规。例如，对一些行业实施鼓励和扶持，而对另一些行业限制发展、缩小规模。而这些国家政策，对这一行业在本国的发展起到至关重要的作用。

3. 企业组织的内部环境

进行职业生涯规划，除了要分析整个社会以及所在行业的外部环境外，还需要分析和了解企业或单位的内部组织环境。任何一个企业或单位，都有自身的基础和特点。选择了一个组织，一定程度上也就是选择了一种生活。

（1）组织结构。

管理学家们关于组织结构的类型划分有很多说法。从职能的角度划分有直线制、职能制、事业部制、矩阵制等；从组织人际和管理风格的角度分成 A、J、Z、O 型等。不管怎么分，传统的组织结构总的来说就是科层制。

所谓科层制，是人们为了达到组织的共同目标，将成员的职位按等级依次排列，并明文规定每个人的岗位权限与职责，将权力依职能和职位进行分配，下级必须接受上级的领导和指挥，通常情况下只有一个直属上级，以法令、条例等规则为管理主体的组织体系。

科层制最典型代表是国家公务员体系。中国公务员从国务院总理（一级）开始，到一般办事员（十五级），共划分了十二等十五级，公务员行政级别通常三到五年有一次调整机会。

和公务员类似的等级制度常常出现在传统国有企业中。科层制的主要特征是金字塔结构，越往上层去人数越少。

随着经济、科技和社会文化的变迁，传统的科层制已经不适应新的环境和管理要求。现在工作的实质已由传统的非熟练工作变为知识型工作，由枯燥重复性任务变为创新，由个人工作变为团队工作，由职能性工作变为项目性工作，由单一技能变为多种技能，由上司权力变为顾客权力，由上级协调变为同事协调。为减少管理中的中间层次，告别多层级的金字塔模式，扁平化组织结构应运而生。

目前世界上许多企业都大刀阔斧地压缩管理层级，扩大管理幅度，促进管理结构的扁平化。如美国通用电气公司原来从董事长到基层的工人，有二十多个等级，通过推行"无边界行动"和"零管理层"，将等级减到 6 级，原有的 60 个部门也减为 12 个。

组织结构扁平化之后的显著变化是中间等级日益增加，从上窄下宽的金字塔演变成中间宽两头尖的菱形结构。一方面，所谓的"管理者"数量保持在 5%—10%，而处于底层的，如果无法成为核心员工即被淘汰；另一方面，大量的骨干不一定是管理者，而是专业人士，他们不是依靠行政级别获得尊重，而是以自身的专业水平赢得核心地位。员工成长为专家，而不一定成为管理者。

不管什么组织模式，总是时代的产物，同时，又适应时代的要求，推动政治、经济、文化和社会的发展。科层制是这样，扁平化模式也不例外。

表4-2　科层制与扁平化组织比较

比较项目／组织类型	科层制组织	扁平化组织
层次与幅度	层次多、幅度窄	层次少、幅度宽
权力结构	集中、等级	分散、多样化
决策权	集中在高层	分散于各个岗位
沟通方式	上下级之间沟通距离长	上下级之间沟通距离短
协调	通过等级机构和明确的管理程序进行	手段多样、注意部门间的直接沟通
持久性	倾向于比较固定	持续地调整以适应新的情况
员工工作方式	按照要求和指令办事	个人完成

（2）组织文化。

①组织文化的七大特征。

组织文化指组织成员共有的一套意义共享体系，它使组织具有特色，区别于其他组织。这个意义共享体系实际上是组织所看重的一系列关键特征。研究表明，它包括7项主要特征，这些特征综合起来构成了组织文化的本质。

创新和冒险。员工在多大程度上受到鼓励会进行创新和冒险。

注意细节。员工在多大程度上被期望做事缜密、分析仔细和注意细节。

结果取向。管理层在多大程度上重视的是结果和效果，而不是为了实现这些结果所使用的技术与过程。

人际取向。管理决策在多大程度上考虑到决策结果对组织内成员的影响。

团队取向。工作活动在多大程度上以团队而不是以个性进行组织。

进取心。组织成员的进取心和竞争性（而不是随和性）如何。

稳定性。组织活动在多大程度上强调维持现状而不是成长和发展。

②组织文化的观察方法。

组织文化可以通过很多方法被观察到。

常规行为。例如成员间互相问候的常见方法，对组织高级成员的礼貌程度，人们开会或者就餐时坐的位置，或者成员的衣着。

规范。例如在组织中个人如何努力，个人是否愿意在晚上或周末工作，每周工作 40 小时以上在组织中是否常见。

主导价值观。例如顾客至上，员工的家庭生活很重要，或者成员们应该有业余学习时间。

哲学观。例如针对员工、社会、服务他人、赚钱、努力工作的整体指导性观点。

规则。例如作为新员工如何学习各种诀窍，理解并接受导师的反馈，管理时间，与同事相处。

情感或氛围。例如设备摆放的位置，员工对待顾客和合作者的礼仪或者是彼此的信任程度。

③不同类型雇主的组织文化。

与毕业生就业密切相关的用人单位，除了事业单位之外，还有国有企业、民营企业、外资企业。这 3 类企业的所有制不同，导致了它们经营方式也不同，从而形成了相应的企业文化，并由企业文化派生出了对人才的不同评价。由于事业单位和国有企业的经营机制比较接近，我们暂且将它纳入国有企业的范围介绍。

a. 国有企业的企业文化。与民营企业或外资企业相比，有些国有企业的企业文化并不算很有竞争力。传统的用人机制往往不太注重人的个性，从而使得有才能的人不能够淋漓尽致地施展才华。同时，以岗定薪的工资制度，也助长了一些工作人员的惰性。

但随着国企改革步伐的加快，这几年，也有相当部分优秀的国企创下了辉煌的业绩。新时代领导者的开拓创新精神，给国企插上了飞翔的翅膀，那些优秀的国企也正从过去潮湿的沼泽中飞向理想的天空。国企的企业文化也越来越鲜明、丰富、多彩，它们具有以下特点：

第一，在经营战略上，国企树立了"靠天靠地不如靠自己"的经营理念。经营理念的迅速转变导致国企用人机制的变化，它们广泛借鉴优秀的民营企业、外资企业的用人方法，奖罚分明，管理严格，工作人员之间的竞争气氛大大增强，工作效率得到很大提高。

一名在一家优秀国企工作过的硕士曾经颇为感慨地说："我以前一直以为国企的各类机制都运行得很慢，但在那里工作2年下来，我却觉得我的工作节奏是非常紧凑的，当然，拿的薪金也比较高。我觉得我在国企同样活得很有成就感，在国企同样可大有作为！"

第二，国企对人才越来越重视。当代的不少国企都明确提出"人才决策是第一决策"的用人观念，并在实践中认真执行。许多国企对高学历的应聘者都情有独钟，在政策上更有种种实际的优惠条件。有些国企为了得到优秀的人才，甚至不惜重金聘用。这些措施，都大大增强了国企的竞争力。

第三，国企越来越注意人才结构的优化组合。我们时常讲，个人要有一个合理的知识结构，才能迅速适应社会，适应用人单位的需求。那么，作为企业，它们同样也需要有优化的人力资源结构。现在的许多国企都已经注意到这个问题。国企在最近这些年所取得的成就，对人才日益注重的文化精神，无疑为企业营造了一个良好的工作氛围，更为企业增添了一份魅力。

b. 民营企业的企业文化。在我国，民营企业是在20世纪90年代产生的。由于经营体制十分灵活，对人才比较重视，再加上创业者的胆识与魄力，神州大地上涌现出了许多优秀的民营企业。民营企业成功的背后，透露出的是它们良好的企业文化与大胆的择才标准。

"对企业而言，资源可以枯竭，只有文化生生不息。"这是许多民营企业在短短十来年能够传奇般兴起的内在秘诀。民营企业具有以下特点：

第一，民营企业注重以人为本。"尊重人，真正为员工着想，理解员工的内心感受；重用人，给员工合适的岗位、职责和授权，使得员工得以充分实现自身的价值；发展人，尽可能为员工提供发展空间和施展才能的舞台，保证优秀员工有升迁的机会。"这是优秀民企的共同理念。

它们把专业人才作为企业最大的骄傲，它们不怕风险，积极鼓励创新，同时更宽容失败，因为它们知道"失败是成功之母"，不允许失败，也就意味着拒绝创新，拒绝进取。

第二，民营企业具有大胆创新的企业机制。民企敢于大胆尝试，努力使每个员工都得到最大限度的物质满足和精神满足。福建实达集团股份有限公司明确提出了它们的经营理念："尝试一种体制，使知识分子通过自己的劳动，获得合理的报酬；创造一种机制，使科研成果转化为商品；树立一个品牌，参与国际竞争，赚外国人的钱。"这种把科研转化为成果的做法，使知识转化为有形报酬，无疑使企业和个人都获益匪浅。

第三，民营企业主张员工与企业共享成果。部分民营企业采用了和外资企业类似的分享观念——通过购买股票计划分享公司的所有权，通过年终分红分享公司利润，通过利润共同体分享个人和职业发展机会，以此来实现员工个人和企业的共同发展。北大方正的核心组织文化体现在"与公司共享成果"这一信条上，原总裁李汉生在描绘公司跨世纪的人才发展战略时提出，"把方正电子建设成知识分子的乐园，树立成知识企业的典范"，"发展和造就人才，与公司共享成果"。

所有的这些企业文化、理念，都从多方面加强了民营企业对各类人才的吸引力，也为企业内部的良性运行提供了保障。由这样的企业文化派生出来的择才标准，自然与传统的国企有所不同。

c.外资企业的企业文化。到外企工作是不少大学毕业生梦寐以求的事情，宝洁、IBM等知名外企在校园里招聘时几乎场场爆满便是明证。那么，究竟是什么吸引了广大学子？高薪当然是一个重要方面，但同时更不可忽视的是外企良好的企业文化，当然外企的择才标准也相对比较高。

一次调查活动表明，在同样的工资待遇的条件下，外企比其他企业对应聘者的吸引力明显更大一些。这种选择背后的原因就是外企的企业文化魅力。外企的企业文化具有以下特点：

第一，整体上注重对人才的充分利用，给员工提供一个展示才能的舞台。许多外企认为员工是企业最宝贵的财富，办企业的目的是谋求人的更好的发展，企业应该成为员工自我完善的舞台，员工在企业中也是平等的合作伙伴，应该广泛地参与公司的管理，完善企业。

第二，外企往往有良好的工作环境。外企之所以让众人心向往之，固然是因为外企提供优厚的薪金、福利和发展机会，但宽松的工作环境同样不可小觑。许多优秀的外企往往能够将严格的管理和宽松的环境融合得非常和谐，并行不悖。

尽管每个企业为了保证产品的质量，提高工作效率，都必然要有科学严格的管理，但优秀的外企同时也非常强调管理决不以牺牲创造性为代价。它以人性为出发点，注重给予员工灵活自由的发展空间，重视员工的个性和创意发挥，正所谓"文武之道，一张一弛"。

第三，外企拥有良好的管理机制。很多优秀的外企有着悠久的文化历史，所以它的管理机制相对于国内的其他企业而言是稳定而有成效的，也是相对透明的。

外企在内部管理上十分遵循已定的款项条例，即便高管也要在制度面前守规矩。工资上，外企的工资等级有明确规定，在什么位置拿什么钱，公开而透明。

（3）用人单位的用人要求。

在进行职业生涯探索的过程中，大学生应有意识地关注用人单位的情况，主要包括用人单位的所有制性质、隶属关系、经营范围和种类、经济状况、规模、发展前景、福利待遇（包括工资、福利、奖金、住房等）、地理环境以及用人单位的联系办法等。掌握这些信息可以让大学生在毕业择业时减少随意性和盲目性。

不同的单位对毕业生有不同的要求。比如，企业单位希望毕业生知识扎实，勇于开拓创新，做事踏实，勤奋忠诚。越来越多的企业认识到创新对于一个单位整体发展的重要性，日益看重能够在实际工作中有独特想法、勇于提出不同见解的大学毕业生。另外，近几年，由于毕业生的就业期望值普遍提高，有些大学毕业生不愿下基层，不愿从事基础性的工作，抱有"这山望着那山高"的心态，从而出现了不顾个人的实际情况频频违约、跳槽的现象。在这种情况下，用人单位开始注重对一个人求实和忠诚程度的考察。那些对具体工作不刻意挑肥拣瘦，能够脚踏实地地从事本职工作，不随波逐流，有个人成熟的职业发展计划的毕业生备受青睐。当然，良好的外语和计算机水平是应聘各个单位的重要条件。对于外资企业，这就更重要了。而教学与科研单位的用人标准又不一样，它们重视毕业生的专业功底和科研能力。在这种情形下，为了考察毕业生的专业水平和科研潜力，用人单位就会比较重视应聘者求学期间的学业成绩、科研成果以及毕业论文情况等。要搞好科研，外语是一门重要的工具。目前，我国在不少领域的研究还与国际先进水平有一段距离，要查阅国外相关材料，借鉴他人先进的成果和经验，没有良好的外语水平，就很难使自己以后的学术研究与国际接轨。教学岗位还看重求职者的口头表达能力。因为教师的首要任务就是承担教学工作，要能将知识清楚地表述给学生，传道授业解惑。

为了保证组织永远充满活力，用人单位需要不断地输入优秀的人才。宋代朱熹曾写过："问渠那得清如许？为有源头活水来。"那么，如何为组织注入"活水"，这也是每个用人单位所关心的。

许多国外著名公司及各类国内公司都为争夺人才投入了大量物力、人力与财力。那么，什么样的毕业生才是用人单位眼中的优秀人才呢？用人单位又是怎样将这些优秀的人才收罗到自己的宝囊中的呢？每个用人单位的回答是不同的，但在不同的背后，也更有着相同的东西。故在此主要介绍不同体制的用人单位对人才的不同要求。具体说来，这3类单位的企业文化氛围和择才标准可谓是各有千秋。

①国有企业的择才标准。

由于国企规模相对较大，人事部门在择才方面更加注重对人才的全面考核，具体如下：

比较看重学历与专业。对一般职位的招聘，国企相对而言还是比较看重学历与专业。因为国企规模较大，人事部门不太清楚某个岗位所需人才的具体情况，所以往往选用专业对口、学历较高的毕业生。这样的选择比较平稳，即便毕业生将来不能在工作岗位上取得卓越成绩，也不至于出现太大偏差。

对应聘者的道德修养要求较高。尽管有不少国企在用人机制、管理机制、奖罚机制上有很大改进，但在国企中还存在一部分工作出成绩不能马上得到奖励或职位提升的现象，这与民营企业或外资企业立竿见影式的奖励机制是不太相同的。在这个时候，单位最渴望得到的是职工的理解，而不是怨声载道。

对实际经验较为看重。国企的创业历史较长，所以在职能取向上一般都偏重实用型，科技含量不算很高，因此，他们在招聘时对实际经验还是比较看重的。

当然，对于一部分优秀的国企而言，它们的择才标准往往不仅局限于此，在不少方面，它们与民营企业、外资企业比较接近。

②民营企业的择才标准。

民营企业的领导往往是企业的创建者，是改革开放中的弄潮儿，所以它们的择才标准既灵活大胆，又严格有加——在择才时一般不受条条框框的限制，所以往往能够设身处地地为企业着想，对症下药，招聘到优秀的人才。

要有强烈的敬业精神，与公司同呼吸、共命运。民营企业在经营机制上比国企灵活，但在不受限制的同时，却也没有国企所拥有的一些优势。所以，一位有远见的民营企业领导说："我们唯有迅速适应环境的变化才能够生存，唯有能掌握变化的主动权才能够领先。要么创造未来，要么死于未来。"如果没有一种将单位的前途与自身前途绑在一起的精神，民营企业的神话也无从谈起。

要有艰苦奋斗的创造激情。民营企业往往是从几个人的小团体发展起来的，企业领导者对应聘者的毅力与拼搏精神比较看重。

民营企业相对于国企与外企而言，更加注重员工对企业的责任感。如果说高级民营企业对人才的要求重在有创造精神的话，那么，还有相当多的民营企业更看重的是经验。

总体而言，民营企业在人员录用上，重学历而不唯学历，重在创造和贡献。在招聘高层次人才时，除要求有一定的专业背景知识外，还要求应聘者有一定的协调、管理能力，以便将来在企业中挑起大梁。

③外企的择才标准。

相对于国企和民营企业而言，外企在择才标准上还是颇有特点的。许多跨国大企业都有相对独立的择才标准，但在总体上，它们的择才标准还是有一定的趋同性。

非常注重个人素质。外企在招聘时对应聘者的个性、个人追求、职位要求、兴趣爱好等比较看重，对应聘者的考察主要体现在以下几个方面：沟通能力、专业水平、外语能力、分析判断能力、电脑技能、在校成绩、在校时的社会活动能力、组织领导能力。这就是为什么许多外企招聘的往往是成绩中等偏上但为人灵活的学生，而那些高分低能的"优秀"学生常常落榜。它们要的人才，用一句话概括就是"素质高的而不是专业精的"。

另外，外企对一个人的潜力也非常看重。有一位外企人事部负责人说："在招聘过程中，尽管有的人表现很好，但没有多少发展的潜力，这是不行的。"

应该具有强烈的进取意识和竞争精神。在外企工作就像在激流中划船一样，唯有拼命向前，才不会被洪流淘汰。事实上，外企之间的竞争是非常残酷的，如果没有强烈的进取意识和竞争精神，也就无法出色地做好自己的工作，只满足于保持现状，就会迅速地成为落伍者。

在精通业务的基础上能发挥创造力，不断追求新的目标。著名的日本松下公司认为员工的创造力对企业有着根本性的作用。作为一家典型的日本企业，松下是以强有力的团队精神著称的，只有每个个体都发挥出自己的创造力，团队才会取得"1+1>2"的效果。

员工须做好全球作业的准备，这是跨国企业与本土企业的差别。众所周知，跨国企业的人员是全球流动的，很多优秀的员工随时会被派到某个并不熟悉的省份或国家进行管理工作。这就要求每个人都得培养一种"舍我其谁"的气概，做好全球流动的准备。这既是对员工的一种激励，也是一种压力，能获得"鲶鱼效应"的良性结果。

总之，不同的企业类型造就了不同的企业文化氛围，从而也获得它们对人才的不同认识，形成了各具特色的择才观。对于每个即将走向工作岗位的毕业生而言，能够对不同企业有适当的了解，自然能在求职过程中少走弯路，并做到有的放矢。

生涯感悟

如今跨界已经成为创新的主要方法，也许一开始没有学习自己喜欢的专业，但也许会因此拥有一个很好的创新的机会。因此最关键的是要保证不放弃现有的专业，掌握学习方法和思路。虽然不喜欢，但学好以后，即使换到了其他的学科或者工作领域，所学也一定会有用。

这里有两个典型的例子。严同学本科是数学专业，通过考研，转到了心理学专业。严同学因为数学很好，在学习心理统计学时得心应手，帮助系里许多同学完成了复杂的数据分析，发表了多篇研究文献。刘同学本科学习机械工程，但是他日常喜欢文学，经常写文章。本科毕业时，他来到了一家与机械有关的出版社应聘编辑。面试时他与3位硕士同台竞争，最后因为他的专业背景和写作能力被录用。这样的例子屡见不鲜，并不只有他们俩。他们正是因为没有放弃自己的专业，掌握了本专业的核心技能，并且通过各种方法学习了自己喜欢的专业，将二者结合，才有了新的成果。

第三节　探索职业世界

生涯导入

说说你的家族职业

【活动目标】

了解你的家族成员从事什么样的工作。虽然他们所从事的不一定就是你向往的职业，但了解这些职业的特性、工作中的喜怒哀乐、家族成员对你的期望，你就可以对职业有初步的认识。

【活动流程】

了解职业，不妨从自己最熟悉的人开始。首先，请你将家族中的亲属及他们的职业填写在下面的横线上。

爸爸：＿＿＿＿＿＿＿＿＿。妈妈：＿＿＿＿＿＿＿＿＿。＿＿＿＿＿＿＿＿＿。

＿＿＿＿＿＿＿＿＿。　＿＿＿＿＿＿＿＿＿。

【现场讨论】

1. 讲一讲你的（一个）家庭成员的职业故事。

2. 分组把大家家族成员的职业都"贡献"出来，进行分类（分类标准各小组自定）。

3. 谈谈你最想从事你的家族或者同学家族中的哪个人的职业，为什么？

【总结评估】

如果你想进一步了解自己或同学家族成员的职业，可以向他们求助。通过绘出自己的家庭职业树，了解家庭主要成员的职业目标，并结合自身的价值观、兴趣和职业倾向确定自身的职业发展目标。

生涯知识

1. 职业概念

《现代汉语词典》（第 7 版）将职业解释为"个人在社会中所从事的作为主要

生活来源的工作"。从社会学的角度界定职业的概念，日本社会学家尾高邦雄认为，职业是某种社会分工或社会角色的实现，因此职业包括工作、工作的场所和地位。美国学者泰勒认为，职业是一套成为模式的与特殊工作经验有关的人群关系，这种成为模式的工作关系的结合，能促进职业结构的发展和职业意识的形成。我国学者姚裕群认为，职业指的是人们从事的相对稳定的有收入的专门类别的工作。这些界定强调了职业满足个人物质需求、维持个体生命与生活的功能，突出了活动与报酬的交互性。

从经济学的角度界定职业的概念，美国社会学家塞尔兹认为，职业是一个人为了不断取得个人收入而连续从事的具有市场价值的特殊活动。美国著名哲学家、教育学家杜威认为，职业是人们从中可以得到利益的一种"生活活动"。日本劳动问题专家保谷六郎拓展了职业的内涵，认为职业是有劳动能力的人为了生活所得而发挥个人的能力，为社会做贡献的连续活动。法国一个权威字典将职业定义为：为了生活而从事的经常性活动。

综上所述，职业的合理界定应包括从事职业的主体、职业的社会功能、职业的时限以及职业的性质等要素。由此可以定义，职业是指具备劳动能力的个体，运用自身的知识、技能与态度，从事社会生产服务，为社会创造物质财富与精神财富，并获取合理的个人报酬，以满足自身的物质与精神需求的持续性活动。

职业须同时具备下列特征：

（1）目的性，即从事职业以获得现金或实物等报酬为目的。

（2）社会性，即职业是从业人员在特定社会生活环境中所从事的一种与其他社会成员相互关联、相互服务的社会活动。

（3）稳定性，即职业在一定的历史时期内形成，并具有较长生命周期。

（4）规范性，即职业必须符合国家法律和社会道德规范。

（5）群体性，即职业必须具有一定的从业人数。

2.职业分类

在我国有这样一句俗语："三百六十行，行行出状元。"那么，在我国社会中，是否真的有三百六十行呢？对这问题要给出正确回答，需要我们了解一下职业分类系统。正确了解社会职业分类系统，也有利于我们提高探索工作时的效率。职业分类是指以工作性质的同一性为基本原则，对社会职业进行的系统划分与归类。所谓工作性质，即一种职业区别于另一职业的根本属性，一般通过职业活动的对象、从业方式等的不同予以体现。

（1）工作世界地图。

工作世界地图（World-of-Work）（见图4-2）是全世界范围内应用最广泛的职业分类系统。它是由美国大学考试中心（American College Test，ACT）于1985年开发出来的。ACT基于数据—观念（Data-Ideas）和人群—事物（People-Things）两个维度和四个向度制作了此图。

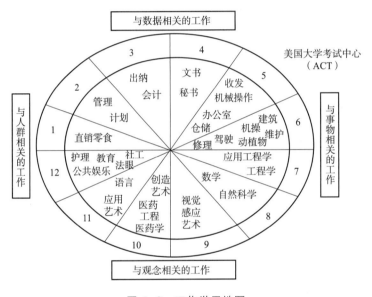

图4-2　工作世界地图

工作世界地图区分出4个主要分类象限，工作世界地图还将分类系统与霍兰德的职业兴趣理论有机联系起来，这样ACT将职业分为6类职业、12个职业群、23个职业簇。

数据是指对文字、数字、符号等资料的收集、整理与归档等，使之有助于进一步分析和统整；观念是指想法的启发、观念的传播、思考的运作、创意的发挥、真理的探究等认知历程；人群是指和其他人进行接触与沟通，包括了解、服务、协助或教导，以及说服、组织、管理或督导等；事物是指处理物品、材料、机械、工具、设备和产品等与人或观念无关的实物。

社会服务类工作要求从业者具备社会型的职业兴趣与能力；管理和销售类要求从业者具备影响型的职业兴趣与能力；企业经营类工作要求从业者具备常规型的职业兴趣与能力；技术类工作要求从业者具备现实型职业兴趣与能力；科学技术类工作要求从业者具备研究型职业兴趣与能力；艺术类工作要求从业者具备艺术型职业兴趣与能力。

另外，从地图中我们还得知：与人有关的工作在西，越往西走，越要求与人进行交往；越向东走，人性渐弱，物性递增，于是与物有关的工作居东；偏向智慧创意的工作位于南，要求喜欢思考、好分析；朝北移，创意要求渐弱，强调治理，于是管事理财的工作居北。如此，人群、事物为经，数据、观念成纬。

（2）工作世界十分法。

依据工作的不同性质，还可以将工作世界分成 10 个类别：①实务工作，需要操作机器、工具及其他设备。例如电子技术员、汽车修理工、打字员、机械技工等。②自然界工作，料理牲畜和植物。例如园艺工人、兽医、农艺师等。③社会服务工作，帮助别人解决困难。例如社会工作者、护士、临床医生等。④文教工作，涉及文字，需要多读多写。例如教师、记者、图书馆工作人员等。⑤计算及数字工作，处理数字及从事计算工作。例如统计员、会计员等。⑥科学工作，需要认识事物的因由和形态。例如实验室技术员、化验师、药剂师等。⑦艺术工作，进行艺术性、创造性工作。例如设计师、摄影师、音乐家、画家、作家等。⑧一般服务工作，向社会提供服务。例如空姐、导游员、服务员、售票员等。⑨户外工作，这些工作大部分在户外进行。例如交通警察、土地测量员、勘探人员等。⑩说服、影响工作，广结人缘及说服别人。例如推销员、律师、公关人员等。

（3）《中华人民共和国职业分类大典》。

1982 年，国家统计局、国家标准总局、国务院人口普查领导小组办公室公布了《职业分类标准》，将全国范围的职业划分为大类、中类、小类 3 层，即大类 8 个、中类 64 个、小类 301 个。1986 年，我国首次颁布了《职业分类与代码》。1992 年原劳动部编制了《中华人民共和国工种分类目录》。到了 1999 年，在广泛借鉴国际经验和深入分析我国社会职业构成的基础上，国家职业分类大典和职业资格工作委员会编制完成了《中华人民共和国职业分类大典》，对我国当前的职业状况做了科学、客观、全面的分析与总结。2005 年，《中华人民共和国职业分类大典（2005 增补本）》发布，其又于 2007、2015、2022 年进行修订。《中华人民共和国职业分类大典（2022 年版）》中，共收录了 77 个新职业，将我国职业归为 8 个大类，79 个中类，449 个小类，1639 个细类（职业）。8 个大类分别是：

第一大类：国家机关、党群组织、企业、事业单位负责人。

第二大类：专业技术人员。

第三大类：办事人员和有关人员。

第四大类：社会生产服务和生活服务人员。

第五大类：农、林、牧、渔业生产及辅助人员。

第六大类：生产、运输设备操作人员及有关人员。

第七大类：军队人员。

第八大类：不便分类的其他从业人员。

需要说明的是，职业类别并不是非此即彼的，有些工作的性质可能涉及多个类别。例如记者的工作，由于要多读多写，因此算是文教工作，但是记者又要经常外出采访新闻，所以又具有户外工作类的性质。

3. 职业核心信息分析

（1）职业信息的五要素。

所有的职业规划教材都提出职业规划的基本原则是：了解你自己，了解职业，在自我和职业之间进行匹配。但职业不是人，它不会说话，没有喜怒哀乐，从来都是人主动选择职业而不是职业主动选择人。因而，即使了解了自己的性格，还要学会怎样去分析职业的"性格"是不是和自己"合得来"。

①这个工作好不好。

职业吸引力分为"三虚""二实"。

"三虚"：在构成职业吸引力的五大要素中，"社会声誉""未来需求"和"发展空间"乃是"虚无缥缈"的。这里所说的"虚无缥缈"包含以下含义：第一，它们是不可明确衡量的；第二，不同的人对它们有不同的评价；第三，未来具有不确定性；第四，有些要素并不是单纯由职业的性质决定的。

比如说家长都喜欢子女当公务员，但是有些年轻人觉得在政府机关当"小公务员"是"混日子"，"发展空间"则是"谋事在人，成事在天"，不取决于职业本身，而取决于个人的努力和机遇等。

"二实"："工作环境"和"薪水报酬"是实实在在"看得见摸得着"的，只要通过网络资料、熟人朋友的经验等就能知其大概。可能大家最关心的是"薪水报酬"，而这个又属于大多数公司的"机密"。了解薪水有几个方法：第一是了解行业平均利润率，平均利润率高的行业平均薪水通常也会比较高，平均利润率低的行业的"性价比"通常不会很乐观；第二是职业的薪酬构成特点，如基本工资、分红、年终奖金、保障福利分别占总报酬的比例及计算方法，加薪的幅度和频率等；第三是岗位在公司中的重要程度，通常核心部门、业务部门要大于辅助部门。企业的招聘信息上通常会写"提供业内具有竞争力的报酬"，换言之，虽然每家公司提供的薪水报酬不尽相同，但同一行业内的差异不会太大。

②打心眼里喜欢这份工作。

职业兴趣和现在的工作不相符是导致职业生涯不快乐的首要原因。心理学研究表明：一个人如果对所从事的职业有兴趣，能发挥他全部工作才能的80%—90%，并且长时间保持高效率不感到疲劳；而对工作没兴趣的人，只能发挥全部才能的20%—30%，也容易感到精疲力竭。

职业可能离同学们还很遥远，换成"专业兴趣"这一熟悉的概念就容易理解了。如果你喜欢所学的专业，它对应的职业应该也是适合的，如果不喜欢所学的专业，那就得好好想一想，将来的路该走向何方？

"职业吸引力"所列举的都是职业外表的光环，但对职业满意度起决定性作用的还是它的内核：兴趣领域、工作内容、性格／心理、劳动强度／身体活动、职业稳定性。

③我符合要求吗？

入职要求可以分为三个方面：教育与学历要求、性格及心理特征要求、技能特长要求。这三方面同时达到，就是符合一个职位的要求了。

4. 职业的发展与变迁

生产力的发展使人们的生活方式发生了改变，社会分工更加细致，人们的生活品质也有了相应的提高。以往人们使用寻呼机、电报等通信工具仅仅是为了传递信息，拍照是为了留念，需求相对单一，目的也很明确。而现在，人们使用手机不仅仅为了互通资讯，手机自带的拍照、摄像、上网、游戏等功能可以满足人们更多的需求,实现多元化的消费。如今很多新兴的职业,比如咖啡师、宠物驯导师,就是为了满足人们对生活品质提高的需求而产生的。当然,今天的新职业也许过不了多久也会成为被淘汰的旧职业,过去曾经消失的职业也可能在人们的需求中重新出现,一切职业的变迁都是由人们的需求决定的。

国家职业分类为数据的统计和学术研究提供了共同的平台。社会的变化性特征,决定了社会职业结构的动态性,不同职业的供给量不断变化,而且新职业在不断产生,落后职业则逐渐被淘汰。新职业,是指社会经济发展中已经存在一定规模的从业人员,具有相对独立成熟的职业技能且《中华人民共和国职业分类大典》中未收录的职业。自 2004 年 8 月原国家劳动和社会保障部建立新职业发布制度以来,经过充分而严谨的论证,深入而细致的筛选,市场经济公正无私的检验,已有近百个新职业浮出水面。新职业的确立,深刻地反映了我国劳动力市场的需求方向;新职业发布制度的建立和实施,对于促进就业和发展职业教育,具有不可置疑的牵引或者说导向作用。

原劳动和社会保障部有关人士曾经表示,这些新职业的开发和评定,并不仅以是否是热门职业和从业人数多少为标准,更重要的是考虑了这个职业是否具备了较高的技能性,是否具有向大众推广的可行性,以及这个职业将产生的社会影响和价值。这些新职业主要分为两种情况:一是全新职业,就是随社会经济发展和技术进步而形成的新的社会群体性工作;二是更新职业,是指原有职业内涵因技术更新产生较大变化,从业方式与原有职业相比已发生质的变化。

毋庸置疑,新职业的诞生和成长,不仅记录了职场发展的轨迹和程度,而且在更宏观的背景下折射出时代风云和社会变迁。

(1)新活法五花八门,滋生新行当。

随着我国经济社会的快速发展,老百姓收入水平不断提高,人们不再仅仅关注吃饱穿暖,而是对生活质量提出更高的要求,对生活服务的需求也日益增多。为满足广大人民群众的需要,大批提供相关服务的从业人员自然而然形成一个个稳定的群体,新兴职业应运而生。

新职业与人们对生活质量的要求息息相关。第四批公布的 11 种新职业中有个现象尤其引人注目——11 种职业里面有 7 种职业涉及健康领域:健康管理师、公共营养师、医疗救护员、紧急救助员、芳香保健师、宠物医师、水产品质量检验员等。从这些新职业中，人们能清楚地感觉到随着生活水平的提高，"健康"二字的分量正逐步加重。第五批新职业，如室内环境治理员、水域环境养护保洁员、花艺环境设计师、礼仪主持人等职业，也都与人们的日常生活相关。

职业称呼的改变，反映了人们对生活质量的要求越来越高。如今，"理发员"变成了"美发师"，"炊事员"改叫"烹调师""营养配餐师"，"保姆"改称"家庭服务员"，等等。从"炊事员"到"烹调师"再到"营养配餐师"，其间的变化最明显。"炊事员"的时代，人们满足于一个饱字；而如今，在"烹调师""营养配餐师"等新称呼流行的时代，人们追求的则是好，既要吃得好还要讲究营养搭配。职业内涵的变化反映了经济的发展和生活水平的提高。

每多一种要求，就多一种供给；每多一种新职业，社会就可为我们多提供一项新服务。事实上，新生活滋生了新职业，新职业也在悄悄改变我们的生活。

（2）新职业浓墨重彩表现时代特征。

分析最近两年诞生的新职业，不难发现，新职业带着鲜明的市场经济的色彩。在经济高速增长，产业结构产生重大变化的时候，目前已经发布的新职业，明确地体现出了职业结构发生的变化，"夕阳"职业逐步消失，"朝阳"职业纷至沓来。发布的新职业带有三大明显的特征：

①专业知识与操作技能相辅相成，"灰领"职业异军突起。

这些新职业，主要集中在知识技能型人才和现代制造业"灰领"的领域内。例如，动画绘制员、汽车模型工、包装设计师、数字视频策划制作师等，都是现代制造业新兴的"灰领"行业。这些新兴职业之所以走俏，与我国将重点开发制造业、IT产业、现代服务业的政策密切相关。绝大多数新职业都要求从业人员动脑与动手能力的统一。

②科技创新与时尚创意紧密结合。迅速发展的高科技产业、创意产业已经成为催生新职业的主要领域。

例如，集成电路版图设计师、印前制作员、数字视频合成师、集成电路测试员、网络课件设计师、霓虹灯制作员、计算机乐谱制作师等新职业无不与高新技术相关。如集成电路版图设计职业伴随电子产业的发展而产生，由于相关行业国内起步较晚，工作内容中科技含量较高，对从业人员的专业知识和技能要求较高，是紧缺的职业之一。创意产业则出现了包装设计师、工艺美术设计师、广告设计员、模具设计师、时装设计师、会展设计师、景观设计师、花艺环境设计师、机械产品设计师等新职业。家具设计师是创意设计类新职业的代表。房地产行业的高速发展，使人们对家庭装修、室内设计的要求日益趋向个性化、多样化，对家具设计也提出了更高要求。家具设计师因此逐步成为家具企业、家装企业的核心人物，并逐步成为成熟的职业。

③关注稀缺人才以及朝阳职业，体现人才市场需求。劳动保障部门在开发新职业时，十分注意收集人才市场上需求量大、人才短缺的新兴行当。因此新职业大多人才稀缺或者是朝阳职业。

现已公布的新职业，大多集中在现代服务业，涉及管理、策划创意、设计、分析和制作等，所需人才多属于高技能人才中的知识技能型人才，是目前的人才市场所紧缺的。如医疗器械维修人员作为一种新职业之所以被推出，乃市场需求使然。近年来，医疗部门购置了不少进口高科技医疗设备，但一些国内维修人员因为看不懂外文说明书，缺乏对新技术的了解，导致维修中出现很多问题。因此劳动保障部门请该领域的专家制订了"医疗器械维修人员"这一新职业的标准。而模具设计师的脱颖而出，则是因为我国机械、汽车、电子、通信、家电等工业产品制造业的发展迅速，急需大量既有操作能力，又能够运用各种新型数字化工具独立进行模具设计的人才。

（3）新职业分工明确细化人才种类。

"三百六十行"这一中国人的传统说法，早已成为一个逝去的概念。随着社会需求的增多、技术的发展，以及产业细分导致的社会分工的细化，职业内涵已远非"三百六十行"所能概括。有专家分析，我国近年来的职业变迁，体现了这样两个特点：

①职业分类越来越细，越来越专业。

比如，银行职员这个职业有了更进一步的划分，更加专业化，出现了资金交易员、资金结算人员、清算人员等一些过去没有的职业。分工细化，使人才越来越专业化。原劳动和社会保障部从2004年8月实行新职业发布制度以来，仅仅两年半的时间，就发布了9次新职业。随着策划风潮此伏彼起，仅"策划师"一项，就有4种之多，如商务策划师、会展策划师、数字视频策划制作师、房地产策划师等。

②职业的标准化程度提高，越来越与国际职业发展接轨，比如：我们把以前的供销员改为市场营销员；企业和公司负责人也不再笼统地称为厂长或经理，而演变出不同层级的职业，比如董事长、总经理、CEO、部门经理、项目经理等。

（4）新职业促进劳动力市场建设。

我国公布新职业，采用的是国际上通用的"职业分析法"，对社会新职业进行系统划分与归类，并对某一特定职业进行分析与研究，描述出每个职业类别的内涵与外延，使从业者了解某个职业的活动领域和工作环境、工作范围、工作程序、工作对象和设备工具等与职业相关的各种要素。一般来说，每个新职业从被发现，到成为成熟、独立的职业并被公之于众，大概需要经过这样五个流程。

第一，建议——发现新职业：各级各类机关、社会团体（组织）、企业、学校以及个人可结合实际，向国家或各地的劳动保障部门提出新职业建议。

第二，汇总——认识新职业：劳动保障部门对各个领域的新职业建议进行登记、汇总、分类，准备进行开发。

第二，论证——研究新职业：由劳动保障部门组织专家分析、论证、审核新职业的重要性、独特性、规范性、技术性、稳定性等，看其是否成熟，是否适合作为独立的职业。

第四，公示——审核新职业：专家审核结果通过公共服务网络平台向社会公示，广泛征求意见，进行修改。

第五，发布——公布新职业：人力资源和社会保障部按季度对外发布成熟的新职业。

当新职业有了职业定义、职业标准之后，从业人员的培训、考核鉴定方案也会相继出炉，新职业从业人员的职业培训和职业规范也就有了现实的依据。

（5）新职业引导就业新风向。

目前，我国将新职业纳入国家职业分类和职业资格体系，反映了劳动力市场的需求方向，对于职业教育培训机构的课程设置和教学培训项目开发有重要的参考价值，有利于人员就业，促进培训就业结合。新职业发布后，人力资源与劳动保障部会对其中部分职业制订职业标准，全面反映工作现场对从业人员知识和实际职业能力的要求，这有利于引导职业教育培训，有利于避免未来由于某些职业人才的匮乏而形成经济发展的瓶颈。

与此同时，在我国加快推进新型工业化、信息化和城镇化建设过程中，制造业、IT业和现代服务等行业产生了许多新职业，蕴含了巨大的就业潜力，成为就业岗位的增长点。面对急剧的职业变化，职业转换频繁发生，就业再就业任务更加复杂。研究新职业，有利于开发就业岗位，加强职业指导，满足劳动力市场上的双向选择需要，促进劳动者就业及再就业。

新职业的产生，将成为就业的新风向标，引导着就业风向。众所周知，在职场中，人才流动的方向一直比较难以把握，而对新涌现的职业进行分析，则可以发现一些特点并把握重要动向，从而避免人才流动的盲目性，使就业更加合理，使人才流动逐渐有序。

（6）新职业研发助推产业结构调整。

人力资源和社会保障部公布的新职业，大多集中在现代服务业，涉及管理、策划创意、设计、分析和制作等工作，对从业人员的理论知识和实际职业能力都有较高的要求，多属于高技能人才中的知识技能型人才。

这一现象反映出我国职业结构的变化与发达国家职业结构的变化规律是基本一致的，同时也说明我国新职业的研发工作基本上与我国产业结构调整的步伐保持一致。经过几十年的努力，我国已经发展成为一个制造业大国，但并不代表我国已经成为经济强国。要成为经济强国，不仅要成为制造业强国，而且要成为现代服务业强国。这就需要为生产制造业打造一支庞大的高素质的管理、策划创意、设计、分析等领域的服务大军，以适应经济发展的新需要。

以信用管理师为例，这个职业的从业者是指使用信用管理技术与方法，从事企业和消费者信用风险管理工作的人员。在发达国家，设立信用管理部门或专职人员的企业达到80%以上。中国的信用管理行业从外资企业、外贸企业最先起步，之后逐步发展，目前已有2000多家企业开始建立信用管理制度或培训专业信用管理人员。信用管理这一行业正在我国迅速发展。信用管理师这个新职业的发布，从法律上确认了中国信用管理行业为一个界别行业，同时明确宣布了信用管理这个职业是中国专业技术职务序列中的一员。

（7）新职业衍生市场发展新契机。

一个新的职业背后往往就是一个新的专业化市场，新职业的出现，连带的是职业认证、职业培训、职业中介等市场的繁荣，甚至会形成相关行业的"产业军"。

知识链接

新生的六大职业群

No.1 "创意族"：设计类职业红红火火

"群体像"："创意族"新职业的从业者是各个行业中的时髦人物，工作内容涉及各个行业产品的设计、开发、改造，是创造知识产权的脑力劳动者。除了传统行业的设计类职位之外，时代的飞速发展也催生了一批带有时代烙印的设计类职业，如数字视频（DV）策划制作师、网络课件设计师等。

从为个人服务的形象设计师，到企业新产品的设计者、家具设计师、玩具设计师，再到为人们创造优美环境的景观设计师、花艺环境设计师，各设计类新职业以"创意"为工作的核心，以创新为职业的灵魂。

职业特性：设计、策划类岗位要求从业者专业知识和创新能力并重，有较好的逻辑思维能力，较强的创新意识，相关专业上深厚的知识储备、技能功底和积淀。当然，这类职业的一大优势，就是工作时间随意，能够享受较大的自由空间。

No.2 "顾问族"：分析、评估类职业崭露头角

"群体像"：信息时代，信息就是价值。专门为个人、企业、社会提供各类信息分析、咨询、价值评估等专业顾问式服务的新职业数量引人注目。这类职业的从业者以收集、综合、分析各行业的信息为主要工作内容，为个人、企业和社会提供经过加工和提炼的有价值的信息，并从中获取收益。

职业特性：该类新职业需要从业者不仅具备该行业必备的技术、知识能力，还要求从业者具有相关方面丰富的信息源，具有较好的收集、处理、利用信息的能力。

No.3 "技工族"：技能岗位老树发新枝

"群体像"：传统意义上的技工一般是指掌握一项专业工作技能的、以体力劳动为主的一线岗位工作人员，即人们通常所说的"蓝领"。而在计算机、通信、汽车、集成电路、造船等先进制造业中，技术工人工作的技术含量更高，离高科技越来越近。技术工人不仅要动手，更要动脑，要"心脑结合"，兼具专业知识与动手技能，即新型的"灰领"人才。在新职业中，这类职业的数量也比较多，一些城市发展新兴领域的职业也被纳入，如城市轨道接触网检修工等。

职业特性：现代的技术工人也要具备一定的专业知识，接受过相关专业的技能培训或学历培训，具备很强的动手实践能力，并在工作中注重不断学习和创新。

No.4 "科技族"：IT技术职业风华正茂

"群体像"：IT及其相关产业的快速发展催生了一大批新职业，信息化不断向各个传统行业的渗透也产生了一批新兴的职业。前者如网络课件设计师、计算机产品检验员、数控程序员等，后者如计算机乐谱制作师、网络编辑员、智能楼宇管理师等。这类新职业的从业者均具备了良好的计算机操作、编程及应用能力，活跃在IT产业或传统产业的数字技术部门，他们的"生产工具"是计算机、网络、软件等数字产品，以电脑和网络为伴。

职业特性：高科技更新换代快，该类职业的从业者应具备很强的学习能力，不断跟上技术发展的需要，否则容易被市场淘汰；同时，企业对专业技术岗位的分工越来越细致，要求从业者深入掌握企业所需的专业技术，而不必"大而全"；必须具备很强的动手能力，光有专业知识难以胜任工作；另外，工作节奏快，工作压力大，也对从业人员承受压力的能力、团队协作精神提出了高要求。

No.5 "保健族"：营养、健康类职业异军突起

"群体像"：伴随生活质量的提高，人们对于提高生命质量、生活品质日渐重视，由此促进了此类岗位的诞生及蓬勃发展。这里所说的营养、健康类岗位不仅涵盖了各类生理健康、护理类岗位，也包括了照顾人们心理健康的岗位；不仅包括了人类的健康服务岗位，也包括了与家庭中的宠物、食品卫生、生活环境等相关的健康、安全类职业。

职业特性：该类职业与人们的身心健康息息相关，因此要求从业者具备扎

实的专业知识功底、良好的职业道德，责任感强，善于沟通，并乐于帮助他人。职业性格上趋感性，职业气质属于社会型，富于爱心，思维比较细腻的人较适合。

NO.6 "时尚族"：现代服务类职业新鲜登场

"群体像"：新职业中不乏一些令人耳目一新的职业，如调香师、咖啡师、酿酒师、体育经纪人等，大大地拓宽了人们职业思考的范畴和选择的空间。这些新职业多诞生自现代服务业，带有较多的时尚、前卫色彩，给职业市场注入了活力和生机。

职业特性：时尚前卫的"外衣"下，从业人员同样需要具有相关的专业知识和技能。同时，由于这些行业相对不够成熟，行业规范和职业培训等相对滞后，从业人员需要更多的耐心和毅力来等待行业的发展。

（资料来源：《人才市场报》）

第五章　未来职业对我的要求

第一节　职业素质与要求

生涯导入

　　吴快乐的一位学长告诉他，其实在大学课堂上学的东西并没有什么用，到了企业里面，看的还是你的为人和素质。这让吴快乐感到很困惑：如果课堂上学的东西都没有用，那么我们学它干什么呢？而学长口中所谓的素质又是什么呢？究竟企业对员工有着怎样的要求呢？

生涯知识

1. 职业素质

（1）什么是职业素质。

　　职业素质，由"职业"和"素质"共同组成，其含义为从业人员具有的与从事具体职业相关的、对职业活动起关键作用的内在品质及能力。简单地说，就是满足职业生涯所需要的一种特定品质及能力。职业素质的培养过程是学校教育与企业培养的结合，是高等院校校园文化与行业文化、企业文化相融合的集中体现。

（2）我国专家学者对职业素质的理解与诠释。

我国许多的专家、学者对大学生职业素质、职业素质培养方面的问题做了相关的研究。

就职业素质教育的意义而言，董红波在《高职毕业生素质现状调查的实证分析》一文中通过对宁波市镇海经济技术开发区的100余家企业进行的调查，提出加强学生的职业道德教育是高校人才培养的重中之重，培养学生的创新能力是高校提高教育质量的关键，提高学生的学习能力，培养积极、主动的学习态度，有助于学生走上工作岗位后胜任工作，有助于提高大学生的职场竞争能力，拓展学生的职业发展空间。

就职业素质结构而言，宋楚华于《论高职高专职业素质教育的内容体系》中指出，职业素质教育是高等院校素质教育的个性化要求，是素质教育发展的必然选择，并提出我国当前高校教育在实施职业素质教育方面，应当选择以职业理想、职业能力和职业道德作为构建职业素质教育内容体系的三大基本要素的观点。其中，职业理想教育是基础，职业能力教育是核心，职业道德教育是重点。许远在《职业教育与培训课程开发中的"职业素质"内涵探讨》中阐述了职业素质是职业能力形成和发展的基础，其核心是职业生理要求的人格化、职业态度的持久化和职业道德的具体化。

就职业素质培养而言，孙志春、唐曙光、李文清在《试论高职学生的职业素质培养》一文中强调培养大学生职业素质，必须从职业道德、职业形象、职业心理、职业创造力等多方面入手。巩建闽、岳昌君在《高校毕业生职业素质问题研究》中则强调要从人才培养的管理体制改革入手，在专业课程体系中增加那些能有效进行职业素质培养的要素，以弥补当前素质教育中存在的不足，即明确具体课程的素质培养目标，同时将隐性课程纳入课程体系。

（3）国外研究机构对职业素质的理解。

美国的通识教育与我国的素质教育有相通之处。美国的通识教育研究始自20世纪40年代，1945年哈佛大学校长科南特领导的委员会发表了《自由社会中的通识教育》，提出了通识教育的目的是培养"完整的人"，即能有效地思考、清晰地交流、明确地判断和正确地辨别普遍性价值的人。这种培养"完整的人"的教育实质上就是我们所说的素质教育。20 世纪 50 至 70 年代，德里克·博克提出通识教育的目的是培养有教养的人。罗索夫斯基把哈佛通识课程分为 6 个领域，即文学艺术、科学、历史研究、社会分析、道德思考和外国文化，从而既强调了教学内容的基础性与全面性，又强调课程的整合性和融通性，这也可以视为一种素质教育的理论探索。美国学者本森·斯奈德的《隐蔽课程》因对麻省理工学院的学院文化和社会文化做了深刻的分析而引起学者的广泛关注。2001 年，由罗伯特·M.赫钦斯编著的《美国高等教育》提出许多观点，如高等教育中的职业教育化倾向、大学应强调学生的思维训练等，有很强的现实意义。

（4）国内外相关研究综述。

从总体上看，当前我国的大学生职业素质的培养研究大体上可以分为 2 种情况。其一是"舶来研究"。即引入和运用西方的大学生职业素质的培养理论，并用其来指导研究中国的大学生职业素质的培养研究。这种研究立足点较高、理论性较强，但是容易与中国的实际情况产生脱节。其二是"本土研究"。这种研究主要是立足于我国大学生职业素质的培养中的实际问题，面向实践，从解决问题的角度来开展研究。这种研究比较适合中国目前的实际情况，根据中国国情进行不同程度的研究探讨，多数会触及体制改革层面。

国外历来重视学生职业素质的研究，无论在理论还是实践层面都值得我们借鉴。在学生培养过程中，应树立和贯彻人本思想，注重引导学生、重视学生自我教育的作用，积极发挥学生的自塑能力，特别重视实训环节，鼓励和要求学生多参加实践活动，在真实的工作环境中不断提高专业技能、职业道德水平。

2. 职业社会对人才的要求

（1）职业社会对人才的整体要求。

职业社会对人才素质的要求会随着时代变化而发生改变。近年来我国的科学技术突飞猛进，经济快速发展，思想观念更新加快，与国际接轨步伐加快，这些新情况使我国社会对人才的要求呈现以下 5 个特点：

第一，由操作型向智能型转换。所谓操作型是指从业者的职业活动以体力劳动为主、动手能力强为特征的工作过程。所谓智能型是指从业者的职业活动以脑力、智力的参与为主，以高科技、高智能化为特征的工作过程。随着高科技、智能型的生产工艺流程在我国各行业的广泛运用，其工作所需的人才也逐渐倾向以智能型为主。

第二，由单一型向复合型转换。随着现代工业生产的大型化、智能化和系统化，职业对人才的要求不再局限于一人一岗、一人一技。一人多岗、一人多技的专而全的复合型人才开始逐渐成为人才市场的"新宠"。这一变化反映在大学生身上，就是要求大学毕业生具备较高的综合素质。

第三，从职业型向社会型转换。随着社会化大生产的深入发展，各个单一岗位职员的力量显得越来越小，难以应对实际需要。因此，跨岗位、跨部门、跨行业之间的通力配合与协作在企业的运行中越来越频繁。在这种社会背景下，从业者的团队合作精神被越来越多的企业重视。

第四，从就业型向创业型转变。创业有两层含义：一是在就业中的创新，而不是只知道年复一年地简单完成重复性的生产工作；二是创造事业为社会提供就业，这是一种更高层次、更具社会意义、更能体现个人价值的"就业"。面对市场经济的激烈竞争，企业只有不断开发出新的产品或服务，才能获得可持续发展。这一变化反映在大学生身上，就是要求大学毕业生具备良好的创新意识与能力。

第五，由阶段性学习向终身性学习转变。过去的社会生产结构简单，产品升级换代周期长，生产工艺流程新陈代谢缓慢，所学知识技能不需要更新。现代科技日新月异，产品和生产工艺流程更新换代加速，新兴的生产工艺、新技术要求从业者必须不断学习，才能及时跟上。这一客观现实要求大学毕业生具备良好的学习能力。

（2）不同职业对人才素质的要求。

社会对人才既有共同的要求，也会因为行业、职业、工作内容不同而有其特殊的要求。了解了整体要求，然后再了解一下自己心仪工作的具体要求，能够提高我们职业生涯规划的效率。各类职业虽然各自对人才素质有不同的要求，但是也有共性，即都必须具备一定的思想道德素质、职业道德素质、生理素质和心理素质等。

①思想道德素质。

近年来，用人单位对大学生的思想道德素质越来越重视，他们认为思想道德素质高的学生不仅用起来放心，而且有利于本单位文化的发展和进步，人的思想道德素质会体现在人的一言一行中。

②事业心和责任感。

事业心是指干一番事业的决心。有事业心的人目光远大、心胸开阔，能克服常人难以克服的困难而成为社会上的佼佼者。责任感则要求把个人的利益和社会的发展紧密联系起来，树立强烈的社会责任感。有些大学生在工作中怨声载道，稍不顺心就"跳槽"，是严重缺乏责任感的表现。

③专业基础。

现代职业对从业人员的专业基础要求越来越高，专业化的倾向越来越明显，"万金油"式的人才已经不能满足市场的需要，只有"一专多能"，才能在职场中取胜。

④学习能力。

现代社会科学技术飞速发展，一日千里。只有基础牢、会学习、善于汲取新知识，才能不断在各方面完善自己，跟上时代的步伐。

⑤人际交往能力。

随着社会分工的日益精细以及个人能力的限制，单打独斗已经很难完成工作任务，人际的合作与沟通必不可少。

⑥吃苦精神。

用人单位认为近年来所招录的大学生最缺乏的素质是实干精神。

⑦创新精神。

现代社会日新月异，我们不能墨守成规。在市场经济条件下，各企业都要参与激烈的市场竞争。用人单位迫切需要大学生运用创新精神和专业知识来帮助企业改造技术，加强企业管理，给企业带来新的活力。

⑧身心素质。

现代生活节奏快，工作压力大，没有健康的体魄很难适应。健康的心理也是一个人事业上能否取得成功的关键，它是指健全的自我意识、适度的情绪控制、和谐的人际关系和对挫折较强的承受能力。大学生走出校园后，会遇到更加复杂的人际关系，更为沉重的工作压力，这都需要大学生们进行自我调适。

机遇总是垂青有准备的人。一个人的职业素质如何，将决定他在求职择业时的自由度和取得职业岗位的层次。求职择业的准备是漫长的，要想选择一个理想的职业，更需要为之付出辛勤的汗水。求职择业的征程从你迈入大学校门的第一天就开始了，并且贯穿了大学生活的始终。因此，大学生应自觉地把大学生活同求职择业乃至将来的职业生活紧密联系在一起，努力做好知识、能力、素质等方面的准备。

3. 职业素质教育的基本路径

根据职业素质教育内容及特点，职业素质教育的内容分为六个模块，即职业规划教育、职业道德教育、职业适应教育、职业文化教育、职业技能教育和创新创业教育，分别对应学生六项职业核心能力和素质。同学们可以根据以下路径，参与到教育活动中，提升自己的职业素质。

（1）职业规划教育。

职业规划教育着眼于构建学生的职业规划能力，引导学生进行职业认知，培养其职业兴趣，帮助其做出职业决策，具体包括以下步骤：①对学生进行职业趋向测试，帮助学生完成自我认知，帮助学生全面认识和了解自身的特点和主要职业倾向；②开展职业认知教育，在新生入学时安排专业介绍和专业熟悉活动，带领学生参观和熟悉相应的企业和行业，帮助学生进行职业探索；③在行业和企业中聘任兼职教师担任专业导师，建立班级导师制度，建立学生与行业和企业人士深入接触、沟通的渠道和平台；④强化职业生涯课程建设，积极引导学生在自我认知和职业探索的基础上，完善职业生涯规划，提高职业决策的科学性和合理性。

（2）职业道德教育。

职业道德教育着眼于构建学生职业道德素养，培养学生爱岗敬业、乐于奉献的职业操守，使其为社会和用人单位贡献自己的才智，主要包括：①营造职业环境，塑造职业性格。开展职业态度启蒙和职业素养养成教育；组织参观教育基地和企业实训基地，强化社会实践，开展员工岗位体验活动。②通过主题活动、专题讲座和素质拓展活动，加强团体协作、诚信感恩和企业忠诚度教育，培养学生对家庭、学校、社会（企业）的感恩之心与回报意识。

（3）职业适应教育。

职业适应教育着眼于培养学生的职业适应能力，主要包含心理健康教育和职场适应实践两方面内容：①注重职业心理素质教育培养。针对不同专业及其岗位对员工心理素质的不同要求，开设不同的心理教育课程和不同的主题活动，以此提高学生心理素质培养的针对性和实效性。②开展入职特训专项活动。对一次吸纳学生顶岗实习或就业人数较多的企业，学校可以联系企业组织对该批次学生的入职特训专项活动，通过校企合作开展入职教育和培训，帮助学生顺利度过进入职场初始阶段的调整期，提高学生的适应能力。

（4）职业文化教育。

职业文化教育主要着眼于提升学生职业文化素养，即通过以实习实训基地建设为抓手、行业企业专家讲堂为平台，建立校企文化融合机制，促进校园文化与企业文化的互动融合，主要包含：①融合企业制度文化。在实习实训环节中，充分尊重企业和行业的管理制度，以对相关管理制度的履行和遵守作为评判学生在实习实训环节成绩的重要依据，使学生尽快适应管理，熟悉业务。②认知行业理念。充分利用专业认知教育和就业指导课程的平台，邀请行业企业专家到校举行讲座或担任就业指导课程兼职教师，向学生传递本行业的职业诉求和主要精神理念。③感知企业精神。对校企合作较为深入的重点企业，应适时举行企业文化推介活动，通过企业文化宣讲、文化宣传片放映、现场参观等方式促进校园文化与企业文化融合和交流。

（5）职业技能教育。

基于能力本位的职业素质教育视野下的职业技能教育主要着眼于在专业教育中融入职业素质教育的理念和思想，强化职业技能竞赛的组织。主要内容有：①将职业素质教育全方位渗透到教学各个环节，促使技能培养与职业素质教育有机结合。从学生职业能力形成出发，教学部门从人才培养方案、课程标准到考核标准的制订，教师从理论教学到实践教学的每个环节，都要将该课程和环节着眼于培养学生将什么样的职业能力放在重要位置，并告知学生，使其了解该部分教学内容对自己今后职业生涯的重要作用，激发学生的自觉性。②有效组织开展职业技能竞赛活动，构建"专业技能竞赛体系"和"专业学习型学生社团体系"两大主干活动体系。积极承办或参加各级各类职业技能与素质竞赛，尤其在竞赛过程中注重强化对学生的指导，通过竞赛活动全方位检验学生的职业技能和在紧张氛围中的身心适应、调节能力。

（6）创新创业教育。

创新创业教育主要着眼于培养学生的创新创业能力，主要内容有：①开设创新创业教育课程。通过专业教研室开设创新创业教育课程，将专业教育与创新创业教育融合起来，鼓励和引导学生通过专业视角挖掘深入研究和实践的突破口，寻找自主创业的市场切入点。②强化创新创业团队辅导和项目孵化。开辟创业孵化基地，设立创业扶持基金，建立创新创业学分奖励制度和创业导师制度，积极联系专业创业孵化园区和机构，积极构建校内创新创业团队与校外企业之间的帮扶、指导机制。③组织创新比赛和创新创业大赛，积极构建创新空间和创业孵化基地。

第二节　职业资格与准入

生涯导入

职业资格考试要报名了。正好赶上田小花最近买了护肤品，生活费紧张。她"财政赤字"严重，不得不再次向家里寻求"赞助"。在挨了一顿训斥之后，田小花觉得有些"冤"：大学生拿个毕业证和文凭不就够了吗？为什么非要考什么职业资格证呢？

生涯知识

1.职业资格

职业资格是对从事某一职业所必备的学识、技术和能力的基本要求。职业资格包括从业资格和执业资格。从业资格是指从事某一专业（工种）学识、技术和能力的起点标准。执业资格是指政府对某些责任较大、社会通用性强、关系公共利益的专业（工种）实行的准入控制，是依法独立开业或从事某一特定专业（工种）学识、技术和能力的必备标准。职业资格分别由国务院劳动、人事行政部门通过学历认定、资格考试、专家评定、职业技能鉴定等方式进行评价，对合格者授予国家职业资格证书。从业资格通过学历认定或考试取得。执业资格通过考试方法取得。

大学生经过高等教育序列中的专业教育，首先具备的是从业资格，即满足从事该专业所对应职业的最低标准。而要真正说明自己具备从事该职业的能力，并且让行业和企业认可，则需要通过相应的考试来取得职业资格证书。这种学历证书＋职业资格证书的教育和认证制度就是"双证书"制度。

高校学历证书与职业资格证书既有紧密联系，又有明显区别。高校学历教育与职业资格证书制度的根本方向和主要目的具有一致性，都是促进从业人员职业能力的提高，有效地促进有劳动能力的公民实现就业和再就业，二者都以职业活动的需要作为基本依据。但是，二者又不能相互等同、相互取代。职业资格标准的确定仅以社会职业需要为依据，是关于"事"的标准，主要是为了维护用人单位的利益和社会公共利益。高校教育活动是根据职业活动的社会需要和学习者的个人发展需要来开展的，要按照社会职业需要和学校办学条件划分专业，专业培养目标面向具有相近职业功能的职业群。通过专业学习，学习者在获得毕业证书的同时可以获得多个职业资格证书，而没有对应职业标准的专业，就无法获得职业资格证书。学历教育与职业资格的考核方式也存在明显不同。职业资格鉴定只是一种终结性的考核评价，而学历教育既注重毕业时和课程结束时的终结性考核评价，又注重学习过程中的发展性评价。为了达到教育目标，学历教育可以采用标准参照，也可以采用常模参照，而职业资格鉴定仅采用标准参照。此外，职业资格鉴定要规定从业者的工作经历，而毕业证书的发放则要规定学习者的学习经历。

实施"双证书"制度，实际上就是通过改革消除或减弱两种证书间的差异，增强二者的一致性和兼容性。"双证融通"主要体现在以下几个方面：

（1）课程标准与职业标准的融通。高校教育作为高层次、高标准、高水平的职业教育，应该能够更好地适应经济和社会发展的需要，将职业标准融入课程标准之中，实现社会发展目标、人才培养目标和学习者发展目标的融通。如果课程标准不能适应职业标准的要求，毕业证书就无法与职业资格证书实现融通。因此，双证融通的实质是两种标准的融通，而两种标准的融通又依赖于学生个人发展目标与社会发展目标的融通。高校教育改革的核心在于课程改革,课程改革的基本思路就是学习过程与工作过程的融通。

(2)课程评价方式与职业技能鉴定方式的融通。为了使高校教育更好地满足社会发展的需求,评价方式应保持自己的特色。职业技能鉴定是一项基于职业技能水平的考核活动,是由国家认定的考试考核机构对劳动者从事某种职业所应掌握的技术理论知识和实际操作能力做出客观的测量和评价,主要内容包括职业知识、操作技能和职业道德3方面。这些内容是依据国家职业(技能)标准、职业技能鉴定规范和相应教材来确定的,并通过编制试卷来进行鉴定考核。因此,仅就知识要求而言,学校的考核一般可以兼容职业技能鉴定的要求,但技能考核仅凭答卷是不能满足要求的。

(3)学历教育管理与职业资格管理的融通。高校的课程设置和课程标准是由教育行政部门审定的,而职业资格标准和职业技能鉴定机构是由劳动与社会保障部门审定的,两种标准的融通客观上也要求双方管理者的沟通。通过非政府组织(NGO)建立起一种经常性的沟通机制,是实现社会管理协调的重要形式。我国高等职业教育研究会成立院校双证书工作委员会,吸纳相关部门的人员参加,就是实现管理沟通的一种新尝试。

知识链接

推行学历职业"双证书"制度

2014年2月26日,国务院总理李克强主持召开国务院常务会议,部署加快发展现代职业教育。

会议确定了加快发展现代职业教育的任务措施。

一是牢固确立职业教育在国家人才培养体系中的重要位置,促进形成"崇尚一技之长、不唯学历凭能力"的社会氛围,激发年轻人学习职业技能的积极性。

二是创新职业教育模式,扩大职业院校在专业设置和调整、人事管理、教师评聘、收入分配等方面的办学自主权。建立学分积累和转换制度,打通从中职、专科、本科到研究生的上升通道。引导一批普通本科高校向应用技术型高校转型。

三是提升人才培养质量。大力推动专业设置与产业需求、课程内容与职业标准、教学过程与生产过程"三对接"，积极推进学历证书和职业资格证书"双证书"制度，做到学以致用。完善企业工程技术人员、高技能人才到职业院校担任专业兼职教师的政策。

四是引导支持社会力量兴办职业教育。积极支持各类办学主体通过独资、合资、合作等形式举办民办职业教育。社会力量举办的职业院校与公办职业院校具有同等法律地位。

五是强化政策支持和监管保障。各级政府要完善财政投入机制，分类制定和落实职业院校办学标准，加强督导评估，健全就业和用人政策。

（资料来源：《新京报》）

2. 职业资格证书与就业准入

职业资格证书是表明劳动者具有从事某一职业所必备的学识和技能的证明。它是劳动者求职、任职、开业的资格凭证，是用人单位招聘、录用劳动者的主要依据，也是境外就业、对外劳务合作人员办理技能水平公证的有效证件。职业资格证书与职业劳动活动密切相连，反映特定职业的实际工作标准和规范。

（1）就业准入相关规定。

所谓就业准入是指根据《中华人民共和国劳动法》和《中华人民共和国职业教育法》的有关规定，从事技术复杂、通用性广、涉及国家财产、人民生命安全和消费者利益的职业（工种）的劳动者，必须经过培训，并取得职业资格证书后，方可就业上岗。实行就业准入的职业范围由人力资源和社会保障部确定并向社会发布。

职业介绍机构要在显著位置公告实行就业准入的职业范围；各地印制的求职登记表中要有登记职业资格证书的栏目；用人单位招聘广告栏中也应有相应职业资格要求。职业介绍机构的工作人员在工作过程中，对国家规定实行就业准入的职业，应要求求职者出示职业资格证书并进行查验，凭证推荐就业；用人单位要凭证招聘用工。

从事就业准入职业的新生劳动力，就业前必须经过1到3年的职业培训，并取得职业资格证书；对招收未取得相应职业资格证书人员的用人单位，劳动监察机构应依法查处，并责令其改正；对从事个体工商经营的人员，取得职业资格证书后，工商部门才会为其办理开业手续。

（2）就业准入的法律依据。

《中华人民共和国劳动法》第八章第六十九条规定："国家确定职业分类，对规定的职业制定职业技能标准，实行职业资格证书制度，由经备案的考核鉴定机构负责对劳动者实施职业技能考核鉴定。"

《中华人民共和国职业教育法》第一章第十一条明确指出："实施职业教育应当根据经济社会发展需要，结合职业分类、职业标准、职业发展需求，制定教育标准或培训方案，实行学历证书及其他学业证书、培训证书、职业资格证书和职业技能等级证书制度。"这些法规确定了国家推行职业资格证书制度和开展职业技能鉴定的法律依据。

（3）等级与分类。

①等级结构与标准。

根据人力资源和社会保障部规定，国家职业资格分为5个等级，从高到低依次为高级技师、技师、高级技能、中级技能和初级技能。其框架结构及各等级标准如下。

国家职业资格五级（初级技能）：能独立完成本职业的常规工作。

国家职业资格四级（中级技能）：能独立完成本职业的重要工作。

国家职业资格三级（高级技能）：能完成较为重要复杂的工作。

国家职业资格二级（技师）：完成较为非常规性的工作。

国家职业资格一级（高级技师）：完成本职业各个领域的复杂的、非常规性的工作。

根据实际情况，有些职业可不设立高等级或低等级。

②等级与待遇。

取得中级技能（中级工）资格，相当于技术员待遇；取得高级技能（高级工）资格，相当于助理工程师待遇；取得技师资格，相当于工程师待遇；取得高级技师资格，相当于高级工程师待遇。

a. 专业技术人员职业资格。

有教师资格，法律职业资格，中国委托公证人资格，注册会计师，注册城乡规划师，注册测绘师，核安全设备无损检验人员资格，核设施操纵人员资格，注册核安全工程师，注册建筑师，监理工程师，房地产估价师，造价工程师，建造师，勘察设计注册工程师，注册验船师，船员资格，执业兽医，演出经纪人员资格，导游资格，医生资格，护士执业资格，母婴保健技术服务人员资格，注册安全工程师，注册消防工程师，注册计量师，特种设备检验、检测人员资格，广播电视播音员、主持人资格，新闻记者职业资格，航空人员资格，执业药师，专利代理师，拍卖师，工程咨询（投资）专业技术人员职业资格，通信专业技术人员职业资格，计算机技术与软件专业技术资格，社会工作者职业资格，会计专业技术资格，资产评估师，经济专业技术资格，不动产登记代理专业人员职业资格，矿业权评估师，环境影响评价工程师，房地产经纪专业人员职业资格，机动车检测维修专业技术人员职业资格，公路水运工程试验检测专业技术人员职业资格，水利工程质量检测员资格，卫生专业技术资格，审计专业技术资格，税务师，认证人员职业资格，设备监理师，统计专业技术资格，出版专业技术人员职业资格，银行业专业人员职业资格，精算师，证券期货基金业从业人员资格，文物保护工程从业资格，翻译专业资格等。

b. 技能人员职业资格。

有焊工，安全保护服务人员，消防和应急救援人员，消防设施操作员，健身和娱乐场所服务人员，航空运输服务人员，轨道交通运输服务人员，危险货物、化学品运输从业人员，道路运输从业人员，特种作业人员，建筑施工特种作业人员，特种设备安全管理和作业人员，家畜繁殖员等职业资格。

第三节 工作分析与职业胜任

生涯导入

一位刚过 30 岁的人，写信给一位百岁老人，诉说自己的苦衷。说自己从小就喜欢写作，可阴错阳差，却当了一名医生，而他对自己从事的职业一点都不感兴趣，想改行干写作，又担心年纪太大，为时已晚。老人看过信后，立刻给这位医生回了一封信，信中说："做你喜欢做的事，哪怕你现在已经 80 岁。"

这位医生接到信后，受到鼓舞，当机立断放弃行医，拿起了笔杆子，后来竟成了大名鼎鼎的作家，他就是日本的渡边淳一。而那位名叫摩西的百岁老人曾是美国弗吉尼亚州一位普通的农妇，76 岁时因患关节炎放弃农活后开始画画，80 岁时在纽约举办了个人画展，引起轰动，101 岁辞世时留下 1600 幅作品。

生涯知识

经过一段时间的大学生活，吴快乐加入了学生会，并开始在丰富的校园活动中崭露头角。有一家大学生教育培育机构找到他，希望他到公司去担任机构的销售人员，待遇和发展空间都让吴快乐非常满意。但是，他又有点担忧，自己是学物流的，对营销的知识完全不了解，能做好这份工作吗？

1. 工作分析

工作分析又称职位分析、岗位分析或职务分析，是通过系统全面的情报收集手段，提供相关工作的全面信息，以便组织进行改善管理效率。工作分析即对工作进行整体分析，以便确定每一项工作的 6W1H：用谁做（Who）、做什么（What）、何时做（When）、在哪里做（Where）、为什么做（Why）、为谁做（Whom）和如何做（How）。分析的结果或直接成果是岗位说明书。岗位说明书是记录工作分析结果的文件，它把所分析岗位的职责、权限、工作内容、任职资格等信息以文字形式记录下来，以便管理人员使用。

工作分析由两大部分组成：工作描述和工作说明书。

（1）工作描述。

工作描述具体说明了某一工作职位的物质特点和环境特点，主要包括以下几个方面：

①职位名称。这是组织对从事一定工作活动所规定的职位名称或职位代号，以此对各种工作进行识别、登记、分类以及确定组织内外的各种工作关系。

②工作活动和工作程序。它包括所要完成的工作任务、工作责任、使用的原

材料和机器设备、工作流程、与其他人的正式工作关系、接受监督以及进行监督的性质和内容。

③工作条件和物理环境。这主要包括工作地点的温度、光线、湿度、噪声、安全条件、地理位置、室内或室外等。

④社会环境。这主要包括工作群体中的人数、完成工作所要求的人际交往的频次和程度、各部门之间的关系、工作地点内外的文化设施、社会习俗等。

⑤聘用条件。包括工时数、工资结构、支付工资的方法、福利待遇、该工作在组织中的正式位置、晋升的机会、工作的季节性、进修的机会等。

（2）工作说明书。

工作说明书又称职位要求，要求说明从事某项工作职位的入职人员必须达到的生理要求和心理要求，主要包括以下几个方面：

①一般要求。它主要包括年龄、性别、学历、工作经验等。

②生理要求。它主要包括健康状况、力量和体力、运动的灵活性、感觉器官的灵敏度等。

③心理要求。它主要包括观察能力、集中能力、记忆能力、理解能力、学习能力、解决问题的能力、创造性、数学计算能力、语言表达能力、决策能力、特殊能力、性格、气质、兴趣爱好、态度、事业心、合作性、领导能力等。

就职业生涯规划而言，对未来职业或岗位进行工作分析的捷径是阅读企业的招聘简章，一个合格的招聘简章必然会包含工作描述和工作说明书的内容。对非人力资源管理专业毕业的同学而言，阅读和分析招聘简章是简单易行而又十分必要的。

生涯实践

上海迪士尼英语培训专员（少儿英语助教）招聘简章

迪士尼英语结合迪士尼的故事艺术，突破现有的语言学习方法，以创新的技术激发孩子们学习英语的热情。自我们的旗舰中心于2008年在上海开幕以来，迪士尼英语已与成千上万的中国孩子分享了学习英语的乐趣。迪士尼英语以备受赞誉的学术课程，让孩子们融入最喜爱的迪士尼故事、音乐与人物之中，营造出一个有趣、活泼、高效的学习环境。

迪士尼英语此次提供了一个机会，让您可以参与到改变孩子们生活的事业之中，同时还可以享受到迪士尼公司提供的持续职业发展计划以及宝贵的经验。成为迪士尼英语的一员可能是一生中的最值得回味的经历。这里给了您施展才华、创造力和增加个人阅历的机会，您会发现迪士尼就是您的事业梦想天地。

（一）我们的目标

我们的目标是结合沉浸式的学习环境、创新型的技术与互动参与型的学习方式，转变孩子的英语学习模式，帮助孩子自信地用英文与全世界交流。

（二）工作责任

迪士尼英语培训专员帮助外籍培训师指导在我们语言学习中心的 2 ～ 12 岁学员。培训专员将使用创新和沉浸式的迪士尼课程，利用迪士尼深受欢迎的角色、故事、歌曲、动画和其他材料，来提供一个高度互动和有效的学习体验。

（1）作为一个以客户为中心团队的一员，该团队围绕迪士尼质量的 4 个标准——安全、礼貌、展示和效率开展工作。

（2）为营造一个以积极、合作和服务为导向的工作环境做贡献。

（3）遵守学术标准，通过成功教授迪士尼英语内容来确保学习效果与公司目标一致。

（三）职责

1. 主要职责

（1）教学。熟练掌握教授迪士尼英语交互式的教学内容：

①每节课开始之前充分准备，有效运用课件、道具、打印材料、技术等。

②每周教学（正常安排的班级）不超过 25 小时。

③持续评估并找出办法来提高学员的成绩。

④在整个教学中进行非正式和正式的评估并紧密地关注学员的记录。

⑤领导为测评分较低的学员增办的补习班，为他们量身定制课程来迎合其学习需求。

⑥保持他／她所教课堂的持续的高教学质量。

⑦与外教和语言学习总监一起准确地排班。

⑧每周课上检查每个学员的作业，如需要，做出订正。

⑨如有培训师生病或缺勤，需要去代课。

⑩与语言学习总监一起参加每周例会，与学员交流课堂管理事件。

（2）家教联系。培训专员负责家校联系项目，在与家长互动以提高他们孩子的体验度、学习水平和总体满意度上发挥重要作用。

①通过培训师/家长页面，持续地与家长交流学员成绩，保持家校联系交流。

②每学期与家长通电话至少两次或面对面交流每个学员的进展，回答并解决家长的问题。

③在家长手册里认真记录所有家长的交流记录，包括学员出勤、软技能发展和家长交流笔记。

④负责定期在家长/培训师联系网页上更新学员每周的出勤、进展、测评结果、照片和声音记录。

⑤安排所有的家长/培训师会议、补习班和补课班。如有需要，在课上和在中心提供口头和书面的翻译。

2. 业务责任

（1）通过提供优秀的客户服务、可衡量的教学结果支持销售流程，确保中心达到新单销售和现有客户续约指标。

（2）理解中心业务目标。

（3）根据语言学习总监的安排，举办一些语言学习的活动，包括但不限于展示活动、推荐活动、中心活动、补习班、家长会和新家长培训等。

3. 安全和安保

（1）参加定期的安全安保培训和演习，理解和执行中心的应急措施计划。

（2）通过合适渠道及时准确报告任何与安全或安保有关的事件。

（3）确保所有客人在语言学习中心和教室里有一个安静的学习环境。

（四）服务和营运标准

（1）与所有中心演艺人员一起，营造一个互动式的以学院需求为第一位，并且以服务为导向的环境。

（2）遵守迪士尼英语营运标准。

（3）遵守主时间表中的课程表和工作时间表。

（4）与销售和营运团队日常紧密合作，确保中心顺利营运。

（5）给每个孩子提供基本的儿童护理。

（五）基本资格

1. 职位资格

（1）大专及以上学历，教育专业毕业生优先考虑。

（2）至少有与孩子一起工作一年的经验，或有相关服务行业一年的工作经验，或曾经成功完成迪士尼英语的相关实习生项目。

（3）英语和中文普通话的会话和翻译能力为中上水平。

（4）具独特的个性，能将创造力和兴奋度带入迪士尼英语的课堂，具有音乐、艺术和表演等天赋。

（5）能够站立一段时间，蹲和弯腰。可以经常提举 0—15 公斤的重量，偶尔能举起最多 15—19 公斤的重量。

（6）拥有激情，能与孩子和他们的家庭保持联系。

2. 核心能力

（1）在英语学习环境里工作并和小学员互动。

（2）在一个快节奏、高需求的环境中快速成长，能够灵活应对变化，处理多项重要事务。

（3）承诺做出高质量的客户服务。

（4）能够很好地进行独立工作和团队工作。

（5）构建内、外部的和谐关系。

（6）高度诚实可信的个性。

（7）专业的口头和书面表达能力。

（8）随机应变，创造性解决问题的技能。

3. 岗位技能

（1）能够在一个包含多国籍演艺人员的多元化的团队中工作。

（2）较多的服务经验。

（3）熟练掌握办公软件，如 Word、Excel、PowerPoint 和其他软件，包括 Note-book。

思考

上海迪士尼英语培训专员（少儿英语助教）的基本能力要求是什么？主要做些什么事情？主要职责是什么？如何开展工作？工作的标准是什么？这个工作在乐园 / 度假区中的地位和作用是什么？

2. 职业胜任

如果说工作分析主要解答了"未来的职业和岗位是怎么样的"这个问题，那么职业胜任主要解答"如何判断我是否能干好工作"的问题。

（1）职业胜任的概念。

职业胜任是指在职业活动中，个人能力、人格等品质特征能够满足职业要求的状态。不同的职业，对每个人的要求是不一样的。

要做到职业胜任，就必须做到人职匹配。

一般来说，我们将胜任特征分为两个部分：表面的部分和深层次的部分。我们可以将胜任特征比作水中漂浮的冰山：暴露在水面的部分，也是我们一般人可以看得到的那部分，包括知识、技能、社会角色、自我认识等；潜在水下的部分，如动机，是一般人无法直接了解的。

（2）职业胜任的特征。

并不是所有的知识、技能、个人特征都是职业胜任力的构成条件，职业胜任特质必须具备以下两个要素：一是与工作绩效有密切联系，可预测员工未来工作业绩；二是与工作情景相关联，具有动态性。

①职业胜任是一种潜在的、持久的个人特征。

②职业胜任是个体的相关行为类别。

③职业胜任与工作绩效有着密不可分的联系，可以用来区分优秀员工与普通员工。

④职业胜任与工作情景有着密切关系。

⑤职业胜任的对象不仅是员工个体，还可以是一个小组、一个团队甚至一个企业。

（3）职业胜任的要素。

职业胜任主要由三大方面要素构成，即知识水平、技术能力、个人特质。

①知识水平是职业胜任最为基本的一个方面。有些是书本上能学到的，有些是书本上所不能包括的，如人际关系及其正确处理方法。

②技术能力是指一种需要经过训练而获得的，可以顺利完成某种工作任务的动作方式和动作系统。能力包含两层含义：一是对于某项任务或者活动的现有成就水平；二是个体具有的潜力，或者完成某种任务的可能性。

③个人特质包括个性因素、自我形象、社会角色，是一种相对持久的个体行为特征。个性因素主要指人格。自我形象是个体有关身份、个性和价值的概念，是人们对自己的知觉和认识，包括个人的价值观、对人或者对事的态度和看法。社会角色是一种因为属于某种社会团体或者组织而得到强化的个体行为和生活方式。个人特质是一种相对持久的特征，是目前职业测试中最重要的测量内容。

知识链接

人格测试的两种主要方法

1. 卡氏16种人格因素测验

卡特尔16种人格因素测验，是美国伊利诺伊州立大学人格及能力测验研究所的卡特尔教授在综合采用观察法、实验法和多因素分析法，确定人格结构为16种特质的基础上所编制的理论构想型测验量表。该测验量表自20世纪50年代推出以来，已被世界上许多国家所采用，并广泛应用于心理健康诊断、人才选拔等领域。

卡特尔所确定的16种人格特质的名称和符号为：

（A）乐群性；（B）聪慧性；（C）稳定性；（E）特强性；（F）兴奋性；（G）有恒性；（H）敢为性；（I）敏感性；（L）怀疑性；（M）幻想性；（N）世故性；（O）忧虑性；（Q1）试验性；（Q2）独立性；（Q3）自律性；（Q4）紧张性。

上述这些人格特质的含义解释如下：

（1）因素A。

高分者：开朗、热情、随和、易于建立社会联系，在集体中倾向于承担责任和担任领导。推销员、企业经理、商人、会计、教士、社会工作者等多具有此种特质。

低分者：保守、孤僻、严肃、退缩、拘谨、生硬。在职业上倾向于从事富于创造性的工作，如科学家（尤其是物理学家和生物学家）、艺术家、音乐家和作家。

（2）因素B。

这是一个客观因素，并非产生于因素分析。

（3）因素C。

高分者：情绪稳定、成熟，能够面对现实，在集体中较受尊重，容易与别人合作。

低分者：情绪不稳定，当在事业和爱情中受挫时情绪易沮丧。

（4）因素E。

高分者：争强好胜、固执己见，有时表现出反传统倾向，不愿循规蹈矩，社会接触面较广泛。

低分者：谦逊、随和。

（5）因素F。

高分者：轻松、愉快、逍遥、社会联系广泛、在集体中较引人注目。

低分者：节制、自律、严肃、沉默寡言。

（6）因素G。

高分者：真诚、重良心、有毅力、道德感强、稳重、执着、社会责任感强。

低分者：不守规则，职业倾向于艺术家、社会工作者等。

（7）因素H。

高分者：冒险、不可遏制、在社会行为方面较为胆大。

低分者：害羞、敏感。

（8）因素I。

高分者：细心、敏感、依赖。通常身体较弱、多病，不太爱参加体育锻炼，很少喝酒。遇事优柔寡断、缺乏自信。儿童期间多受到家庭的溺爱和过分保护。一般女性得分高于男性。职业倾向于美术、牧师、教士、教授、行政人员、生物学家、社会科学家、社会工作者、编辑等。

低分者：粗心、自立、现实。通常身体较健康，喜爱参加体育活动。遇事果断、自信。职业上倾向于飞行员、电气技师、销售经理、警察等。

（9）因素 L。

高分者：多疑、戒备、不易受欺骗，在集体中常与他人保持距离。

低分者：真诚、合作、宽容、容易适应环境、在集体中容易与人形成良好关系。

（10）因素 M。

高分者：富有想象力、生活追求自由，有时粗枝大叶。

低分者：现实、脚踏实地、处事稳妥、具忧患意识、办事认真谨慎。

（11）因素 N。

高分者：机敏、狡黠、圆滑、世故、人情练达。不易罹患精神疾患。在社会中容易取得较好的地位。善于解决疑难问题，在集体中受到人们的重视。

低分者：直率、坦诚、不加掩饰、不留情面，有时显得过于刻板。

（12）因素 O。

高分者：缺乏安全感、自扰、杞人忧天。

低分者：自信、心平气和、坦然、宁静，有时自负、自命不凡、自鸣得意，容易适应环境，知足常乐。

（13）因素 Q1。

高分者：好奇，喜欢尝试各种可能性，思想自由、开放、激进。

低分者：保守、循规蹈矩、尊重传统。

（14）因素 Q2。

高分者：自信、有主见、足智多谋，遇事勇于自己做主、不依赖他人、不推诿责任。

低分者：依赖性强，缺乏主见，在集体中经常是一个随波逐流的人，对权威是一个忠实的追随者。

（15）因素 Q3。

高分者：有较强的自制力和意志力量，能坚定地追求自己的理想，有良好的自我感觉和自我评价。

低分者：不能自制，有时自我矛盾，常常松懈。

（16）因素 Q4。

高分者：紧张、有挫折感、经常处于被动局面、神经质、不自然、做作。

低分者：轻松、平静、有时反应迟钝、很少有挫折感、遇事镇静自若。

上述人格特质因素是各自独立的。将16个分量表的得分放在一起，可以得到关于被试者个性的剖析图。在卡特尔16种人格因素测验的经验效度标准资料中，包括50种不同职业的剖析图类型和"职业方程式"，这些方程是通过对不同职业组的测验结果的回归分析得到的，可以用来评价被试者在不同职业上的发展潜力，并作为就业咨询的参考因素之一。

2. 大五人格量表

大五人格量表，即 NEO 人格量表，建立在大五人格理论的基础之上，由美国心理学家科斯塔和麦克雷在1987年编制而成，后来经过2次修订。该测验的中文版由中科院的心理学家张建新教授修订。该量表属于人格理论中特质流派的人格测试工具。

随着统计技术的进步和计算机在数据处理中的应用，研究者们在对人格进行因素分析时，有了惊人的并且相当一致的发现。一些不同的研究群体从许多不同的人格资料中不断地发现关于5个人格维度的证据。这5个因素在大量不同方法的研究中都是那么突出，以至于研究者们称其为"大五"，它们就是外向性、宜人性、尽责性、情绪稳定性和开放性。

外向性：它一端是极端外向，另一端是极端内向。外向者爱交际，表现得精力充沛、乐观、友好和自信；内向者的这些表现则不突出，但这并不等于说他们就是以自我为中心的和缺乏精力的，他们偏向于含蓄、自主与稳健。

宜人性：得高分的人乐于助人、可靠、富有同情心；而得分低的人多抱有敌意，为人多疑。前者注重合作而不是竞争；后者喜欢为了自己的利益和信念而争斗。

尽责性：指我们如何自律、控制自己。处于维度高端的人做事有计划、有条理，并能持之以恒；居于低端的人马虎大意，容易见异思迁，不可靠。

情绪稳定性：得高分者比得低分者更容易因为日常生活的压力而感到心烦意乱。得低分者不易于出现极端反应。

开放性：对经验持开放、探求态度，而不仅仅是一种人际意义上的开放。得分高者不墨守成规、会独立思考；得分低者多数比较传统，喜欢熟悉的事物多过喜欢新事物。

大五人格的构建基础，包含了有关品格的词汇或行为表现，因而由大五人格量表测试出来的结果就有好坏之分。这从它的各个因素的描述中也很明显能看出来。

假设要你和另一个人合作，你有两个候选人可以选择，一个是好交际、对人友好、工作认真、情绪稳定、人又聪明的 A 先生，另一个是性格内向、对人不友好、缺乏责任感、情绪反复无常、人又愚钝的 B 先生，你会选择哪一个人呢？答案不言而喻。事实上，很多企业主认为尽责性高的人是优秀的雇员，更倾向于录用这一类的求职者。

在测试中，大五人格量表要探测到人的品格层面，这是心理上更深层的领域，既难测量，又容易受到测试者伪装和反应倾向的影响。如果测试者能清晰地认识自己，诚实地在测试中作答，那么，就可以将测试结果作为人格的量化结果，为职业生涯规划提供有价值的信息。

（4）基于胜任的用人标准。

基于职业胜任的标准，一些知名的大公司在招聘时明确列出了相应的用人标准和核心能力，下面举的例子可供大家参考：

①宝洁。宝洁强调的是员工的自身素质，包括诚实正直、有领导力、勇于承担风险、积极创新、发现问题和解决问题的能力、团结合作能力、进取心等。

②索尼。索尼公司企业文化的核心是自由、创新。因此索尼员工需要具备好奇心、冒险精神、执着精神、灵活性和乐观精神。具体到对大学毕业生的招聘，索尼的原则是以具体业务为导向，因地制宜，根据不同部门的需要和各地区的具体情况来招聘最适合的员工。

③毕博管理咨询有限公司。在招聘过程中更注重沟通技巧和个性特征。因为作为未来的咨询师，员工一定要具有与客户沟通、协调的能力。此外，潜在的领导能力、学习能力、团队精神、创新精神、分析能力、归纳能力，都是不可或缺的。

④IBM。在 IBM 成功的条件包括：智力；具有自我激励的习惯，要坚信自己比任何人都做得好，有强烈的渴望成功的欲望；接受新事物比较快，在此基础上要有创新精神。

⑤沃尔玛。沃尔玛招聘这样的人：有充沛的精力，并能带动他人；有团队精神；视变化为机遇；每天都追求完美，找到最好的方法推进工作；做全球化的人才；要学会平衡，要有承受压力的心态，能把压力变成动力，不断进步。

⑥百事。像百事这样做快速消费品的企业，对人才的要求，从技术方面来说不是很高，不需要应聘者具备这样或那样的专业知识，它唯一需要的就是那种脚踏实地，非常愿意去做事情的人。通常会考虑那些年轻有活力的人，这个年轻并不是一味追求年纪上的年轻，而是要有一个年轻的心态，能不断地创新，不断接受新的挑战，更要有抗打击和承受挫折的能力。相反，对那种心浮气躁，这山望着那山高，在一个岗位上工作两天就想跳到别的岗位上去的人，百事是绝对不欢迎的。

⑦海信。选人不拘一格，不看出身，最看重的是文化取向，即首先要认同海信的企业文化。要有事业心，要有做事的激情，要有学习精神。

⑧成长中的公司。成长中的公司最想聘用的人才：会吃苦耐劳和有开拓精神；有较强的沟通能力；冷静、自信、应变能力强；有协作精神和协调能力；读写能力强。

（5）谁是企业最想聘用的员工。

前文已述，人职匹配是胜任职业的核心，同时也是大学生职业规划和职业发展的核心。基于这样的观念，企业最青睐的员工应当具备这样几个特征：

①有特长。胜任本职工作就是人才。企业之所以聘用你就是因为你有特长，他们会根据你的特长，把你安排在合适的职位，在这个职位上，你能胜任工作。

②有强烈的责任心。完成本职工作是员工的责任，员工必须有对自己的工作极其负责的态度。

③有不断学习的能力。在这个不断发展的社会中，除了最基本的专业背景，企业更关注的层面就是一个人不断学习的能力，也就是一个人是否是学习型人才。

④有较强的创新能力。优秀的员工不满足于现有的成绩和现有的工作方式，而愿意尝试新的方法，因为在不断变革中，只有未雨绸缪，才能化被动为主动，才有能力迎接新的挑战。

⑤有团队协作精神。一个人不可能做到完美，一个团队可以做到完美。个人的力量是有限的，只有发挥整个团队的作用，才能克服更大困难，获得更大的成功。

⑥有沟通技巧。管理的精要在于沟通，善于沟通的员工易于被大家了解和接受，这样才能被大家认可。

⑦肯吃苦、脚踏实地。肯吃苦，愿意从基层干起，脚踏实地，这是现代企业

对人才的基本要求。

以下是小米公司投诉专员的招聘简章（部分）（见表 5-5），请分析该岗位的工作职责是什么，其提供的服务需要达到什么样的标准，应聘者应具备怎样的职业素质才能胜任该岗位的工作。

表 5-5　小米公司投诉专员的招聘简章（部分）

职位名称	二线投诉专员（客服中心）
工作地点	北京
工作职责	1. 受理客户投诉，做好记录，并判定责任部门，及时反馈给相关责任部门，处理客户投诉，并跟踪监督处理结果，在限定时间内解决投诉，提升客户满意度，维护公司对外形象。 2. 负责一线提交的审核，进行二级工单投诉的处理。 3. 负责相关投诉工单、异常邮件的处理。 4. 协助相关部门分析、调查客户投诉的原因，提出处理方案、建议。 5. 定期对投诉情况进行总结，形成投诉处理报告，并向组长提出投诉处理流程等的改进建议。 6. 完成领导交付的其他任务。
工作要求	1. 普通话标准，声音甜美，具有较强的条理性和抗压能力。 2. 熟悉 Microsoft Office 软件（Word、Excel 和 Outlook 等）。 3. 有客户服务工作经验，有电子商务、手机技术类客服行业投诉处理经验者优先考虑，具备较强的投诉处理能力者优先。 4. 具有良好的客户服务意识。 5. 有较强的沟通协调能力，工作细致负责。 6. 有责任心，性格踏实，有良好的职业道德和职业操守，有独立工作和承受工作压力的能力。 7. 善于沟通和协调，有良好的团队合作精神。

案例剖析

南方航空公司空中乘务员（安全员）招聘条件

1. 学历要求

（1）系教育部承认的大专（含）以上学历。

（2）不接受现役军人、武警报名。

（3）在读人员毕业时间须在 2016 年 9 月 1 日前，并承诺于 2015 年 7 月 1 日前参加岗前培训和实习。

2. 年龄条件

大专学历：18 ～ 24 周岁。

本科及以上学历：18 ～ 25 周岁。

3. 身体条件

（1）女性（须同时满足以下条件）。

①身高：163 ～ 175 厘米。

②任何一眼视力不低于 0.1，矫正或未矫正远视力应当达到 0.5 或以上；接受屈光性角膜手术后 3 个月，如其远视力满足标准，视力和屈光度已保持稳定、无明显的手术并发症或后遗症可评定为合格；无斜眼、色盲症状；如裸视力不足 0.5，须配备框架眼镜矫正，在应聘时须携带框架眼镜；如视力经过屈光性角膜手术矫正，还需携带手术病历（并非诊断证明）。（此处视力标准均为《C 字表》测量标准）

③体重标准（千克）：身高（厘米）减 110 的正负 10% 之内。

④五官端正、身体匀称、肤色健康。

⑤无口吃，无晕车、晕船史。

⑥无慢性病史，无精神病家族史、遗传病史、癫痫病史。

⑦无明显的"O"形和"X"形腿。

⑧无久治不愈的皮肤病，如头癣、湿疹、牛皮癣、慢性荨麻疹等。

⑨无骨与关节疾病或畸形。

⑩无肾炎、血尿、蛋白尿。

⑪满足中国民用航空局颁布的《中国民用航空人员医学标准和体检合格证管理

规则》（CCAR-67FS）中规定的体检标准。

（2）男性（须同时满足以下条件并兼职航空安全员岗位）。

①身高：175 ~ 185 厘米。

②任何一只眼睛未矫正远视力应当达到 0.7 或以上；接受屈光性角膜手术后 3 个月，如其远视力满足标准，视力和屈光度已保持稳定、无明显的手术并发症或后遗症可评定为合格；无斜眼、色盲症状；如视力经过屈光性角膜手术矫正，还需携带手术病历（并非诊断证明）。（此处视力标准为《C 字表》测量标准）

③体重标准（千克）：身高（厘米）减 110 的正负 10% 之内。

④五官端正、身体匀称、肤色健康。

⑤无口吃，无晕车、晕船史。

⑥无慢性病史，无精神病家族史、遗传病史、癫痫病史。

⑦无明显的"O"形或"X"形腿。

⑧无久治不愈的皮肤病，如头癣、湿疹、牛皮癣、慢性荨麻疹等。

⑨无骨与关节疾病或畸形。

⑩无肾炎、血尿、蛋白尿。

⑪满足中国民用航空局颁布的《中国民用航空人员医学标准和体检合格证管理规则》（CCAR—67FS）中规定的体检标准。

⑫达到体能测试基本要求：3000 米跑步不慢于 17 分钟，100 米跑步不慢于 15 秒，连续单杠引体向上不低于 3 个，连续双杠臂屈伸不低于 5 个，立定跳远不少于 2 米，1 分钟内屈腿仰卧起坐不少于 26 个。

（资料来源：南方航空官网）

生涯感悟

21世纪最需要的7种人才——李开复

1.融会贯通者

早在几千年前，中国的学生就懂得勤奋学习、刻苦攻读的道理。勤奋学习本身是很好的，但很多学生却错误地认为，勤奋学习的目的不外乎就是获取特定的文凭或优异的成绩。一些学校和老师也把大量精力花在如何培养"考试机器"上面。甚至有辅导老师对同学们说："你们考前尽量背知识点，考完就尽快忘掉，不然，你们无法应付接踵而至的繁重课程。"

这种把考试和文凭当作学习的唯一目标的做法是极其错误的。今天，社会发展日新月异，知识换代的速度越来越快。一旦走上工作岗位，会考试和能否记住答案已不重要了，如果只为了文凭和考试而学习，不掌握真正有效的学习方法，那么，即便获取了文凭和好的成绩，也一定无法跟上 21 世纪的节拍，并会在工作中成为陈旧的落伍者。

我认为融会贯通是学习的最高境界。

一个计算机科学专业的学生，系统地掌握数学、算法、系统以及编程方面的知识，仅是打下了一个必备的知识基础。

融会贯通的一个要点是必须具有清晰而灵活的思维。一些软件公司招聘研发人员的时候，除了要考察应聘者的基本编程能力、算法知识和项目经验以外，还经常用一些看似稀奇古怪的"思维挑战题"（例如："为什么下水道的盖子是圆的？""请评价一下你刚刚使用过的电梯的人机界面。"）。这些题并不像许多人所认为的那样是"智力测验"或"脑筋急转弯"类的试题，它们的真正目的是要测试应聘者在独立思考时的逻辑性和灵活性。如果一个应聘者回答出了好几种答案，那更加证明了他是一个思维活跃的人。如果一个人的回答不合逻辑，或干脆答不上来，或在回答后一口咬定只有一个正确答案，那么就算他考试时取得了优异的成绩，我们也会怀疑他是不是一个只会背书和考试，而不善于灵活应变、融会贯通的人。

在 IT 领域，许多成功的公司都希望毕业生拥有 10 万行以上的编程经验（例如在 Google，大多数没能通过面试的应聘者都是因为实际动手能力不足），但不少中国学生告诉我说，他们在学校的 4 年时间里，真正自己动手编写过的程序还不超过 1000 行！

融会贯通也意味着你必须学会解决那些从未见过、没有确定答案的问题，用创造性的思维方式分析和解决问题。在 Google 的招聘过程中，我发现有一些很好的学生非常善于解答某些有着明确描述和明确答案的问题（例如，"怎样遍历无向图或有向图"等），但他们一碰到那些需要进一步抽象和明确的，略显模糊的问题（例如，"如何将常用的图算法应用于人际关系建模与分析"等），就很难确定正确的思维方向，更难根据具体的情况选择最合适的解决方案。

2. 创新实践者

科研领域和产业界往往会有一种"为了创新而创新"的倾向。许多研发成果只是片面地追求"科技领先"或是"概念独特"，许多研究员只是追求发表论文而不考虑创新的结果是否能很好地解决实际问题，是否能被大多数用户接受。

例如，1996 年我在 SGI 公司领导一个研发团队开发了一个非常酷、非常棒的三维浏览器，也赢了很多大奖。但当时我们只顾埋头创造，却没有做好市场分析和调查，没能看一看这么酷这么棒的浏览器在市场上到底能否被普通用户接受。结果，因为该产品没有市场，这个创新无法为公司创造任何价值，我们的产品等于白做了。我们不得不把部门卖掉，解散了部门里的 100 多位员工。这可以说是我一生中最难忘的事情之一，也是我所经历过的最大的一次失败。

这个惨痛经验的教训就是：创新必须为实践服务，"为了创新而创新"是没有任何意义的。我在麻省理工学院被采访时，有人问我如何用一句话来激励麻省理工学院的学生。那时我刚经历了 SGI 的失败，我想到的第一句话就是："重要的不是创新，而是有用的创新。"

反之，只有不忘创新，我们的实践才能充满活力和激情，不断研发出卓越的产品。

Google 公司的两位创始人——谢尔盖·布林和拉里·佩奇——就非常善于在实践中创新。即便是在紧张的工作之余，两位创始人也不会忘记发明一些"新奇"的玩意儿。有一次，拉里·佩奇自己动手，把装有自己开发的测试程序的笔记本电脑安装在可以遥控的玩具车上，然后蹲在地上，指挥着自己的测试车跑遍公司的各个角落——其目的竟然是测试公司内部的无线网性能。

3. 跨领域融合者

许多同学进入大学时总认为"专业就是职业，把专业学好就是有了金饭碗"，这个观点是错误的。21 世纪是各学科、各产业相互融合、相互促进的世纪。21 世纪对人才的要求也由传统的专才转向了跨领域、跨专业的综合性人才。

假设在传统学科分类体系看来，人们已经创建的知识门类有 1000 种，那么，将这 1000 种知识门类两两结合，我们就可以得到 100 万种潜在的可能性，其中每一种都有可能开创一个崭新的学术领域，引发一次技术或生产力的变革。如果考虑 3 种知识门类的合成，那么，潜在的可能性就会增长到几亿种——其中蕴藏着多么大的机遇与挑战呀！

具体说来，以计算机科学为例，人们已经分别将计算机科学与心理学、语言学、经济学、生物学、建筑与土木工程、戏剧、机械与自动化等专业门类结合，开创出了用户界面设计、计算语言学等一大批充满活力的新兴学科。

EDS 的研究院甚至做出了大胆的预测："未来的 CIO 不再是 Chief Information Officer（首席信息官），而是 Chief Integration Officer（首席集成官）。"

Google 的成功其实也是源于"跨领域合成"。可能许多人会认为 Google 一定在信息检索（也就是"搜索"）方面掌握了先进的技术，取得了重大的突破。但实际上，早在 Google 成立 20 多年前就有一个世界领先的信息检索公司 Lexis-Nexis。Lexis-Nexis 可以说是信息检索行业的开拓者和领头羊，20 多年前就在大文本和数据库的搜索方面开发出了世界领先的产品。但是，Lexis-Nexis 因为过度地专注在信息检索行业本身而错过了互联网的革命，他们没有看到利用庞大的并行计算来检索互联网上海量信息的巨大机会。相反，Google 在技术上依靠着多学科、多领域知识的交叉互补与综合运用而后来居上。

在学术研究领域也是一样的道理。在一个成熟领域更深入地研究下去，或去开创一个新的理论，这都是很困难的。例如，在语音识别领域，我的博士论文被许多人认为是该领域里的一个里程碑，因为我实现了世界上第一个不指定语者的连续语音识别技术。也许你会以为，其中肯定包含有精深的声学研究或语言学研究，但如果剖析我的论文，你就会发现，其实我并没有发明任何新的理论，也没有在声学和语言学做出任何实质性的突破。我的论文的特点在于，我除了运用传统的声学和语言学，也加入了跨领域的新技术，包括统计学、信号处理以及模式识别等各个相关领域的结合体。这样的一个实事求是的创新才能更快得到应用。今天，全球的语音识别系统大都是在我的论文所奠定的技术基础上发展而来的。

今天的热门产品，从 iPod 到 Xbox，没有一个不是跨领域合成的结晶。

4.三商（IQ+EQ+SQ）兼高者

不少学生认为，著名企业选择人才的标准是"成绩决定一切"，能否进入一流公司只取决于你来自什么学校，排名第几。当然，一般说来，来自名校或成绩好的学生在求职时的成功概率可能更大些，但并非一定如此。在我接触的许多优秀员工中，有不少人是从名不见经传的学校毕业的普通学生。根据《隔壁的百万富翁》一书的统计，美国百万富翁的平均大学成绩只有2.9（3分相当于乙等，2分相当于丙等），并不是非常突出。

其实，一个人能否取得成功，不只要看他的学习成绩或智商的高低，而要看他在智商、情商、灵商这3个方面是否均衡发展。

（1）高智商（Intelligence Quotient，IQ）：高智商不但代表着聪明才智，也代表着有创意，善于独立思考和解决问题。前面谈到的融会贯通、创新时间、跨领域思考都是21世纪高智商的代表特征。

（2）高情商（Emotional Quotient，EQ）：情商是认识自我、控制情绪、激励自己以及处理人际关系、参与团队合作等相关的个人能力的总称。在高级管理者中，情商的重要性是智商重要性的9倍。

（3）高灵商（Spiritual Quotient，SQ）：高灵商代表有正确的价值观，能分辨是非，甄别真伪。那些没有正确价值观指引，无法分辨是非黑白的人，其他方面的能力越强，对他人的危害也就越大。

我建议在校学生充分利用学生社团、项目合作、暑期实习等各种机会，培养自己的智商、情商和灵商。

5. 沟通合作者

托马斯·弗里德曼提出："19世纪的国家不学会沟通无法生存，20世纪的企业不学会沟通无法生存，21世纪的青年不学会沟通无法生存。"

印度著名企业Wipro的首席执行官保罗曾说过："我可能早上和一个美国人合作以便更好地与某印度公司竞争，中午向一个中国人下订单，下午和一个法国人签约，晚上把产品卖给英国人。我们能把任何工作移到任何国家。今天的人才不但要适应这种国际产业链中的合作与竞争，而且更需要具备自觉、上进和沟通的能力。"

沟通与合作能力是21世纪对人才的基本要求。在21世纪，跨领域的项目越来越多，所以每个人必须和别的领域的人合作。因为公司会越来越多地放权，所以每个人必须主动地与人合作，而不是等老板来分配工作。如果一个人是天才，但他孤僻、自傲，不能与人正面地沟通，和人融洽地合作，那么他的价值将大幅度下降。

我以前就遇到过一个极端的例子。当时，公司里有一个非常聪明的工程师，对公司有不少技术贡献，一个人可以完成好几个甚至几十个人的工作，所以公司过去一次次地提拔他，最后他成为公司唯一"高级副总裁"级别的工程师。但他不愿意与人合作，对其他人不如自己的地方也极为不满。有一次，他将一封回给另一位工程师的电子邮件同时抄送给各级主管经理和总裁，在那封邮件中，他历数了对方在工作中的失误并严加指责，甚至使用了"愚蠢透顶"这样的字眼。这样的邮件在公司内部造成了极坏的影响，同事们对他不满，不再信任他，不愿意与他合作。公司管理者也逐渐意识到，这种绝顶聪明，但缺乏合作意识，动辄指责他人的"天才"在公司里造成的反面影响其实比他为公司做出的正面贡献大得多，这种人才绝对不适合在一个21世纪的现代企业中工作。

在信息随手可得的今天，重要的不是你有多少信息，而是你是否能合适地用易理解的方式表达这些信息，用说故事的方法来取得共鸣。例如，在计算机领域，我认识不少从事企业架构设计的朋友。这个高薪的职位其实就是"能说会道的工程师"。

在团队合作方面，国内一些高校对学生的要求并不是很高。例如，我的一个朋友曾在国内某大学开设一门课程。开始时听课的学生很多，但后来他发现，有30%左右的学生自动退出了。他大惑不解，便在课程结束后对退出课程的同学做了一个问卷调查。结果发现，大部分同学退出课程的原因竟然是：该课程的许多作业要求学生组成团队，共同完成，但学生们却对团队合作的学习方式感到不习惯和不适应！

6. 热爱工作者

在选择就业岗位时，今天的大多数学生都会选择最热门或收入最丰厚的工作，而不管自己是否真正喜欢这项工作。人人都需要钱，人人都希望有更多的钱。希望有钱不是坏事，但是一个仅仅为钱工作的人所能发挥的潜力是非常有限的，因为他凡事都会想"怎样才能赚更多的钱"。

我更认可的是那些真正自觉、自信的学生，他们会根据自己的兴趣、爱好来选择工作——因为只有做自己热爱的工作，才能真心投入，才能在工作的每一天都充满激情和欢笑。我想，后一种人才是最幸福和最快乐的人，他们最容易在事业上取得最大的成功。有一位美国朋友把孔子的"知之者不如好之者，好之者不如乐之者"翻译为："If you find a job you love, you never have to work a day in your life." 这句话道出了"从事自己热爱的工作"的真谛。

前一阵有一位非常优秀的华人经理来应聘一个资深职位。虽然他在技术和管理方面都很强，但我们还是拒绝了他。下面是我根据所有面试官的评语对他所做的总结："他很希望离开目前的公司，但他没有任何的理想或激情。他不在乎今后做什么项目，只是一直追问待遇、职位、权力等问题。如果他只想做一个职业经理人，并在每月拿回家一个沉甸甸的薪水袋，那么，他绝对不适合在我们公司工作。"

Google 的创始人谢尔盖·布林和拉里·佩奇还在斯坦福读博士的时候曾经有一次对话，目的是探讨为什么斯坦福的博士和博士后的表现在给人的感觉上有相当大的差别。

拉里："我们的博士后也都是毕业于各名校，但是为什么总是表现得不如博士呢？"

谢尔盖："是啊，而且著名的研究几乎都是由博士做出并发表论文的，很少看到什么突破性的工作是博士后做出来的。"

拉里："难道是成为博士后以后，人就变笨了吗？那我们还是别读了吧。"

谢尔盖："我知道了。我们的博士在进入斯坦福的时候可以选择让自己有激情的题目，跟随自己喜爱的老师。"

拉里："对，而那些有经费但是没有博士生愿意做的项目，教授只好聘请博士后来做。"

所以，这又是一个"知之者不如好之者，好之者不如乐之者"的例子。

也许你认为，必须要做总裁、做科学家才会有激情，其实不是这样的。我在西雅图时，曾经认识一个鱼贩，他在一个公开市场经营一个有名的鱼店。他和他的每一个员工都相当有激情。如果你到他的店铺附近，你会看到他们唱着歌，把鱼从车上一尾尾地扔到摊上。如果你进入他的店铺，一个个伙计会亲切地把免费的熏鱼或螃蟹腿送到你面前，让你品尝。有时，他们会把一条大鱼放到你面前，问你："要不要照张相，以便骗你老婆说这是你钓到的鱼？"有一天下班的时候，我看到这个店铺员工正在数的钞票是别的店铺的好几倍。最近，我回到西雅图，发现老板不在了，他的伙计告诉我："老板的激情被一个书商相中，现在老板出了一本畅销书 *Fish: Catch the Energy, Release the Potential*。出了书后，许多大企业请他做顾问，向他请教如何调动员工的热情。"

如果一个学生只想着自己将来能拿多少薪水，那么他的成功必将是有限的。

7. 积极乐观者

沉默不一定是金，谨小慎微也不一定总是为人处世的经验之道。在机遇稍纵即逝的 21 世纪里，如果不能抱着乐观的态度，主动把握机会甚至创造机会，机会也许就再也不会降临到你的身边，如果不能主动让别人了解你的能力与才干，你也许就会永远与你心仪的工作无缘。

在《给中国学生的第五封信》中，我提出了积极主动的 3 个重要性以及培养积极进取精神的各种要素：

（1）对自己的一切负责，把握自己的命运：我们必须认识到，不去解决也是一种解决，不做决定也是一个决定。

（2）沉默不是金：要想把握住转瞬即逝的机会，就必须学会说服他人，向别人推销自己、展示自己的观点。

（3）不要等待机遇，而要做好充分的准备：不要坐等机遇上门，因为那是消极的做法。也就是说，在机遇还没有来临时，就应事事用心，事事尽力。当机遇尚未出现时，除了时刻准备之外，我们也应该主动为自己创造机遇，不能总是守株待兔，等着机遇上门。

积极主动的人总有无穷的创造力。当 Google 决定在中国各高校成立 Google Camp（Google 俱乐部）的时候，主管该事项的工作人员来跟我讨论相关事宜，以及如何启动项目。而我对自己此前在全国 20 多个高校巡回演讲时遇到的一些非常积极主动的同学印象深刻。我马上想起当时有一位北航的学生曾发了一封电子邮件给我，希望 Google 在北航做一个俱乐部。我也记起在浙大的一个积极主动的社团曾主办我的演讲，他们做得非常出色。我还记起在南大设计并发起用"六度空间"来寻找我的同学。于是我就跟我的同事们说，你们应该直接去找这几位同学，因为他们是最积极主动的，是符合 Google 精神的，他们一定会提出很多想法，会成为我们 Google Camp 的骨干。数月后，这几位同学不但为 Google Camp 提出很好的意见，而且还在 Google 实习，开发出了将 Google Camp 推向 20 多个高校的计划，甚至可能成为 Google 的正式员工。他们的积极主动让他们脱颖而出，也让他们得到了很好的培训机会。

对积极主动，可能最大的担忧就是"如果失败怎么办"。这里，我希望提醒各位同学："半杯水是半满还是半空，主要看你是在倒水入杯还是出杯。"希望每位同学都是不断倒水入杯的乐观人。畏惧失败的人会在失败面前跌倒，并彻底丧失继续尝试的勇气。而乐观向上的人却总能把失败看作自己前进的动力，善于把失败看成是提高自己的最好机会。显然，乐观向上的人更容易适应21世纪的竞争环境，更容易在不断提高自己的过程中走向成功。

最近有人提出在以上"3Q"之外还要加一个"AQ"。

AQ代表Adversity Quotient，也就是面对困难的能力。在这充满机遇与挑战的21世纪，我们确实需要高AQ的人才。

有一个人在前半生中经历过失业、经商失败、爱人死亡、发表演说失败、角逐国会议员提名失败、未被再度提名国会议员、想转任地方官失败、竞选参议员失败、角逐副总统提名失败等一系列挫折，你能猜出他是谁吗？这个一生中充满失败经历的人就是美国历史上最杰出的政治人物，1860年当选美国总统的亚伯拉罕·林肯。

21世纪，年轻人的世纪；21世纪，充满希望的世纪；21世纪，充满挑战的世纪；21世纪，新一代的国际化人才大展宏图的世纪。

第六章　我的职业决策

第一节　职业目标的确定

生涯导入

比尔·拉福职业选择之路

一个美国小伙子立志做一名优秀的商人。中学毕业后考入麻省理工学院，没有去读贸易专业，而是选择了工科中最普通最基础的专业——机械专业。大学毕业后，这位小伙子没有马上投入商海，而是考入芝加哥大学，攻读经济学硕士学位。最出人意料的是，获得硕士学位后，他还是没有从事商业活动，而是当了公务员。在政府部门工作了 5 年后，他辞职下海经商。又过了 2 年，他开办了自己的商贸公司。20 年后，他的公司资产从最初的 20 万美元发展到 2 亿美元。这位小伙子就是美国知名企业家比尔·拉福。

1994 年 10 月，比尔·拉福率团来中国进行商业考察，在北京长城饭店接受《中国青年报》记者采访时，他将成功归功于他的父亲的指导，他们共同制订了一个重要的生涯规划，最终这个生涯设计方案使他功成名就。我们来看一下这个通向成功的方案的步骤简图：

工科学习→工学学士→经济学学习→经济学硕士→政府部门工作→锻炼处世能力，建立广泛的人际关系→大公司工作→熟悉商务环境→开公司→事业成功

第一阶段：工科学习。

选择：中学时代，比尔·拉福就立志经商。他的父亲是洛克菲勒集团的一名高级职员，他发现儿子有商业天赋，机敏果断，敢于创新，但经历的磨难太少，没有经验，更缺乏必要的知识。于是，父子俩进行了一次长谈，并描绘出职业生涯的蓝图。因此升学时他没有像其他人一样直接去读贸易专业，而是选择了工科中最基础最普通的机械制造专业。

评析：做商贸必须具备一定的专业知识。在商品贸易中，工业品贸易占绝大多数，不了解产品的性能、生产制造情况，就很难保证在贸易中得到收益。工科学习不仅是知识技能的培养，而且能帮助建立一套严谨求实的思维体系。清楚的推理分析能力，脚踏实地的工作态度，正是经商所需要的。

收获：比尔·拉福在麻省理工学院的四年，除了本专业，还广泛接触了其他课程，如化工、建筑、电子等，这些知识在他后来的商业活动中发挥了举足轻重的作用。

第二阶段：经济学学习。

选择：大学毕业后，比尔·拉福没有立即进入商海，而是考进芝加哥大学，开始了为期三年的经济学硕士课程的学习。

评析：在市场经济下，一切经济活动都通过商业活动来实现，不了解经济规律，不学习经济学知识，就很难在商场立足。

收获：比尔·拉福掌握了经济学的基本知识，搞清了影响商业活动的众多因素，还认真学习了有关法律和微观经济活动的管理知识。几年下来，他对会计、财务管理也较为精通，已完全具备了经商的素质。

第三阶段：政府部门工作。

选择：比尔·拉福拿到经济学硕士学位后考取了公务员，在政府部门工作了5年。

评析：经商必须有很强的人际交往能力，要想在商业上获得成功，必须深知处世规则，善于与人交往，建立诚信合作关系。这种开拓人际关系的能力只有在

社会工作中才能得到提高。

收获：在环境的压迫下，比尔·拉福养成了强烈的自我保护意识，由稚嫩的热血青年成长为一名老成、处变不惊的公务员，并结识了各界人士，建立起一套关系网络，为后来的发展提供大量的便利条件。

第四阶段：大公司工作。

选择：五年的政府工作结束之后，比尔·拉福完全具备了成功商人所需的各种素质，于是辞职下海，去了通用公司。

评价：通过各种学习获得足够的知识，但知识要通过实践的锻炼才能转化为技能。

收获：在国际著名的通用公司进行锻炼，比尔·拉福不仅为实践所学的理论找到了一个强大平台，而且学习到了丰富的管理经验，完成了原始的资本积累。这也是大学生创业应该借鉴的地方，除了激情还应该考虑到更多的现实。

第五阶段：自创公司，大展拳脚。

选择：两年后，他已熟练掌握了商情与商务技巧，便婉言谢绝了通用公司的高薪挽留，开办了拉福商贸公司，开始了梦寐以求的商人生涯，实现多年前的计划。

评析：时机成熟后，应果断决策，切忌浪费时间，应抓住契机实现计划。

收获：比尔·拉福的准备工作，几乎考虑到了每个细节。拉福公司的成长速度出奇的快，20年后，拉福公司的资产从最初的20万美元发展为2亿美元，而比尔·拉福本人也成为一个奇迹。

比尔·拉福的生涯设计脉络清晰，步骤合理，充分考虑了个人兴趣、个人素质，并着重于职业技能的培养，这种生涯设计在他坚持不懈的努力下，终于变为现实。也许他的这套生涯方案并不完全适合你，但是却带给你一个重要的信息：人生是可以设计的！只要你有信心、恒心加上科学的规划和设计，案例的主角也许就是明天的你。

故事讲完之后，大家一定有很多感想。可能会有很多同学热血沸腾，摩拳擦掌，准备开始进行职业生涯规划了，也有同学可能在想象自己10年后的样子了。是啊，哪个人不想成就一番大事业？哪个人愿意平平庸庸一辈子？可能也有一部分同学半信半疑，生涯规划有这么神吗？神不神的问题我们今天不讨论，等课程进行到一定程度的时候，大家自然会有更深刻的认识。职业生涯规划既然这么有用，那具体该怎么做呢？从哪儿开始呢？

生涯知识

大学生必须有自己清晰而又合理的职业目标，并且根据不同的职业发展阶段，把职业目标分解成各个阶段的子目标，通过实现每个阶段的子目标，进一步实现自己的总目标，实现自己的职业理想。

1. 确立职业目标的意义与作用

（1）目标的含义。

目标是个人、部门或整个组织所期望实现的成果。目标是人的追求，人在不同情况下的追求是不同的。目标再低的人也还是有目标的，生存实际上就是每个人的最低目标。不同的人对生存的要求不同，形成了人的不同层次的需求和目标。

（2）职业目标的概念。

职业目标是指人们对未来职业所表现出来的一种强烈的追求和向往，是人们对未来职业生活的构想和规划，它是追求成功的驱动力。职业目标是人们在职业上的追求、期望，如"人力资源总监"就是一个职业目标，而"人力资源方面的工作"就不是职业目标，只是一个职业发展方向。

（3）确立职业目标的意义。

职业目标，是职业生涯路上的指南针和航标。

它如同分水岭一样，轻而易举地把资质相似的人们分为少数的职业精英和多数的平庸之辈。前者主宰了自己的命运，后者随波逐流，碌碌无为。所以，确立职业目标是制订职业生涯规划的关键。

知识链接

人伟大是因为目标伟大

一位哲学家到一个建筑工地分别问 3 个正在砌筑的工人："你在干什么？"

第一个工人头也不抬地说："我在砌砖。"

第二个工人抬了抬头说："我在砌一堵墙。"

第三个工人热情洋溢、满怀憧憬地说："我在建一座教堂！"

听完回答，哲学家马上就判断出了这三人的未来：第一个眼中只有砖，他一辈子能把砖砌好就很不错了；第二个眼中有砖，心中有墙，好好干或许能当一位工长、技术员；唯有第三个人必有大出息，因为他有远见，他的心中有一座殿堂。

（4）确立职业目标的作用。

目标能让人产生积极的心态，使你看清使命，产生动力；目标能让你感受到生存的意义和价值，使你把重点从过程转到结果；目标有助于你分清轻重缓急，把握重点，使你集中精力把握现在；目标能提高激情，有助于评估进展，使人产生信心、勇气和胆量；目标能督促人自我完善、永不停步，最终会使你成为一个成功的人。

对于职业目标的作用可以这样讲，有了目标不一定就能实现，但如果没有目标那实现理想的机会就会更小了。

2. 职业生涯目标的分类与特征

职业生涯目标是指个人在选定的职业领域内的未来时点上所要达到的具体目标，包括短期目标、中期目标和长期目标。目标有极强的时间性，在谈任何目标的时候首先要明确时间范围，然后才是内容范围。

职业生涯目标的确定包括人生目标、长期目标、中期目标与短期目标的确定，它们分别与人生规划、长期规划、中期规划和短期规划相对应。一般情况下，我们首先要根据个人的专业、性格、气质和价值观以及社会的发展趋势确定自己的人生目标和长期目标，然后再把人生目标和长期目标进行分化，根据个人的经历和所处的组织环境制订相应的中期目标和短期目标。

（1）人生规划。

整个职业生涯的规划，时间长至 40 年左右，需设定整个人生的发展目标，如规划自己成为一个有数亿资产的公司董事。

知识链接

如何确立人生终极目标

美国的柯维提出了一个绝妙而简单易行的方法，可以发掘出你的人生终极目标。

假设你正在前往殡仪馆的路上，要去参加一位至亲的丧礼。抵达之后，发现亲朋好友齐集一堂居然是为了向你告别。也许这是三五十年，甚至是更久以后的事，但姑且假定这时亲族代表、友人、同事或社团伙伴，即将上台追述你的生平。

请认真想一想：你希望听到什么样的评语？你这一生有何成就、贡献或值得怀念的事？你是个称职的丈夫、妻子、父母、子女或亲友吗？你是个令人怀念的同事或伙伴吗？失去了你，对关心你的人会有什么影响？

以此为启发，谈一谈你的第一个工作目标。

（2）长期规划。

5～10年的规划，主要设定较长远的目标。如规划到30岁时成为一家中型公司的部门经理，规划到40岁时成为一家大型公司的副总经理，等等。长期职业目标具备以下6个方面的特征：

①目标是自己认真选择的，应和组织、社会的发展需求相结合；

②目标很符合自己的兴趣、价值观，你会为自己的选择感到骄傲；

③目标能用明确的语言定性说明；

④有实现的可能，并有更大的挑战性；

⑤目标与志向相吻合，你会立志通过努力实现理想；

⑥目标与人生目标相融，能指导自己为创造美好未来坚持不懈。

（3）中期规划。

一般为2～5年的规划。如规划到不同业务部门做经理，规划从大型公司的部门经理到小公司做总经理，等等。中期职业目标具备以下6个方面特征：

①目标是结合自己的志愿、组织的环境及要求制订的，与长期目标相一致；

②目标基本符合自己的兴趣、价值观，使人充满信心，且你会愿意公之于众；

③目标切合实际，并且对于未来的发展有所创新，有一定的挑战性；

④目标能用明确的语言定量与定性说明；

⑤目标有比较明确的执行时间，根据外部环境变化可做适当的调整；

⑥目标可以发挥自己的能动性，实现的可能性非常大。

（4）短期规划。

2年以内的规划，2年内掌握哪些业务知识，等等。在确定以上各种类型的职业生涯目标后，就要制订相应的行动方案来实现它们，把目标转化成具体的方案和措施。在这一过程中，比较重要的行动方案有职业生涯发展路线的选择、职业的选择和相应的教育培训计划的制订。短期职业目标具备以下6个方面特征：

①目标表述清晰、明确；

②目标对于本人具有意义，与自我价值观和中长期目标一致，有可能暂时不能完全满足自己的兴趣要求，但可"以迂为直"；

③目标切合实际，并非幻想；

④有明确的具体完成时间；

⑤有明确的努力方向，通过努力能达到，实现起来完全有把握；

⑥目标精练。

3. 如何确定自己的职业目标

人在职场，为什么一定要选择职业目标呢？如果你不清楚自己要朝哪个方向走下去，通常会原地踏步。就像大海中的航船、空中的飞机，没有目标就无法前行。人生的职业发展要有明确的目标，学业和专业都要与职业目标协调一致。如果职业没有目标，随时有可能陷入停滞状态。

（1）大学生确定职业目标的原则。

①可行性原则是指职业目标通过自己的努力可以实现。如果付出了艰辛努力仍然实现不了，这样的职业目标会给自己造成挫败感，影响自己实现职业目标的积极性，甚至让你对职业生活丧失信心。

②挑战性原则是指职业目标要给自己一定的压力，自己必须通过努力工作才能达到，这样的职业目标有利于促进个人的进步。把目标适当定高一点，只有当

你用尽全部力气向上跳时，才可以摸到这个目标。

③清晰性原则是指职业目标必须清晰、明确，实现职业目标的步骤必须务实有效。比如"我打算通过每天慢跑1小时在本周内减轻体重0.5千克"就比"我打算通过每天锻炼1小时减肥"更明确更具体。

④适应性原则是指职业目标必须适应社会发展的需要，面对环境的变化有一定的弹性和缓冲性，能根据环境的变化做出相应的调整。

⑤一致性原则是指主要目标与分目标方向要一致，目标与措施要一致，个人目标与组织发展目标要一致。短期目标指向中期目标，中期目标指向长期目标，长、中、短期目标都指向总目标的最终实现。

⑥激励性原则是指职业目标符合自己的性格、兴趣和特长，对自己产生内在激励作用。

⑦全程性原则是指在整个职业生涯过程中，都有自己的职业目标相伴，作为自己职业生涯的指南针和航标。

知识链接

一则西方寓言故事：合适的才是最好的

有一天，一群动物聚在一起，彼此羡慕对方的优点，抱怨自己的缺点，于是它们决定成立一所学校，希望通过训练，使自己成为一个通才。它们设计了一套课程，包括奔跑、游泳、飞翔和攀登。所有动物都注册了，选修了所有的科目。

结果是：小兔子在奔跑方面，名列前茅，但一到游泳课就浑身发抖；小鸭子在游泳方面，成绩优异，飞翔也还差强人意，但是奔跑与攀登的成绩却惨不忍睹；小麻雀在飞翔时轻松愉快，但就是不能正经奔跑，碰到水就几乎精神崩溃；至于小松鼠，固然爬树的本领高人一等，奔跑的成绩也还不错，却在遇上飞翔课时学会了逃课。

大家越学越迷惑，越学越痛苦，终于决定：停止盲目学习别人，好好发挥自己的长处。它们不再抱怨自己、羡慕别人，因此又恢复了往日的活泼和快乐。

（2）大学生确定自己职业目标的途径及注意事项。

①盘点自己。

如果一个人清楚地知道自己想做什么、适合做什么、能做什么，就一定能够找到发展自己的人生舞台，并演绎出多彩的职业人生。盘点自己主要是盘点个人的能力、个人的兴趣与爱好、个人的性格与气质、个人的学识水平、个人的技能，进而综合评价职业中的自我。

②分析自己。

这是一个非常有用的机会评估工具（SWOT法，见表6-1）：

优势分析：你曾经做过什么？你学习了什么？最成功的是什么？

劣势分析：性格的弱点，经验或经历中所欠缺的方面。

机会分析：结合了现有的优势、弱点，以及任何可能提升竞争地位的外在举措，分析有哪些机会可以利用。

威胁分析：对外部环境进行分析，发现可能出现威胁的领域。

表6-1　SWOT法

SW 分析	OT 分析	
	机会分析	威胁分析
优势分析	优势机会策略 S、Q	优势威胁策略 S、T
劣势分析	劣势机会策略 W、Q	劣势威胁策略 W、T

分析自己的学业、专业与职业。学业是职业发展的基础，应该根据自己的能力与专业来选择自己的职业，确立职业目标。清楚地认识自己，就是要对自己的专业和职业进行完美组合，处理好专业与职业的5种关系，即：专业包容职业；以专业为核心；专业与职业部分重合；专业与职业相切；专业与职业分离。

在对发展路线的抉择过程中，可以针对下面三个问题询问自己：我想往哪一条路线发展？我适合往哪一条路线发展？我可以往哪一条路线发展？

3.职业目标的标准

职业目标必须是自己认真选择的：对选择的结果要认真评估；对目标充满信心；要符合社会与组织的需求；愿付出行动来完成；适合你的生活模式；符

合你的价值观。同时要注意：不要太贪心；目标要具体明确；高低适度；兼顾平衡；个人目标与企业目标要一致。就事业目标而言，同一时期目标不宜多，最好集中为一个。在选择的时间上不宜拖得过长；在选择的对象上不宜同时选两个以上目标；在考虑社会需要与个人的价值观、兴趣、个性、能力及年龄大小的因素，人际关系因素，经济状况因素，本职工作因素的基础上，注意扬长避短。

有三种职业生涯发展路线可供参考：专业技术型发展路线、行政管理型发展路线和自我创业。选择适合自己的，把握好大的奋斗方向，才能少走弯路。

4. 职业目标的设定

很多时候，我们所盼望的东西并不真正适合我们，可是往往为了顾及别人的眼光，我们委屈了自己。人的一生，会遇见很多美丽的诱惑，正如世间有太多好看的鞋子，我们所选择的只是适合自己的。一件东西、一种职业，抑或一生的选择，并不在于它是否美丽奢华、被人羡慕，关键在于对自己是否真的适合。

择己所爱，择己所长，择世所需，择己所利。

设定目标时要以自己的最佳才能、最优性格、最大兴趣、最有利的环境等为依据，通常目标分为短期目标、中期目标、长期目标和人生目标。在确立目标时把握好"三定"原则：

（1）"定向"：定职业方向。

（2）"定点"：定职业发展的地点。

（3）"定位"：定自己的水平、能力、薪资期望。

除了这"三定"，还有很重要的"一定"，就是"定心"。

生涯探索

寻找人生目标的逐步突出法

外国学者经过大量的调查和反复探索而得到了寻找人生目标的逐步突出法，现在就让我们通过这个游戏来找到自己的人生目标。

游戏道具：4～5张小纸片。

环境要求：安静舒适。

情绪状态：精神饱满、情绪激昂，思维活跃。

提醒：在考虑目标时，尽量全面，避免仅从一个方面考虑，如考虑事业时还要考虑家庭、人际、业余生活等方面。

第一步：寻找终点目标。

拿出一张纸片，写下第一个问题：我的终极目标是什么？然后用两分钟写下答案，要无拘无束，想的是什么就写下什么。再花两分钟时间进行必要的修改。

注：如果你不能直接确立你的人生目标，那么你可以回想一下你的童年、少年时的梦想，或者那些最令你开心的事。以此作为启发，再写下你的答案。

实例扫描：事业成功、家庭幸福、快乐。

也许你写下的目标比较宽泛，那也没有关系，还有第二步呢。

第二步：思考如何度过今后三年。

请在第二张纸片上写下第二个问题："我该怎样度过我的今后三年？"用两分钟的时间尽快写下答案，再用两分钟把忽视的问题补充进去。

在第二张纸片上所写的内容比第一张纸片要具体。这里的具体是指所做的工作要具体。如你第一张纸片上写了过幸福的生活，那么在第二张纸片上你就得将之分解为较为具体细致的目标。

实例扫描：拥有一份满意的工作，进入管理阶层；经济收入比刚工作时翻一倍；向女朋友求婚；将母亲接到自己身边来；和好朋友经常保持联系……

第三步：思考半年内最重要的事情。

请在第三张纸片上写下第三个问题：我在这半年内应该做哪些事情？哪些工作对我是最重要的、最迫切的？这张纸片所罗列的内容应该比前两张更具体、细致、全面，是自己需要也是能够立刻做的。

实例扫描：申请学位；联系实习单位去实习；帮助女友补习功课；经常给母亲打电话；和朋友保持联系。

第四步：浏览前三步。

浏览一下前三步的答案，你应该会发现，第二步的答案就是第一步答案的延伸，第三步的答案则是前两步答案的继续。如果你的前三步答案不具备这种逻辑，就需要重新来做，务必使这些答案符合事物的发展逻辑。

第五步：目标分类。

请把三张纸都拿起来，把上面的目标归类，如分为事业目标、爱好特长目标、能力目标、婚恋目标、社会友情目标、身心素质目标、读书目标等。

实例扫描：

事业目标有功成名就，进入管理层，联系实习单位。

婚恋目标有获得幸福，向女友求婚，帮女友补习功课。

第六步：确立不同时期的目标。

请按类别关系，将三张纸片上的目标按同类关系以及同性质的关系，连成一条线，就成了你的短期、中期和长期目标。

然后，结合自己的个人情况，根据短期目标制订切实可行的月计划、周计划、日计划。每一级计划的制订都应该是服务于上一级计划的，比如，制订周计划是为了完成月计划，制订日计划是为了完成周计划。当短期目标实现后，再向下一个目标突进。

这种"目标逐步突出法"最好是在新年开始或你的生日之时进行。在开始新的一年或新的一岁时，寻找一下自己人生奋斗的方向，是非常有意义的庆贺方式。

特别提醒：制订事业目标时，可以参阅相关书籍报刊，也可向专业人士请教；确认个人的才能类型，做到扬长避短。可通过回忆自己以往所做的比较成功的事，征询一下了解你的人的意见，或者进行有关职业能力的心理测试；综合考虑自己的性格、气质等个性因素；把兴趣爱好放在重要的位置上面；充分认识环境、利用环境、发掘环境、审视环境，注意环境中的有利因素和限制条件；目标的制订要以能不断实现较小目标而激发出一个更大的目标，以及捕捉一些小机会而创造出更大的机会，以进入一种良性循环的发展轨道为宗旨。人生发展目标的制订并不是为了制订而制订，可以根据具体情况做出调整。

（资料来源：《青年心理》）

5. 职业目标的调整

在现实生活中，想不通过自我调整就找到一个"完全适合"自己的职业，几乎是不可能的。在寻找完善自我的具体目标时，要相信兴趣是可以培养的，性格是可以完善的，能力是可以提高的，潜能是可以挖掘的。以此为基础，因势利导，适当调整。

6. 确立职业目标的常见问题

（1）从经济实惠出发，错用了自己的聪明才智。

（2）从一时兴趣出发，不清楚自己的真正志趣。

（3）从社会热门出发，没发挥自己的实际专长。

（4）从朋友爱好出发，缺乏个人的独立见解。

针对以上常见问题，在确立职业目标时，青年学生们一定要注意：

第一，不能没有方向，不能同时有很多方向，不能总改方向。

第二，成功的最佳目标不是最有价值的那个，而是最有可能实现的那个。

第三，放弃"我不行"的念头，青年时期可塑性强，往往有许多潜能，却被自己以各种理由忽略和否定。

第四，淡化自己的弱点和缺陷，不管自己有何弱点和缺陷，都要坚信只要自己努力，就能够取得非凡成就。

第五，确立目标要留有余地。确立生涯目标要留有余地，也就是在实现目标的时间安排上，不要过急、过慢或过于死板。

7. 如何实现职业目标

个人在不同的发展阶段，对人生的追求和对职业的需要是不同的。孔子在《论语·为政》中说："三十而立，四十而不惑，五十而知天命，六十而耳顺，七十而从心所欲，不逾矩。"这是我国古人对人生阶段的划分。现代人由于寿命的延长和工作节奏的加快，对职业发展阶段的划分和古代有所不同。一般来说，20多岁时希望尽快进入工作角色，30岁左右时希望走向重要岗位，40岁时力求有所突破，50岁时则力求平稳。大学生正确认识职业发展规律以及自己所处的发展阶段，对制订有效的职业生涯规划是非常重要的。职业生涯总目标需要分阶段来实现。

（1）分解职业目标。

无论从哪种职业生涯发展阶段理论来看，在校大学生这个群体都处于职业探索和准备阶段，对未来的职业充满想象，需要系统地学习专业知识，了解职业的特性，为未来的职业生涯做好准备。在这个阶段，大学生需要形成自己的职业目标，并把总的职业目标按照一定的方法进行分解，形成适合自己的职业发展阶段以及各个阶段的子目标，一步一步前进，直到接近或实现自己最终的职业目标。

知识链接

长跑路线图

1984 年，在一次国际马拉松邀请赛中，名不见经传的日本选手山田本一出人意料地夺得了冠军。当记者问他凭什么取得如此惊人的成绩时，他说了这么一句话：凭智慧战胜对手。当时许多人都认为这个偶然跑到前面的矮个子选手是在故弄玄虚。马拉松是需要体力和耐力的运动，只要身体素质好又有耐性就有望夺冠，爆发力和速度都还在其次，说用智慧取胜确实有点勉强。

2 年后，意大利国际马拉松邀请赛在意大利北部城市米兰举行，山田本一代表国家参加比赛。这一次，他又获得了冠军。记者又请他谈经验。

他的回答仍是上次那句话：用智慧战胜对手。这回记者在报纸上没再挖苦他，但对他所谓的智慧迷惑不解。10 年后，这个谜终于被解开了，他在自传中是这么说的：每次比赛之前，我都要乘车把比赛的线路仔细地看一遍，并把沿途比较醒目的标志画下来，比如第一个标志是银行，第二个标志是一棵大树，第三个标志是一座红房子……这样一直画到赛程的终点。比赛开始后，我就以跑百米的速度奋力地向第一个目标冲去，等到达第一个目标后，我又以同样的速度向第二个目标冲去。40 多千米的赛程，就被我分解成这么几个小目标轻松地跑完了。起初，我并不懂这样的道理，我把我的目标定在 40 多千米外终点线上的那面旗帜上，结果我跑到十几千米时就疲惫不堪了，我被前面那段遥远的路程给吓倒了。

同样，在现实中，我们做事之所以会半途而废，其中的原因往往不是目标难度较大，而是觉得成功离我们较远。所以，我们制订目标的时候，应该把我们的职业生涯的最终目标，分解成一个个的阶段性目标，这样的话，只要我们坚持下去，我们的职业生涯总目标也一定能够最终实现。

职业生涯目标是一系列目标的组合，需要分阶段来实现。目标分解是将目标清晰化、具体化的过程，是将目标量化成可操作的实施方案的有效手段。职业目标分解是根据观念、知识、能力差距，将职业生涯长期的远大目标分解为有时间规定的长、中、短期分目标，直至将目标分解为某个确定日期可以采取的具体步骤。

1. 按时间分解。按时间分解是最常见并且也是很容易掌握的目标分解方法，可分解为最终目标、长期目标、中期目标和短期目标。

2. 按性质分解。按性质分解可分为外职业生涯目标和内职业生涯目标。其中，外职业生涯目标包括工作内容目标、职务目标、工作环境目标、经济收入目标、工作地点目标等；内职业生涯目标则侧重于在职业生涯过程中的知识和经验的积累、观念和能力的提高以及内心的感受，主要包括工作能力目标、工作成果目标、提高心理素质目标、观念目标等。

生涯实践

职业生涯目标分解

2022年，某大学四年级企业管理专业大学生林瑞面临毕业，通过学习职业生涯规划知识，在了解了职业自我和进行环境分析的基础上，制订了自己的5年职业生涯目标，并且分解成了各个阶段的子目标。

5年职业生涯目标：某外资企业战略发展部经理。

2022～2023年

职务目标：企业战略发展部秘书。

经济目标：年收入8万元。

能力目标：具备从事具体法律事务性工作的理论基础，积累企业策划经验，接触了解涉外商务活动，英语应用能力具备权威资格认证。

成果目标：协助部门经理编制年度企业发展计划，取得律师从业资格证。

2024～2025年

职务目标：企业战略发展部主管。

经济目标：年薪12万元。

能力目标：熟练处理本职务工作，工作业绩在同级同事中居于突出地位；熟悉外资企业运作机制及企业文化，能与公司上层进行无障碍沟通。

成果目标：继续攻读MBA，取得文凭，负责公司部分发展战略的制订工作。

2026～2027 年

职务目标：企业战略发展部经理。

经济目标：年薪 20 万元。

能力目标：形成自己的管理理念，有很高的演讲水平，具备组织、领导一个团队的能力；与公司决策层有直接流畅的沟通；具备应付突发事件的心理素质和能力；有广泛的社交范围，在业界有一定的知名度。

成果目标：领导一个团队，负责制订公司发展的长期规划和年度规划。

（2）树立正确的职业理想，明确自己的职业目标。

职业理想在人们职业生涯设计过程中起着调节和指向作用。一个人选择什么样的职业，以及为什么选择某种职业，通常都是以其职业理想为出发点的。任何人的职业理想必然要受到社会环境、社会现实的制约。社会发展的需要是职业理想的客观依据，凡是符合社会发展需要和人民利益的职业理想都是高尚的、正确的，并具有现实的可行性。大学生的职业理想更应把个人志向与国家利益和社会需要有机结合起来。

（3）正确进行自我分析和职业分析。

要通过科学认知的方法和手段，对自己的职业兴趣、气质、性格、能力等进行全面认识，清楚自己的优势与特长、劣势与不足，避免设计中的盲目性。其次，现代职业具有自身的区域性、行业性、岗位性等特点。要对该职业所在的行业现状和发展前景有比较深入的了解，比如人才供给情况、平均工资状况、行业的非正式团体规范等；还要了解职业所需要的特殊能力。

（4）构建合理的知识结构。

知识的积累是成才的基础和必要条件，但单纯的知识数量并不足以表明一个人真正的知识水平，人不仅要具有相当数量的知识，还必须形成合理的知识结构，没有合理的知识结构，就不能发挥知识创造的功能。合理的知识结构一般有宝塔型和网络型两种。

（5）培养职业需要的实践能力。

综合能力和知识面是用人单位选择人才的依据。一般来说，刚走上岗位的新人，应重点培养满足社会需要的决策能力、创造能力、社交能力、实际操作能力、组织管理能力和满足自我发展需要的终身学习能力、心理调适能力、随机应变能力等。

（6）参加有益的职业训练。

职业训练包括职业技能的培训、对自我职业的适应性考核、职业意向的科学测定等。现在校内外这方面的培训比较多，参加一些有针对性的、专业的职业培训，可以快速提高个人能力，掌握职业的主动性。

第二节　职业决策的参考维度

生涯导入

一位乘客坐在车上，看到旁边一辆空出租车违规撞车了，就抱怨地说："空车没有载客，还跑那么快，跟抢钱似的。"

正在驾驶的司机看了他一眼说："其实我们司机都说，就因为是空车，所以容易出事！空车的驾驶员因为急于找客人，总是东瞅西看，不能安心驾车。而我们有了客人，虽然速度比较快，但是心里踏实，奔着目的地走就是了。"

有了目标就有了方向。

生涯知识

1. 职业决策的定义

决策是指为达到一定目标，从2种以上的可行方案中选择一个合理方案的分析判断过程。职业决策又称为职业生涯决策或职业决定，它有广义和狭义之分，广义的职业决策是指一个完整的职业规划的过程，狭义的职业决策是指职业规划过程中的一个环节。

职业决策的7个重大人生选择：

（1）选择何种行业。

（2）选择行业中的哪一种工作。

（3）选择所适用的策略，以获得某一种工作。

（4）从数个工作机会中选择其一。

（5）选择工作地点。

（6）选择不同价值取向的工作。

（7）选择生涯目标或系列的升迁目标。

2. 制订职业决策的注意事项

（1）制订职业决策需要结合自己的性格、特长和兴趣。

职业生涯能够成功发展的核心，就在于所从事的工作的要求正是自己所擅长的。比如，如果一个人性格内向，不善于与人沟通，没有很好的交际意识，那么这个人就很难成为一名成功的管理人员。制订职业规划一定要认真分析自己的优缺点。当从事一项自己擅长并喜欢的工作时，你会很愉快，也容易脱颖而出。这正是成功的职业规划的核心所在。

（2）要考虑到实际情况，并具有可执行性。

很多大学生刚开始工作时满怀雄心壮志，一心想着出人头地。但是实际工作是一种积累的过程——资历的积累、经验的积累、知识的积累，所以职业规划不能好高骛远，而要根据自己的实际情况和社会情况，一步一个脚印，层层晋升，最终方能成就梦想。

（3）要学会借鉴经验，但不能照搬。

影响一个人理性职业决策的因素，有上面提到的个人的性格、特长和兴趣等内在因素，还有一些具体的外部因素，比如说我们的专业、所从事的行业，该专业、行业的发展情况和前景。事实上，一个人的耐心度与细心度对一个人的职业决策影响是最大的，一个没有足够耐心和细心的人，不管制订什么样的职业决策都是无效的。

你知道的知名人士，不管是谁，不管是成功还是失败，其经验其实都是可借鉴的。比如说林肯，比如说海尔公司的张瑞敏，比如说张海迪，比如说你的父亲。我们了解他们成长的历史，去看看他们为什么成功，去了解他们为什么失败，这对我们的职业决策的制订是有着极大的帮助的。

在某种程度上，他们走过的路，就是我们将来的路。我们应该借鉴他们的经验，并把我们的兴趣特长组合起来，制订最适合我们的职业规划。

不管什么人，制订什么样的职业决策，都不能够照搬照套，哪怕你所借鉴的人所选择的模型跟你几乎一模一样，都不可以完全照搬使用。事实上也是，世界上本身就不存在相同的两个人，自然也不存在相同的职业决策。

（4）职业决策必须有可持续发展性。

职业决策不能是仅制订一个阶段性的目标，应该是一连串的、可以贯穿自己整个职业发展生涯的远景展望。如果职业决策定得过于短浅，后面又没有后续职业决策点来支撑，那么肯定会使人丧失奋斗的热情，且不利于自己长远发展。

3. 影响职业发展决策的因素

职业发展决策是个复杂的过程，影响它的因素有很多，既有外在的，也有内在的。

（1）个人条件的影响。

①健康。

健康是最具影响力的一项，几乎所有的职业都需要健康的身体。张三是位学舞蹈的学生，因某种原因造成残疾，于是他再也不可能走其所喜爱的舞蹈职业这条道路了。当然，也有人因为与厄运做斗争而变得更加坚强，如霍金、张海迪等。

②个性特征。

不同气质、性格、能力的人适合不同类别的工作。如外向的人较适合做管理、记者、外交官等，不适合做过细的、单调的、机械性的工作。如果做与自己个性特征不相吻合的工作，那么你容易觉得自己的活力被束缚，思想被禁锢。

③兴趣爱好。

与职业选择有关的兴趣称为职业兴趣。不同职业兴趣对应的职业不同。如喜欢具体工作的，相应的职业有室内装饰、园林、美容、机械维修等；而喜欢抽象和创造性工作的，相应的职业有经济分析师、新产品开发、社会调查、各类科研工作等。

④负担。

负担是指对别人（多为家人和朋友）、对社会及对财务状况所承担的义务。成人必定会受各种义务的束缚，选择职业也绝不可能毫不考虑个人的生活状态。

⑤性别。

虽然法律规定男女平等，但性别因素仍然在职业发展中扮演着重要的角色。职业性别隔阂严重存在，很少有人能漠视性别问题。当然，如果你坚信男女两性在智慧和能力上基本相同，那么你的性别就不会影响你的事业选择和事业成功。

⑥年龄。

对工作的看法和态度、对尝试机会的勇气、对胜任任务的能力和经验，不同的年龄表现都有所不同。

⑦所受的教育。

一个人所受到的教育程度和水平，直接影响他的职业选择方向和获得他喜欢的职业的概率。

（2）家庭的影响。

每个人生长的家庭环境，对他们的就业大有影响。首先，家庭教育方式的不同，造成他们认知世界的方法不同；其次，父母的职业是孩子最早观察模仿的角色，孩子必然会得到父母职业技能的熏陶；最后，父母的价值观、态度、行为、人际关系等会对个人的职业选择起到直接和间接的深刻影响。因而，我们常常看到艺术世家、教育世家、商贾世家等。

（3）朋友、同龄群体的影响。

朋友、同龄群体的工作价值观、工作态度、行为特点等不可避免地会影响到个人对职业的偏好、选择从事某一类职业的机会和变换职业的可能性等方面。

（4）社会环境的影响。

社会环境中流行的工作价值观、政治经济形势、产业结构的变动等因素，无疑都会在个人职业选择上留下深深的烙印。"50年代的兵，70年代的工人，90年代的个体户，21世纪的IT业商人"，每年的职业地位排序都对高考志愿的选择和就业选择起到不可低估的影响。不同的社会环境给予个人的职业信息是不同的。

不能否认，一个人的职业生涯决策的决定因素中也有被称为机遇的随机成分，但完全让命运摆布的人毕竟是少数，多数人对自己未来的发展能够根据内外因素进行理性分析，从而有效地进行职业生涯的选择。

影响职业决策的个人与环境因素见表6-2。

表6-2　影响职业决策的个人与环境因素

个人特质 因素	价值结构因素	机会因素	文化因素
智能	一般价值	农村、城市	社会阶级的期待
各种能力	工作价值	职业机会的接触	家庭的抱负与经验
技能成就	生活目标	教育机会的接触	友伴的影响
过去的经验	生涯目标	职业机会的范围	社区对教育或工作的
成就动机	职业与课程（专业）的名声	教育机会的范围	态度与倾向
责任感	职业与课程（专业）的刻板化	职业的要求条件	教师的影响
毅力	态度	课程（专业）要求的	咨询师的影响
守时	职业与课程（专业）价值观的	条件	角色楷模的影响
热情	心理位置	补习计划的提供	文化中教育或职业机
冒险的个性	工作态度	各种辅导的提供	会的形象
开朗	工作道德	经济状况	学校气氛与奖惩方式
刚直	休闲的需求		主要参照团体的影响
自尊	秩序的需求		
决策能力	教养的需求		
职业成熟	救助的需求		
性别	权力的需求		
种族	稳定感		
年龄	安全感		
生理优势	利他性		
健康			

4. 如何做好职业决策

人生是一连串选择和决策的过程：从你早上起来要穿哪一套衣服出门开始，你就在选择；中午要去哪里吃饭，你又在选择；交往中你选择朋友，恋爱时你选择伴侣，工作前你选择职业；等等。约翰·坎贝尔曾指出："正是你在生活中每个环节的选择和决策塑造了你的人生，决定了你的成败。"

（1）职业决策理论参考。

职业生涯决策理论是指当一个人在面对职业、生涯等重大问题的抉择时，所做的选择尽量能够获得最大收益或满意度。目前，职业生涯决策的理论常见的有标准化模型、描述性模型和规范性模型三种。

①标准化职业生涯决策模型。标准化职业生涯决策理论认为，决策者能够加工所有相关信息，能够做出完全理性的选择，在选择时遵循着效用最大化原则。该理论的主要代表是奇兰特的职业决策过程模式和克朗伯兹的社会学习理论。

知识链接

奇兰特的职业决策过程模式

该理论认为，决策是一连串的决定的组合，任何一个新决定都是由先前的决定的影响所致，而新做出的决定又会产生连锁影响，导致后来的一个决定的出现。所以，决策是一个又一个决定连锁反应的发展过程，而非单一的、孤立的事件。这也说明生涯决策不是一次性选择或一个结果，而是持续不断地做决定及修正的终身历程，具有系统工程的特征。

为了使决策过程理性化、系统化，奇兰特职业决策模式特别强调资料的重要性和过程的严整性，为此他提出了资料处理的三个策略系统和决策过程的七个步骤。

1. 关于个人处理资料的三个策略系统

（1）预测系统。预测不同的选择可能会造成的结果，以及估算出每个行动可能造成该结果的概率，以作为决定该采取哪个行动方案之参考。

（2）价值系统。个人对于各种可能的行动之喜好程度。

（3）决策系统。评判各种行动方案的标准，其选择取向包括：

①期望取向，即选择可能达成自己最想要的结果之方案，就是与自己的职业观相一致，与自己的兴趣、特长最相符的方案。

②安全取向，即选择最安全、最保险的方案。这方案适合追求稳定的人，但该方案也许与你的职业兴趣是不一致的。

③逃避取向，即避免选择可能造成最不好结果的方案。这适合追求稳妥、不爱挑战的人，选择的结果也许与你的期望有一定差距。

④综合取向，就是考虑自己对于行动结果的需求程度、行动造成的成功概率及如何避免最不好的结果，权衡这三个方面，然后选择一个行动方案。

2. 关于职业生涯决策的七个步骤

（1）个体意识到做决策的需要，根据需要制订目的或目标。

（2）搜集与目标或目的有关的信息资料，并调查可能的行动方案。

（3）根据所得的资料，预测各个可能的行动方案的成功概率及其结果。

（4）根据价值系统，评价结果是否满足需要。

（5）评估各种可能方案，选择其中的一个方案执行。

（6）若达成目标则终止行动，并再等待下一个决定的出现。

（7）若没有成功，则继续寻找其他可行的办法。

克朗伯兹的社会学习理论

社会学习理论由班都拉于20世纪70年代提出，强调的是个人独特的学习经验对其人格与行为的影响。克朗伯兹将这一观念引用到职业生涯辅导上，用以了解在个人决策过程当中，社会、遗传与个人因素对决策的影响。在此基础上他提出了影响职业选择的四因素，其后又提出了职业生涯决策的七个步骤。

1. 决策影响的四因素

（1）遗传特征与特殊能力。遗传因素包括种族、性别、外在的仪表和特征、身体健康程度等；个人的特殊能力包括职业偏好、智力、音乐能力、美术能力、动作协调能力等。

（2）环境条件与特殊事件。克朗伯兹认为，在影响教育和职业的选择的因素中，有许多来自外部环境，非个人所能控制。这些外部因素大多由人为（如社会、文化、政治或经济的活动）所致，也可能由自然力量（如自然资源的分布或自然灾害）引起。

（3）学习经验。克朗伯兹认为，每个人独特的学习经验，在决定其生涯路径时扮演了重要的角色。学习经验包括人作用于环境的经验和环境作用于人的经验两种。

（4）工作取向技能。前面提到的3种因素会以一种交互影响的方式使个人形成特有的工作取向技能，这些工作取向的技能包括解决问题的能力、工作习惯、工作的标准与价值、情绪反应、知觉和认知的历程（如选择、注意、保留、符号知觉等心理过程）等。

2. 职业生涯决策的7个步骤

1977年，克朗伯兹基于社会学习理论对职业生涯决策技巧的作用进行研究，提出了进行职业生涯决策的7个步骤：

（1）界定问题。厘清自己的需求及时间或个人限制，并制订明确的目标。

（2）拟订行动计划。思考可能达成目标的行动方案，并规划达到目标的流程。

（3）澄清价值。界定个人的选择标准，作为评量各项方案的依据。

（4）找出可能的选择。搜集资料，论证可行的方法。

（5）评价各种有可能的选择。依据自己的标准，对各种可能的选择方案进行评价。

（6）系统地删除。系统地删除不合适的方案，挑选最合适的方案。

（7）开始执行方案。方案确定之后开始实施。克朗伯兹的理论是以社会学习的观点来解释人类生涯选择的行为，特别强调社会影响因素和学习经验为实际的生涯辅导工作应用提供了不少方法和启示，具有较高的实用价值。

②描述性职业生涯决策模型。

描述性职业生涯决策理论，主要是解释个体如何从实际生活的职业选项中做出决策，其代表性理论有泰德曼的决策历程理论和丁克里奇的职业生涯决策风格理论。

知识链接

泰德曼的决策历程理论

泰德曼生涯决策理论的特点是把职业选择当作一个连续不断的过程，而非单一事件。他将生涯发展概念化为一个不断辨别自我认定、处理发展性任务和解决心理及社会危机的过程。这些持续的活动被认为是发生在一个时间阶段的架构之内的。根据他的观点，生涯决定是经由一个有系统的解决问题的形态而达成的，包括 2 个阶段 7 个步骤。

（1）第一个阶段，预期阶段。

在该阶段内个体采取各种方式，先行拟出几个可行的方案，然后考虑澄清各个方案的利弊得失，预估其可能的结果，最后做出具体的选择。这一阶段可分为四个步骤：

探索，考虑不同选择方向及可能目标。

具体化，经过对各种不同选择方向或目标的优缺点的斟酌，情况逐渐清楚。

选择，制订一个能够解除目前困扰的目标。

澄清，再审视、修正与调整行动的目标。

（2）第二个阶段，实践与适应阶段。

该阶段的任务是将选择的方案落实于现实生活，然后评估其结果，并根据个人对结果的满意程度，对方案进行调整或改变。这一阶段可分为三个步骤：

入门，开始执行自己的预选择，这是新经验的开始，以新的角色出现，应积极争取周围人的认可。

革新，调整步伐与心态，专心致志，全力以赴适应新环境。

整合，个人的信念与集体的信念达到平衡与和谐。

丁克里奇的职业生涯决策风格理论

风格是指不同的人在做事方式上所表现出来的习惯偏好。决策风格是影响决策效果与决策效率的一个重要因素。丁克里奇在 1968 年通过访谈研究，将人们做职业生涯决策时所采用的风格归结为 8 类：

（1）冲动型：抓住遇到的第一个选择，不再考虑其他的选择或收集信息。其想法是"先决定，以后再考虑"。比如，先找到一份工作干着再说。这种决策方式风险太大，等看到有更好的选择时自然追悔莫及。

（2）宿命型：将决定留给境遇或命运。迷信"我这个人永远也不会走运"，显得无力和无助，人生态度消极低沉，这样的人容易成为环境的"受害者"。

（3）顺从型：顺从别人的计划而不是独立地做出决定。相信"他们都觉得好，我就觉得好"。从众的人固然在追随群体的过程中获得了一种虚拟的安全感，却忽略了自身的独特性，其选择在很大程度上并不适合自己。

（4）延迟型：把问题往后推迟，比如"我还没有准备好工作，所以打算先考研"。延迟型的人总是希望：也许事情过几天就自动解决了。

（5）烦恼型：过度搜集信息，使用信息时又顾虑重重，反复比较，当断不断，心境表现常常是"我就是拿不定主意"。

（6）直觉型：因为"感觉到是对的"而做决策，但不能说明原因。直觉对人们在环境情况中无法获得充分信息时会有效，但可能会不符合事实。

（7）瘫痪型：接受做决策的责任，但是感觉过于焦虑而不能对决策做出有建设性的工作。他们知道自己应该开始了，可是内心深处总是笼罩着"一想到这种事就害怕"的阴影。结果，他们无法真正为决策和决策的后果承担责任。

（8）计划型：使用如同标准化决策模型所推荐的理性策略。

上述八种决策风格没有绝对的优劣之分，各有其适用的范围和局限性。例如，直觉型决策反映了决策者能够迅速提取相关信息的能力，或者也可以说他是一个反应快的理性决策者。那种喜欢到处咨询或模仿他人者，有依赖的倾向，但也有可能把个人的认知偏差减到最小。决策风格既受到个性的影响，又受到环境的塑造，并非绝对无法改变。

③规范性职业生涯决策模型。

规范性职业生涯决策模型，比较有代表性的理论是彼得森等人的认知信息加工理论。1991年，盖瑞·彼得森、詹姆斯·桑普森和罗伯特·里尔敦3人，合著《职业生涯开发和服务：一种认知的方法》。在书中，他们提出了一种新的思考职业生涯发展的方法并进行了论述，这就是认知信息加工理论。

a. 基本观点。

认知信息加工理论认为，生涯发展是关于一个人如何做出生涯决策以及在生涯决策过程中是如何使用信息的。做出生涯选择是一项解决问题的活动，生涯决策需要动机，有赖于我们想什么、如何想，而生涯的质量有赖于我们是否很好地学习和掌握做出生涯决策所需的技能。所以，通过改进认知信息加工技能，可以提高生涯管理的能力。

金字塔的最高层是被称为元认知的执行加工领域，是个人完成一项任务或达到一定目标而投身其中的记忆和思考，是一种思维活动过程。元认知的作用是对认知过程进行调节、监督和控制，主宰着如何思考生涯问题和制订决策，它包括自我言语、自我觉察、控制与监督。

中间层是决策技能领域，关注的是"个体是如何做决策的"，其功能相当于计算机的程序软件，让我们对所存储的信息进行加工处理。

最底层是知识领域，包含自我知识和职业知识。自我知识包括了解自己的价值观、兴趣、需要和技能；职业知识包括理解特定的职业、学校专业、休闲及组织状况等。知识领域相当于计算机的数据文件，需要我们进行存储，这是职业生涯决策的基础。

在这三个层次中，执行加工领域相当于计算机的工作控制功能，操纵计算机按指令执行程序，对其下的两个领域进行监控和调节。决策技能领域相当于计算机的应用软件，对所存储的信息进行加工处理。而知识领域相当于计算机的数据文件。从这个模型可以看到，任何一个层次出问题，都会影响职业生涯规划决策的质量。

b. 通用信息加工技能的 5 个步骤。

金字塔中间层的决策技能领域是关键环节，它会对所有的信息进行加工处理，进而形成决策。它由 5 个环节构成，即沟通、分析、综合、评估和执行，缩写为CASVE，构成了决策的循环。

沟通：个体意识到理想和现实情境之间存在差距，于是意识到有做出职业选择的需要。这一步是决策的开始，个人如果没有意识到自己的需要，后面的步骤就无从谈起。沟通包括内部沟通和外部沟通。内部沟通包括情绪信号和身体信号，比如，你所接收到的信息对你的职业计划带来的焦虑感（不满、厌烦、失望）；外部沟通包括老师、父母、媒体传递给你的有关就业不容乐观的信息。

分析：将问题的各个组成部分相互联系起来，对现状进行评估，对所有的信息进行分析。检查自我知识和职业知识领域，改善自己在兴趣、技能、价值观、职业、学习机会、工作组织、行业类型等方面的知识情况，考虑和分析可能影响职业决策的积极或消极想法。分析的目的在于避免决策时冲动、盲目行事。

综合：把前一步骤分析阶段得到的各种信息放到一起，进行综合和加工，制订消除问题或差距的行动方案。在此阶段，个体首先要搜索查找各种解决问题的可能性，扩展解决问题的选项，对每一个选项进行思考。然后再逐步缩小选项的范围，保留最好的，通常要减缩到 3 ～ 5 个。

评估：从可行性和满意度两方面评估保留下来的选择方案，并按照评估结果予以排序，得出最终的选择。在评估中，每个人都必须面对这样的抉择：对个人而言哪个选择是最好的；对我生活中重要的人，如父母亲友而言，哪个选择是最好的；对社会而言哪个选择是最好的。每一种选择都要从自己和他人应付的代价和所得的利益两个方面进行考虑。在排序时，能够最有效地消除在沟通阶段所确定的存在于现实与理想状态之间的差距的那个选择排在第一位，次好的选择排在第二位，以此类推。

执行：这是整套 CASVE 的最后一个部分，它意味着对你的选择积极付诸行动并解决在沟通阶段所确定的职业问题。需要注意的是，决策是一个循环的过程，也就是说，在行动之后，还需要对自己的决定及其可能带来的结果进行评估，由此可能进入新一轮的决策过程。

以上是对职业规划基本理论的介绍。综合而言，职业选择理论从静态的角度来探讨个人特质与职业之间的匹配问题，重视个人的需要、能力、兴趣、人格等内在因素在职业选择中的作用；职业发展理论从动态的角度探讨个人职业生涯的成长历程，强调自我概念、自我职业决策能力的发展；职业适应理论强调个人能力、个人需要与工作环境增强系统之间的配合与协调发展，很好地解释了个人对组织的满意度问题和组织对个人的满意度问题；职业决策理论重视个人生涯发展的历程及抉择，重视决策过程中对个人价值观的了解和澄清，认为个人主观的价值评论其实才是最重要的决策依据。

8. 做好职业决策的具体要求

（1）要有明确的职业目标。今天的生活状态不由今天决定，它是我们过去生活目标的结果；明天的生活状态不由未来决定，它将是我们今天生活目标的结果。

（2）职业决策需要结合自己的气质、性格、特长、兴趣和能力。

（3）要考虑到实际情况，并确保其具有可执行性。

（4）正确面对问题，不要逃避问题。

（5）职业决策的三条底线：一是不要危害社会；二是不要危害他人；三是不要危害自己。好决定的三个特征：一是最好十全十美；二是一般三全其美；三是最次也要你好我也好。不要把自己的思维局限太多，否则思考问题本身就成了问题。

（6）向你信任的人求助：可以与你的朋友、学长、家长、配偶来交流，这个阶段也可以求助职业顾问。

（7）善于系统地、长远地分析，但不要只做利弊分析，在生涯发展中没有统一有效的程序，所以你要琢磨的是在职业中如何发挥你的优势，如何让你更自如。从长远来看能促进你发挥优势、让你更加自信的都是好的决定。所以，不要把自己拘泥在决定对个人是否有利益的方面去思考。

（8）对已经做了的决定特别是重要事项的决定，不要朝秦暮楚，不要游移不定，更重要的是只有行动———积极行动才有助于问题的解决。

9.决策的责任与风险

决策风险，是指在决策活动中，由于主体、客体等多种不确定因素的存在，而导致决策活动不能达到预期目的的可能性及其后果。

任何一种决策，都是在一定环境下，按照一定程序（流程），由单个人或多个人的集体做出的。决策不只是一个客观过程，还涉及大量的个人的情感以及价值判断等主观因素。降低决策风险，减少决策失误，一直以来都是为人们所关注和探讨的问题。

生涯感悟

风险

笑，有被人视为傻瓜的风险。

哭，有被人视为伤感的风险。

求助他人，有与人纠缠不清的风险。

感情外露，有暴露本性的风险。

当众袒露思想和梦想，有不被人理解的风险。

爱，有不被对方所爱的风险。

活着，有死去的风险。

希望，有绝望的风险。

尝试，有失败的风险。

第三节　做出我的决策——平衡单与决策树

生涯导入

永远的坐票

有一个人经常出差，经常买不到能对号入坐的车票。可是无论长途短途，无论车上多挤，他总能找到座位。他的办法其实很简单，就是耐心地一节车厢一节车厢找过去。这个办法听上去似乎并不高明，但却很管用。每次，他都做好了从第一节车厢走到最后一节车厢的准备，可是每次他都用不着走到最后就会发现空位。他说，这是因为像他这样锲而不舍找座位的乘客实在不多。经常是在他落座的车厢里尚余若干座位，而在其他车厢的过道和车厢连接处，居然人满为患。他说，大多数乘客轻易就被一两节车厢拥挤的表面现象迷惑了，不大细想在数十次停靠之中，在火车十几个车门人群上上下下的流动中蕴藏着不少获得座位的机遇。即使想到了，他们也没有那一份寻找的耐心。

眼前一方小小的立足之地很容易让大多数人满足，为了一两个座位背负着行囊挤来挤去有些人也觉得不值。他们还担心万一找不到座位，回头连个好好站着的地方也没有了。与生活中一些安于现状、不思进取、害怕失败的人，永远只能滞留在没有成功的起点上一样，这些不愿主动、耐心地找座位的乘客大多只能在上车时最初的落脚之处一直站到下车。

生涯知识

1. 决策平衡

决策平衡是指在决策实践中，一般难以如古典决策理论所主张的那样求得绝对最优解，决策者只能在各种因素之间做出权衡，寻求一个在折中协调基础上大致平衡的结果，并且这个"平衡点"随着决策对象和决策环境的动态变化而不断变动。

决策者通常要在以下几个方面做到平衡：

（1）不同目标与准则之间的平衡。

（2）不同时间之间的平衡。

（3）效益与代价以及风险之间的平衡，效益好必然伴随代价高、风险大的特点。

（4）局部与整体之间以及局部的彼此之间的平衡。

2. 决策平衡的经典案例

日本尼西奇公司在"二战"后初期仅有30余名员工，生产雨衣、游泳帽、卫生带、尿布等制品，订货量不足，经营不稳，企业有朝不保夕之危。公司董事长多川博从人口普查中得知，日本每年大约有250万婴儿出生，如果每个婴儿用2条尿布，一年就需要500万条，这是一个相当可观的尿布市场。多川博决心放弃尿布以外的产品，把尼西奇公司变成尿布专业公司，集中力量，创立名牌，成了"尿布大王"，资本仅1亿日元，年销售额却高达70亿日元。为了适应市场的需要，在权衡各种因素后，多川博选择了适应市场的需要而进行新产品的开发。

3. 决策平衡单

（1）决策平衡单的内涵。

"决策平衡单"经常被应用于问题解决模型和职业咨询中，用以协助咨询者系统地分析每一个可能的选项，判断分别执行各选项的利弊得失，然后依据其在利弊得失上的加权计分排定各个选项的优先顺序，以执行最优先或偏好的选项。

（2）决策平衡单的主体框架与要素如表6-3所示。有多个目标需要确定时，从4个维度思考可能的关注点。

①个人：物质得失、精神得失。

②重要的他人：物质得失、精神得失。

分别列出细化的项目，给每一项赋分（1—5）；给每项一个重要性的权重分数（1—5）；得出相比较选项的最终得分。

表6-3 决策平衡单项目表格

对象	精神	物质
重要他人	父亲支持 母亲支持 男／女朋友支持 老师支持 ……	家庭收入 学费 资料费用 ……
个人	所学应用 进修需求 改变生活方式 富有挑战性 成就感 ……	个人收入 健康状况 休闲时间 未来发展 升迁状况 社交范围 ……

4. 职业决策平衡单

很多人在遇到职业选择问题时都会感到困惑迷茫，因为每个决策都对我们的人生起着至关重要的作用。与其在茫然中挣扎，不如拥有一个正确科学的方法，恰当地权衡得失。职业决策平衡单可以帮我们更好地进行有效的决策。

（1）职业决策平衡单模板，如表6-4、表6-5所示。

表6-4　决策平衡单（1）

选项 考虑因素	权重	生涯选项一：教书		生涯选项二：读研	
		+	−	+	−
个人物质得失					
个人收入	4	3 (+12)			2 (−8)
健康状况	2	3 (+6)		1 (+2)	
休闲时间	3	2 (+6)			2 (−6)
未来发展	2	1 (+2)		2 (+4)	
升迁状况	1	1 (+1)		2 (+2)	
社交范围	3		1 (−3)		1 (−3)
他人物质得失					
家庭收入	5	3 (+15)			2 (−10)
总分		39		−19	

表6-5　决策平衡单（2）

选项 考虑因素	权重	生涯选项一：教书		生涯选项二：读研	
		+	−	+	−
个人精神得失					
所学应用	2	2 (+4)		3 (+6)	
进修需求	3	1 (+3)		3 (+9)	
改变生活方式	3		2 (−6)		1 (−3)
富挑战性	4	1 (+4)		3 (+12)	
成就感	5	1 (+5)		3 (+15)	
他人精神得失					
父亲支持	4	2 (+8)		1 (+4)	
母亲支持	3	3 (+9)		1 (+3)	
男/女朋友支持	2		1 (−2)	2 (+4)	
总分		25		50	

将来可能最终并不会选择高分项目，因为权重等级都是自己定的。

（2）SWOT分析法。

SWOT分析法是用来确定企业自身的竞争优势、竞争劣势、机会和威胁，从而将公司的战略与公司内部资源、外部环境有机地结合起来的一种科学的分析方法。

所谓SWOT分析，即基于内外部竞争环境和竞争条件下的态势分析，就是将与研究对象密切相关的各种主要内部优势、劣势和外部的机会和威胁等，通过调查列举出来，并依照矩阵形式排列，然后用系统分析的思想，把各种因素相互匹配起来加以分析，从中得出一系列相应的结论，而结论通常带有一定的决策性。

运用这种方法，可以对研究对象所处的情景进行全面、系统、准确的研究，从而根据研究结果制订相应的发展战略、计划以及对策等。

S（Strengths）是优势、W（Weaknesses）是劣势，O（Opportunities）是机会、T（Threats）是威胁。按照企业竞争战略的完整概念，战略应是一个企业"能够做的"（即组织的强项和弱项）和"可能做的"（即环境的机会和威胁）之间的有机组合。

SWOT分析的步骤如下：罗列企业的优势和劣势，可能的机会与威胁；优势、劣势与机会、威胁相组合，形成SO、ST、WO、WT策略。

SO策略：着重考虑优势因素和机会因素，目的在于努力使这2种因素都趋于最大。依靠内部优势，利用外部机会。

WO策略：着重考虑弱势因素和机会因素，目的是努力使劣势趋于最小，使机会趋于最大。利用外部机会，弥补内部劣势。

ST策略：着重考虑优势因素和威胁因素，目的是努力使优势因素趋于最大，使威胁因素趋于最小。利用内部优势，规避外部威胁。

WT策略：着重考虑弱点因素和威胁因素，目的是努力使这些因素都趋于最小。减少内部劣势，规避外部威胁。

通过分析，选择和自己的优势以及外部机会最匹配的职业目标。

S和W：优势和劣势（评估自己的优势和劣势）。优势和劣势主要从以下方面考虑：个性特征，主要经历和体验分析，教育背景分析，成功和失败的事件分析，等等。找出我们的劣势和找出我们的优势同样重要，我们可以基于自己的优势和劣势做出 2 种选择：一是努力弥补和提高自己的劣势之处；二是努力发扬自己的优势之处。

O 和 T：机会和威胁（评估行业的机会和威胁）。每一个行业在发展中都存在机会和威胁，看清楚了你向往的行业所存在的机会和威胁，有助于你成功地进入使自己的能力得以充分发挥的领域。如果你所从事的职业刚好处于一个常受到外界不利因素影响的行业里，那么你的发展将受到很大的限制。相反，充满了许多积极的外界因素的行业将为职业者提供广阔的职业前景。因此，在做决策之前，应先列出自己感兴趣的一两个行业，然后认真地评估这些行业所面临的机会和威胁。

①进行 SWOT 分析的时候必须对公司的优势与劣势有客观的认识。

②进行 SWOT 分析的时候必须区分公司的现状与前景。

③进行 SWOT 分析的时候必须考虑全面。

④进行 SWOT 分析的时候必须与竞争对手进行比较，比如你是优于还是劣于你的竞争对手。

⑤保持 SWOT 分析法的简洁化，避免复杂化与过度分析。

⑥ SWOT 分析法的效果因人而异。

生涯实践

SWOT 分析法能帮你清晰地把握全局，分析自己在资源方面的优势与劣势，把握环境提供的机会，防范可能存在的风险与威胁，对成功有非常重要的意义。

一名师范大学毕业的男研究生，心理学专业，在校期间专业成绩优秀，曾多次获得奖学金，发表论文若干，且一直担任学生干部。但他性格急躁，容易冲动，而且没有直接的工作经历，唯一的工作经历是二年级时在一家大型电子公司的人力资源部门实习了半年。现在他想谋求一份人力资源管理的工作，他的 SWOT 分析表见表 6-6。

表 6-6　SWOT 分析表

外部环境分析	机会： (1) 人力资源管理部门逐渐受到企业的重视。 (2) 外资企业的进入导致人力资源管理人才需求量的增加。 (3) 心理学在人力资源管理中的重要性。		威胁： (1) 人力资源管理方向的毕业生数量增加。 (2) MBA 的兴起。 (3) 人力资源管理岗在很多企业中仍然处于刚起步阶段，运作很不规范。 (4) 比起学历，我国许多企业更看重工作经验。
内部环境分析	优势： (1) 硕士研究生学历。 (2) 学生干部管理经历。 (3) 大型公司半年实习经历。 (4) 具有心理学的知识背景。	优势机会策略（SO）： (1) 学习过心理学知识，可将心理学知识运用到人力资源管理中。 (2) 可发挥担任学生干部的管理特长。	优势威胁策略（ST）： (1) 强调自身心理学背景优势。 (2) 强调大型公司半年的实习经验。 (3) 强调较强的学习能力和适应能力。
	劣势： (1) 师范院校毕业。 (2) 没有丰富的工作阅历。 (3) 专业不对口。 (4) 性格急躁易冲动。	劣势机会策略（WO）： (1) 需利用较强的学习能力，自学人力资源管理课程，加强英语学习。 (2) 继续加强自己在师范院校中所培养的口语交流、文字书写等优势。	劣势威胁策略（WT）： (1) 训练克制自己的冲动个性。 (2) 结合两个不同的专业，培养宽阔的视野和创新能力。 (3) 积极寻找重视员工潜能的企业。
分析后的结论：职业发展道路定位在大中型外资企业人力资源管理部门。			

（3）决策树分析法。

决策树分析法是常用的决策风险分析方法。该方法是一种用树形图来描述各方案在未来收益的计算、比较以帮助选择的方法，其决策是以期望值为标准的。人们未来可能会遇到好几种不同的情况，每种情况均有出现的可能，人们目前无法确知，但是可以根据以前的资料来推断各种自然状态出现的概率。在这样的条件下，人们计算的各种方案在未来的经济效果只能是考虑到各种自然状态出现的概率的期望值，与未来的实际收益不会完全相等。

如果一个决策树只在树的根部有一个决策点，则称为单级决策；若一个决策不仅在树的根部有决策点，而且在树的中间也有决策点，则称为多级决策。

决策树分析法为职业决策的犹豫者提供了有效的帮助。

①决策树分析的程序。

a. 绘制决策树图。决策树图的绘制顺序是由左向右的。根据需要决策的问题、可供选择的各种方案、各种方案的自然状态给出决策树图（见图6-1）。

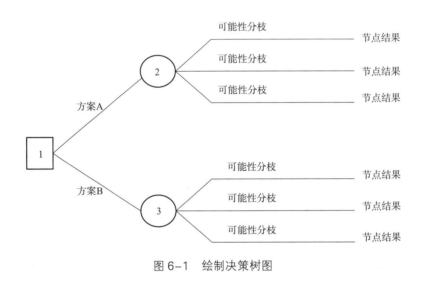

图6-1　绘制决策树图

b. 计算收益现值、期望值。决策树分析的计算顺序是由右向左的。

第一，根据有关资料计算出各结果点的收益现值，并将其标在结果点后面。

第二，根据各状态的收益现值和发生概率计算出各方案状态损益期望值，并将其标在状态节点上。

第三，根据状态期望值与投资现值计算方案净现值的期望值，并将其标在方案侧枝上。方案净现值的期望值＝状态期望值－投资现值。

c. 决策选择。决策时遵循期望值原则，就是根据各方案的期望值进行决策。

第一，若损益值用费用表示，应选择净现值的期望值最小的方案。对落选的方案在其方案枝上画"×"，表示此枝已被"剪掉"，称为"修枝"。这样在决策树上只留下一条方案枝，即为最优方案。

第二，若损益值用收益表示，应选择净现值的期望值最大的方案。

单阶段决策树。利用决策树进行决策时，凡只需要进行一次决策活动便可以选出最优方案，达到决策目的的决策，称为单级决策。把单级决策过程中各方案可能出现的自然状态概率和产生的结果绘成的图形，就是单阶段决策树。

多阶段决策树。凡需要进行两次以上决策活动，才能选出最优方案，达到决策目的的决策，称为多级决策。把多级决策过程中各方案可能出现的自然状态、概率和产生的结果，都绘在一张图上，就形成了多阶段决策树。利用决策树进行多阶段决策要从最末一级决策点开始，并用各级决策后方案的期望值代替该级决策点缩减决策树，再逐级向前推移决策。

②决策树法的优点。

决策树易于理解和实现，人们在学习过程中不需要使用者了解很多的背景知识，它能够直接体现数据的特点，只要经过解释，人人都有能力去理解决策树所表达的意义。对于决策树，数据的准备往往是简单或者是不必要的，而且能够同时处理数据型和常规型属性，在相对短的时间内能够对大型数据源做出可行且效果良好的处理。

决策树法易于通过静态测试来对模型进行评测，可以测定模型可信度；如果给定一个观察的模型，那么根据所产生的决策树很容易推出相应的逻辑表达式。

③决策树法的缺点。

决策树法也不是十全十美的，它也有缺点：使用范围有限，无法适用于一些不能用数量表示的决策；对各种方案的出现概率的确定有时主观性较大，可能导致决策失误；等等。

生涯探索

小萍这样做，你怎么看？

小萍是一个美丽聪慧的女孩，她在为自己做各种决定时，常常凭借自己的感觉。当初在高三时，她毅然放弃推荐保送同济大学的名额，辛苦复习，就是为了圆自己和家人的一个"复旦梦"。她如愿以偿考入复旦大学经济学专业后，在大三时，她又开始准备考研，因她对法律产生了兴趣，想跨专业考本校法理学的研究生。在考研失败后，酷爱旅行的她，凭着冲劲与直觉到一家旅行社上班，埋头考导游证。她常以迅雷不及掩耳的速度，在生涯抉择中走自己的路，做出让周围人咋舌的决定。同时，她又勇于为自己的决定负责，从不后悔。

桃园摘桃

路边有一片桃园（有人喜欢玉米地，也可以以玉米地为例），假如你可以进入桃园摘桃子，但只许前进不许后退，只能摘一次，要摘一个最大的，你会怎么办？

（1）反复比较、确认，但始终在犹豫中徘徊不前。

（2）哪个离我近就摘哪个。

（3）先别管了，走到最后再说吧。

（4）"我感觉这个大"就摘这个了。

（5）再怎样也摘不到最大的，随手而摘吧。

（6）别人说哪个大，我就摘哪个。

（7）脑子短路了，自己都不知道要干啥。

（8）对视野内的桃子进行观察比较，并咨询种桃人和其他摘桃人的意见，形成一个标准，再根据这个标准选择最大的桃子。

生涯实践

（1）SWOT 分析。

2～4人一组，请组员对自己进行SWOT分析（见表6-6），通过扬长避短、趋利避害的方式，选择目标，再与小组的其他成员分享。

①当你为自己做了SWOT分析之后，对自己的认识是否更加深刻了？

②与小组的其他成员分享后，你学到了些什么？

（2）决策平衡单的使用。

在表6-7中，先用你理想中的3个职业分别代替"职业选择一、职业选择二、职业选择三"，然后通过综合分析得出你最理想的职业，最后用100字左右简述一下你选择这个最理想职业的理由。

表 6-7　决策平衡单

选择项目		加权分数					
考虑因素		重要性的权数 (1～5倍)	职业选择一		职业选择二		职业选择三	
			+	−	+	−	+	−
个人物质方面的得失	1. 收入							
	2. 工作的难易程度							
	3. 升迁的机会							
	4. 工作环境的安静程度							
	5. 休闲时间							
	6. 生活变化							
	7. 对健康的影响							
	8. 就业机会							
他人物质方面的得失	1. 家庭经济							
	2. 家庭地位							
	3. 与家人相处的时间							
其他个人精神方面的得失	1. 生活方式的改变							
	2. 成就感							
	3. 自我实现的程度							
	4. 兴趣的满足							
	5. 挑战性							
	6. 社会声望的提高							
其他他人精神方面的得失	1. 父母							
	2. 师长							
	3. 配偶							
	4. 其他							
加权后合计								
加权后得失差数								

第七章　大学学涯规划和职业生涯规划

第一节　规划大学学涯

生涯导入

许多在校大学生并不在意自己以后会做什么，也不清楚自己能够做什么，更没有考虑过筹划自己的未来，直至临近毕业就业时才充满遗憾地叹息、感慨："如果重上一次大学，从大一开始就规划自己的学习生涯……"大学虽然看起来是一场"长跑"，但本质上还是"短跑"，时间转瞬即逝，要有全程冲刺的准备。

学涯规划的目的，不是要你变成另外一个人，而是变成最好的你自己。

生涯知识

大学学涯的主体内容是学习，包括专业调整、辅修、选修、校际交流、直接深造和直接就业等，当然也包括社会实践、人际交往等其他方面的经历。大学就读经验是指大学生对其自身与大学环境中的人、事、物所发生的交互作用的认识和体验，如大学生对他们的大学生活有什么样的期待？他们是如何利用时间的？一学期所阅读的书的数目是多少？一学期所写的论文是多少？除了各科考试成绩之外，大家究竟在大学收获了什么？在哪些方面获得了发展？

在座的同学们应当对你的大学就读经验有一个主观的评价：你在与学习相关的各种大学活动中究竟做了什么？譬如，你是如何利用图书馆的？你听了多少次讲座？你是如何利用计算机及网络信息技术的？你是怎样与教师和同学交往的？你给老师们打多少分？在与教师和同学交往时你都谈论什么？你对校园环境有什么看法？你对自己在读期间的收获评价如何？

1. 正确的学习策略

在其他方面保证合格水平，然后在某一方面集中精力学习，达到高于平均的水平；理工科学生要学得专一些，不能停留在泛泛而谈的一般性知识上；对于文科学生，建议多看相关专业的书籍扩展知识面，但也要有目的地选择一两个感兴趣的领域作为主攻方向，在某一领域超出平均水平，提升就业核心竞争力。通常情况下，如果你在某一方面花费的时间和精力超出周围绝大多数人时，就可以超出平均水平了。

2. 良好的学习习惯

从现在开始，说到做到，不给自己找任何借口；消除外部干扰，主要是那些可能使你脱离计划的诱惑；培养一种以前没有的习惯，为防止半途而废，关键是"熬过前三天"。简单的事天天做就成了不简单，"成功就是将简单的事情坚持下去"；养成专心致志学习的习惯；养成计划学习的习惯，目标要现实可行，习惯也要数字化，如每天背单词 30 分钟等；"不动笔墨不看书"，将精读与泛读相结合，不能看到哪里算哪里。

知识链接

4S读书法

（1）浏览（Surveying）

读者在正式对书籍进行阅读之前，可通过快速浏览，初步了解书的主要内容。

浏览将使你了解阅读材料的组织形式，确定需用的最佳阅读方式，快速高效地组织思考过程，完成阅读目标。

（2）略读（Skimming）

读者在没有充足时间、足够兴趣，或根本没有必要仔细地阅读某些材料的时候，以很快的速度阅读，适当降低理解率，并略去部分内容，来获取文章要旨和自己需要的内容。通常关于某个课题的大量略读，比细读一两本书要好得多，能帮你在短时间内获得比较多的知识。可以以最快的速度读第一段或前两段的全部，以便弄清文章的整体背景。然后快速扫视每段的首尾句或前几行，因为主题句通常位于段落的首尾。后面的几段可以略去许多句子，最后一段通常包含全文的总结，一定要全面阅读。略读速度大致为普通阅读速度的2倍以上，其目的是以最快速度获取文章的主题。

（3）寻读（Scanning）

主要用于从材料中找出某些信息，而不需要阅读全部。如在报上寻找某类信息、查找电话号码簿、翻词典查生词。寻读的目的是快速准确地找出资料和信息，应在心中默记提示词，熟悉信息的排列次序，避免无关的词语、思想的干扰。找到后，就应仔细阅读了。

4.研读（Studying）

德国物理学家普朗克曾说："读书而不思考，等于吃饭而不消化。"当需要对作品做出评价，或者吸收全文的观点、理论时，应进行细致、思辨地研读。读者在研读时，必须细心，有时需要停下来重读或思考、记忆，体会字里、言外之意，以便完全地理解材料。最重要的是：读书要能快能慢，不是每一本书都值得精读、研读的，要培养自己的鉴别能力。

3.终身教育观

终身教育这一概念是由法国教育学家保罗·郎格兰首先提出的，后在全球范围内推广，它将大学学涯的阶段再向前延伸，直接涉及终身学习的范畴。它的内涵主要包括以下几点：教育时期包括人生的各个阶段，而不限于青少年时期；要随社会发展不断完善知识体系，并逐步形成创造性思维；在人生任何时期都能最大限度地发现、培养、发展人的潜能；建立有关人类成长、发展和自我完

善的全方位的知识结构。大学生应做"改行的状元"，干一行学一行，干一行精
一行。

4. 学涯规划的实例

绘制大学 4 年的目标计划表，有助于帮你更清晰地设定目标，完成职业
规划。

一年级的分年目标，主要是迅速地适应大学的学业和生活，包括：①评价自
己的学习才能和学习习惯，如果必要，加以提高；②在学习上建立一个好的起点；
③在第二学期或暑假，应聘一份兼职的工作；④至少参加一项课外活动；⑤适应
新环境带来的新责任；⑥享受大学生活。

二年级的分年目标，主要是确定自己的职业方向，包括：①申请参加一项
以上的暑期实习；②开始计划利用暑假、一个学期或三年级一年到海外留学；
③至少参加一项"大学生科技创新项目"；④至少和一位业内人士（如人力资源
部部长）建立联系；⑤参加 1～2 个社团或特殊兴趣小组；⑥继续保持良好的学
习成绩，充分利用课堂学习时间，包括取得英语（外语）证书；⑦培养和老师的
感情，听取他们的建议和忠告，以便初步确定自己的职业方向；⑧拜访就业指导
中心。

三年级的分年计划，主要是在初步明确职业目标的基础上，全面提高自己
的专业水平和综合素质，包括：①利用暑期、一个学期或一年到国外去，体验
不同的校园文化，开阔眼界；②充分提升你的专业实力，成为所学专业的"资
深者"；③计划在三年级结束后进行暑期实习；④参加另外一项活动或社团；
⑤初步与你的就业目标单位联系，如寄信、发邮件；⑥成为自己所在的某个组
织的领袖，锻炼自己的领导力和处理人际关系的能力；⑦选修一些和专业无
关但可以使你成为更有竞争力、更风趣的求职者的课程；⑧精心设计、准备
简历。

四年级的分年计划，这是实现职业规划的冲刺期，包括：①从秋季开始展开
全面的就业咨询和求职；②和许多业内人士建立联系（认识至少 10 位企业人力资
源部部长就不愁找不到理想的工作）；③寄出至少 30 封附有简历的求职信；④调
查你希望参与面试的单位（如企业文化、理念）；⑤参加模拟面试，为实战做准
备；⑥找到工作、商谈薪酬、开始领取工资。

第二节　学涯中的时间管理

生涯导入

时间过得飞快，转眼大一的生活就要结束了。回顾一下，确实发现自己虚度了许多时光。也许是经历过高中的高压后，来到大学，发现自己突然没有什么压力，便开始过度地放纵自己。但无论将来如何后悔也没有用，只能把握现在，珍惜现在，同时对自己的接下来的 3 年做一个计划来规划自己的未来。

生涯知识

通过小组讨论，比较对大学生活的期望和在校时间实际上是如何度过的之间的反差，讨论什么才是最重要的、个人的生涯如何与生活风格相匹配，认识到兴趣与一个人的人生应该和谐一致，即每天做的事情和喜欢做的事情应有某种联系，它们应该从某种程度上有助于成就一个人的幸福。

管理时间就是管理生命、管理未来。对于大多数同学来说，时间是最宝贵的，也几乎是唯一能拿得出手的资本。要善于统计时间，善用零散时间，严格遵守闹钟时间。画一个圆，把它分成几部分，每一部分描述了过去 24 小时花在不同活动上的时间，想想每天有多少时间用于本人不喜欢的活动上？每天有多少时间用于那些没有计划过或盲目进行的活动上？每天有多少时间用于能感到兴奋或被激励的活动上？现在，再画一个圆，把它分成几个部分，反映出自己期望的度过自己的时间的方式。这个圆和上一个圆有什么不同吗？你领悟到什么是对自己重要的了吗？现在，你需要做些什么使你在人生中取得平衡？

提高效率、集中精力、高度投入，有效率的 1 个小时胜过心不在焉的 2 个小时。要杜绝时间黑洞：防止"三闲"（闲话、闲事、闲思）及其他干扰；战胜懒惰拖拉、学会拒绝（时间管理当中最有用的词是"不"）。

时间管理四法则：优先重要法则（先做最重要的事，而不是最着急的事）、帕累托法则（用你 80% 的时间来做 20% 最重要的事情）、高效法则（同一类型的工作集中在同一时间段处理）、有得有舍法则（简化生活、不要追求太多，注意力集中点，最好不要同时做超过三件事）。

生涯实践

1.介绍一种有效的时间管理法：时间表法。制订时间表的原则：①了解自己的生物钟；②统计时间利用情况，分析自己能掌握的时间；③排出优先次序；④将大块时间分开；⑤合理安排学习活动内容，以便充分利用高效时间和低效时间，用最有效率的时间段去做最重要、最艰苦的工作；⑥留出合理的休息时间，劳逸结合，享受时间。（时间表例子见表7-1、7-2）

表 7-1　一周基本时间管理

时间	一	二	三	四	五	六	日
？：00	你能起得多早						
7：00～8：00	洗漱						
8：00～9：00	计算机基础理论	专业英语精读	专业英语听说		邓小平理论		
9：00～10：00							
10：00～11：00		大学英语		专业英语精读	大学英语		
11：00～12：00							
12：00～13：00	午休时间	12：30志愿者例会	写一周工作综述	午休时间	午休时间		游泳课
13：00～14：00							
14：00～15：00	西方外交思想史	邓小平理论（单周）	近代国际关系史	政治学概论	中国政治概论	管理哲学	
15：00～16：00							
16：00～17：00							
17：00～18：00	晚饭						

续表

时间	一	二	三	四	五	六	日
18：00～19：00	计算机						
19：00～20：00		基督教文明史					
20：00～21：00							
21：00～22：00			团委例会				
22：00～23：00	写日记、洗漱						
?：00	你还要睡得多晚					你在干什么	

表 7-2 一周详细时间管理表

时间	一	二	三	四	五	六	日
?：00	你能起得多早						
7：00～8：00	洗漱					多睡一会儿	
8：00～9：00	计算机基础理论	专业英语精读	专业英语听说	练英语口语和听力	邓小平理论	起床	起床
9：00～10：00						和同学到商场买外套，下午两点前回来	参加志愿者活动
10：00～11：00	预习计算机课程	大学英语	到图书馆看参考书	专业英语精读	大学英语		
11：00～12：00							
12：00～13：00	午休时间	12：30志愿者例会	写一周工作综述	午休时间	午休时间		游泳课
13：00～14：00							

续表

时间	一	二	三	四	五	六	日
14：00～15：00	西方外交思想史	邓小平理论（单周，双周值班）	近代国际关系史	政治学概论	中国政治概论	管理哲学	
15：00～16：00							
16：00～17：00							
17：00～18：00	晚饭						老乡聚会
18：00～19：00	计算机	上网	给高中同学写信	复习专业英语	全面复习本周课程，英语	休息	
19：00～20：00		基督教文明史	洗澡	看《邓小平文选》背2个单元的单词		打乒乓球	看影片《圣女贞德》
20：00～21：00	准备"邓小平理论"课程讨论		看"台湾概论"课笔记	做英语习题		上网处理一周的信件，浏览	
21：00～22：30	预习专业英语课文	复习大学英语	团委例会 洗衣服				做下周时间表
22：30～23：00	写日记、洗漱						
？：00	你还要睡得多晚					你在干什么	

第三节 规划我的职业——职业生涯规划的常用方法

生涯导入

小毛虫的勇气

一天，一条小毛虫在朝太阳方向爬行的时候遇见了一只蝗虫。小毛虫告诉它自己要去山顶看整个山谷，因为昨晚做了这样的梦。蝗虫很惊讶地说："你疯了？对于你来说，一块石头就是高山，一个水坑就是大海！"小毛虫没理会，慢慢走远了。小毛虫在路途中又遇到了蜣螂。听明白缘由之后，蜣螂笑着说："有健壮腿脚的我，都没这么狂妄过。"小毛虫不顾讥笑，继续前行。随后，蜘蛛、鼹鼠、青蛙和花朵都以类似的方式劝小毛虫放弃这个念头，但小毛虫始终向前爬行。终于，它筋疲力尽，觉得快要死了。它停下来，用最后的力气，建了一个安眠的地方——蛹。所有的动物都来瞻仰小毛虫的遗体，它的蛹成了勇于实现梦想的纪念碑。一天，小毛虫贝壳状的蛹突然裂开，一只美丽的蝴蝶出现在大家面前。最后，美丽的蝴蝶飞到了大山顶上，化蝶后的小毛虫终于实现了梦想！

生涯知识

1. 职业生涯规划"五步法"

"五步法"是做职业生涯规划的一种简单易行的方法，"五步法"被许多人成功运用，依托的是归零思考的模式。以下共有 5 个问题，综合这 5 个问题的答案，就可以设计出自己的职业生涯规划。

Who are you？（你是谁？）

What do you want？（你想做什么？）

What can you do？（你能做些什么？）

What can support you？（环境支持或允许你干什么？）

What you can be in the end？（你的最终职业目标是什么？）

对于第一个问题"你是谁？"，回答的要点就是面对自己，真实地想出每一个能想到的答案，列出自己的优缺点、特长、性格类型等，对自己进行全方位的评估。

对于第二个问题"你想做些什么？"，要将自己的能力和自己还可以开发出来的潜能全部罗列出来，进行排序。

对于第三个问题"你能做些什么？"，主要列出自己真心向往、想做的事，并进行排序。

对于第四个问题"环境支持或允许你干什么？"，则要考虑自己周边的环境以及能够从环境中获得怎样的支持。

如果能够回答出第五个问题"你的最终职业目标是什么？"，就可以成功地完成"五步法"。具体做法是：通过前面4个问题的答案，大学生能找到目前对自己职业发展有利和不利的因素。选择有利因素最多、不利因素最少，并且自己喜欢做的职业，最后一个问题中的"最终职业目标"就有了答案。

最后，大学生可以根据自己的职业目标，制订自己的职业发展方案。其中包括：应该学习什么专业知识？提升哪些能力？参加哪些社会实践？到哪些单位实习？预测自己在单位的发展情况，自己要先从哪个岗位做起？向什么职位发展？……

案例剖析

小李，女，就读于计算机专业，虽然计算机专业属于热门专业，但是在这个专业中，女生并不具备优势，竞争力明显弱于男生。同时，小李又比较喜欢教师这个职业，所以，小李在职业选择上出现了困难。在这种情况下，用"五步法"就可以通过对职业规划方面的思考，确定其就业的方向。

"Who are you？"——某高校计算机专业毕业生，身体健康，性格和善，学业成绩优秀，长期担任学生干部；家庭状况一般，父母工作稳定，身体健康，暂时还不需要他人的照顾。

"What do you want？"——一是比较喜欢教师职业，二是希望能成为一个技术人员，三是如果成为管理人员也是可以接受的。

"What can you do？"——在校读书期间，通过组织校园活动，能够很好地和同学相处；实习时做过和专业相关的技术开发工作，感觉对岗位的适应能力还不错。

"What can support you？"——通过学校的"双选会"对一家公司做技术开发的岗位比较感兴趣，但这目前还不是第一选择；学历不高从事教师行业存在较大的困难。

"What you can be in the end？"——最后可能会出现以下几种职业选择：

（1）到公司做技术人员，收入可能较为可观。但是行业的起伏较大，同时需要不断对自己的知识进行更新，工作压力较大。

（2）通过自身的努力，成为一名教师。自身的不足之处是缺乏教师职业的基本训练，需要一定的时间加以培养。

（3）通过"专升本"考试，成功考入本科学校继续学习。不足之处是不确定因素较多，始终处于被动状态。如果仅仅从职业发展来看，第二种选择最符合本人的职业取向，最容易使自己的心理得到满足，自己在工作中也能够全身心地投入，会有成就感。面临的主要问题就是非师范生想进入教师这个行业比较难，如果能够找准专业与职业之间存在的差异，努力弥补相关缺陷，那么很有可能实现自己的职业理想。

2.职业生涯规划"五部曲"

（1）客观认识自我，准确定位。

首先进行自我评估：想做什么？能做什么？适合做什么？是否和岗位匹配？

（2）对职业进行评估，确定目标。

评估外界环境：对自身的要求是什么？存在怎样的机会和挑战？

（3）择优选择职业目标和路径。

在充分评估自身实力和权衡外界环境的基础上，选择最适合自己的职业目标，针对目标选择最适合的路径，同时兼顾对风险系数的考虑。

（4）制订适合的行动策略。

学会区分轻重缓急以及进行时间管理，根据目标，结合实际情况制订行之有效的行动策略。

（5）与时俱进，不断修正和调整策略。

根据外界环境的变化不断地调整策略，优化自己的职业生涯规划，以适应各种变化。

3. 职业生涯规划的 SWOT 分析法

SWOT 分析法是在职业生涯规划中使用频率较高的一种方法。下面对自我进行分析，并在相应的模块中进行填写（见表 7-3）。

表 7-3 职业生涯规划的 SWOT 分析

优势：	机会：
劣势：	威胁：

（1）优势分析。

在校期间曾经获得过什么奖励、组织和参与过什么样的社会实践活动等，这些都能够从侧面反映出一个人的综合素质。在进行自我分析时，要善于总结经验，以便确定未来的工作方向。

（2）劣势分析。

能准确认识到自身存在的缺点，如不善交际、做事拖沓等。

（3）机会分析。

从当前的社会环境入手，考虑当前的环境是否有利于所选职业的发展，并且学会对所处环境和所选择单位的外部环境进行分析：哪些因素是对自己有利的？所选择的单位在市场中的竞争力如何？

（4）威胁分析。

对所处环境和以后所选择的单位内部的各种危机进行分析。如行业是否为夕阳产业、单位内部是否有晋升的机会、会有多少人和自己进行竞争等。

案例剖析

小张，某高校社会工作专业学生，现已被某社会工作机构录用。下面我们用 SWOT 分析法对小张进行分析。

1. 优势及其发挥

（1）优势。

在校期间通过在社团和学生会的锻炼，积累了丰富的社会活动经验，比较擅长活动的组织策划，拥有较强的沟通能力和亲和力，比较受老师和同学的喜爱。

（2）优势的发挥。

在面试中回答问题和做案例分析时能够让面试官充分认识到小张的分析能力，丰富的社会活动经历给他提供了许多让人信服的案例。

2. 劣势及其弥补

（1）劣势。

成绩处于中上水平，专科毕业，没有更高的学历去应聘对学历有一定要求的单位，同时应届毕业生缺乏工作实践经验。

（2）劣势的弥补。

一开始可以选择对学历要求较低的用人单位就业，在工作中不断地充实和完善自己，同时要注意培养社会工作者基本的职业素养和职业技能。

3. 面临的机会和威胁

社会工作专业就业前景非常广阔，就业范围很宽，机关、企事业单位、公益组织、社区、学校、医院甚至军队，只要有人的地方就有专业需要，需求很大，国家社会工作专业人才培养规划很广泛。随着经济的进一步发展和对社会稳定、和谐水平要求的提高，就业状况会逐步有所改善，特别是政府购买专业社会服务形式的出现，将使社工待遇与事业单位工作人员类似，专业对口就业将成为主流。但这需要一定的时间。实际上，深圳、广州及上海等地已有成功探索的例子。

目前，社工的薪资还没有统一的标准体系。除了每年民政部以公务员等形式招聘的一部分毕业生可以"旱涝保收"之外，其他职位如福利院或街道的社工，其待遇和普通护理工作人员差不多，由于人事编制问题，户口、住房等问题都很难得到解决。

第四节　职业生涯规划书的写作

生涯导入

美国作家欧·亨利在他的小说《最后一片叶子》里讲了个故事：病房里，一个生命垂危的病人从房间里看见窗外的一棵树，树叶在秋风中一片片地掉落下来。病人望着眼前的萧萧落叶，身体也随之每况愈下，一天不如一天。她说："当树叶全部掉光时，我也就要死了。"一位老画家得知后，用彩笔画了一片叶脉青翠的树叶挂在树枝上。最后一片叶子始终没掉下来。只因为生命中的这片绿叶，病人竟奇迹般地活了下来。

人活在世上最可悲的是没有希望，没有希望就没有目标，为自己的生命保留一片树叶吧。

生涯知识

1. 职业生涯规划书的基本内容

职业生涯规划书的实质是职业生涯规划的书面化和具体化，因而其基本内容应能体现职业生涯规划的一般过程，还要包括知己——认识自我、知彼——认识环境、定位与决策——对可能的职业目标和职业路径做出分析和选择、行动——制订具体可行的行动计划等几大部分。具体来说，职业生涯规划书主要由以下几部分组成：

（1）扉页。

扉页包括题目、姓名及基本情况介绍等。

（2）职业方向及总体目标。

这是职业生涯规划的纲领，因而是制订职业生涯规划的关键。通常目标有短期目标、中期目标、长期目标和人生目标之分。长期目标则需要个人经过长期艰苦努力、不懈奋斗才有可能实现，确立长期目标时要立足现实、慎重选择、全面考虑，使之既有现实性又有前瞻性。短期目标更具体，对人的影响也更直接，是长期目标的组成部分。

（3）自我分析评价。

一个有效的职业生涯设计必须在充分且准确认识自身条件与相关环境的基础上进行。要审视自己、认识自己、了解自己，做好自我评估，包括自己的爱好、特长、性格、学识、技能、智商、情商、思维方式、潜力等，即要弄清自己想做什么、自己能做什么、自己应该做什么、在众多的职业面前会选择什么等。

（4）环境分析。

职业生涯规划要充分认识与了解相关的环境，评估环境因素对自己职业生涯发展的影响，分析环境条件的特点、发展变化情况，掌握环境因素的优势与限制。了解本专业、本行业的地位、形势以及发展趋势。

（5）职业定位。

职业定位就是要为职业目标与自己的潜能以及主客观条件谋求最佳匹配。良好的职业定位是以自己的最佳才能、最优性格、最大兴趣、最有利的环境等为依据的。职业定位过程中要考虑性格与职业的匹配、兴趣与职业的匹配、特长与职业的匹配、专业与职业的匹配等。

（6）行动策略。

行动策略就是要制订实现职业生涯目标的行动方案，要有具体的措施来保证。没有行动，职业目标只能是一种梦想。要制订周详的行动方案，更要留意如何去落实这一行动方案。行动方案的制订可以围绕短期目标、中期目标等阶段性目标的实现而展开。

（7）评估与反馈。

职业生涯规划要帮助个人了解自己，对自身的能力、潜力进行正确的评估，并表明发展的预期目标，将自身条件、发展潜能、发展方向与环境给予的机遇和挑战相比较，最终使人达到"觉醒"。同时，通过业绩评估和其他评价，明确自身的知识水平、管理能力、专业能力等各方面的状况，通过潜能评估发现有利于未来发展的潜力。

2.职业生涯规划书的写作方法

每个人可以根据自己的实际情况来撰写具有个人特色的职业生涯规划书。但总的来说，职业生涯规划书的写作方法是大同小异、有章可循的。撰写职业生涯规划书的过程，实际上就是职业生涯设计的过程。

（1）自我评估。

在整个规划流程中，正确的自我评价是最基础、最核心的环节，这一环节做不好或出现偏差，就会导致整个职业生涯规划的失败。在进行职业规划时，自我分析一般是在依据心理学的测评系统对自己的心理素质、人格特征等进行测评的基础上，结合自己的兴趣、爱好、以往的经历及他人的评价等对自己加以综合评价，给自己"画像"。自我分析可以从以下几方面入手：

①主观自我分析：主要分析个人兴趣爱好、个人性格特点、个人各方面的能力和潜质及特殊才能、个人价值观和追求等方面。

②借助工具评估：主要依据现存的心理测评系统和软件，对自己各方面（智力、职业兴趣、人格特质、职业倾向和自主力、职业价值观）进行测评，形成分析报告。

③对以往的经历和目前处境分析进行：包括以往的学习与工作经历，尤其是取得过的引以为荣的成绩，以及自己认识到的对自己影响特别重大的事件；目前的处境包括处在人生的哪个阶段、正在做什么等；对与自己职业生涯发展有密切关系的一些环境因素的分析，比如家庭情况、对自己有帮助的人和事等。

④他人评价：和自己关系不同的人对自己的评价。

根据以上自我分析的结果，对自己的优势、劣势、机遇、威胁进行分析，即做 SWOT 分析，形成自我分析小结。

（2）环境分析评估。

在进行职业规划时，我们必须全面、客观、正确地分析和了解自己所处的环境和将要面临的环境，即在"知己"的基础上还要"知彼"，这样才能百战百胜。

对环境的分析包括：家庭环境分析、学校环境分析、社会环境分析（社会经济环境、社会政治制度、文化环境、法律环境、职业和就业环境等）、行业环境分析（职业的特点和要求、现有从业人员的情况、所在行业的发展情况、前景与趋势及其对从业人员的要求、未来有哪些行业可能会对你的目标职业有需求）等。

（3）目标选择定位。

在进行职业定位时应注重：①依据客观现实，考虑个人与社会、企业的关系；

②比较鉴别，比较职业的条件、要求、性质与自身条件的匹配情况，选择符合自己的特长、自己更感兴趣、经过努力能很快胜任、有发展前途的职业；③扬长避短，看主要方面，不要追求十全十美的职业；④审时度势，及时调整，要根据情况的变化及时调整择业目标，不能固执己见，一成不变。

在这一环节，也可以记录对自己职业生涯影响最大的一些人的建议。

（4）目标的分解与组合。

在形成目标定位后，就要为实现目标寻找发展策略和发展路径，即确定自己的生涯路线。在实施时可将人生总的目标定位分解为若干个小的目标，并在特定发展阶段对生活学习等各方面的目标进行排列组合。这一环节的实质是要明确自身现实状况与要实现的目标之间的差距，找到缩小差距的方法，并形成初步方案。

（5）制订行动计划。

行动计划也即目标实现策略，就是通过各种积极的具体措施与行动去争取职业生涯目标的实现，也就是说，在职业生涯规划书中，为如何实现自己的职业生涯发展目标，制订一个比较详细而又切实可行的行动计划和策略方案。

（6）建立评估。

职业生涯规划是个动态的过程，在职业生涯规划过程中，要根据实际情况自觉地总结经验和教训，修正对自我的认知和对最终职业生涯目标的界定。这是职业生涯规划不至于虎头蛇尾的保障。职业生涯规划书也应该体现这种评估与反馈机制，主要包括以下几方面。

①规定评估内容：自我认知评估、职业目标评估、职业路径评估、行动计划评估等。

②根据实际情况设定评估时间和评估周期。

③评估出现或可能出现的危险因素以及制订相应的调整、修正和备选方案。

3. 职业生涯规划书的常见格式

（1）表格式。

这种格式的规划书为不完整的职业生涯规划书，常常仅写有最简单的目标、分段实现时间、职业机会评估和发展策略等几个项目，有的只是一份完整的职业生涯规划书的计划实施方案表，适合日常警示使用。还有的相当于职业生涯目标列表（见表7-4）。

表7-4 职业生涯规划表

序号	项目	当前	三年	五年	未来
1	学业				
2	学历				
3	职位				
4	职称				
5	薪水				
6	奖项				
7	社交圈				
8	业务范围				
9	活动区域				
10	住房				
11	交通				
12	其他				

（2）条列式。

这种格式的规划书包含职业生涯规划的主要内容，多是简单的表还，没有详细的材料分析和评估。文字简练，但逻辑性和说理性不强。

案例剖析

"航天杯"首届中国大学生职业规划设计大赛一等奖作品

姓名：朱××

性别：男

年龄：22

一、前言

随着我国高等教育的大众化发展趋势，高校毕业生的就业问题越来越突出。严峻的就业形势给当前的大学生带来了前所未有的压力。作为一名即将走上工作岗位的大四学生，在此时对自己和职业环境进行准确评估，进而规划自己的职业生涯，有十分重要的导向意义。

二、职业定位

我的职业定位是西部基层教育工作者。整个职业生涯按照时间顺序分以下3个阶段：①大四阶段；②基层教师（23～35岁）；③西部办学（36～60岁）。这3个阶段按照时间顺序分布，根据各个阶段的职业发展特点，制订不同的阶段目标、实施路径、调整方案（见表7-5），使自己不断完善，使职业目标得以实现，促进自己与社会的共同发展，寻求个人价值与社会需要的契合点。

表7-5 职业路径列表

职业阶段	时间	职业目标
第一阶段	大四	大四学生
第二阶段	23～35岁	基层教师
第三阶段	36～60岁	西部办学

三、认识自我

为了科学、全面地认识自我，我参加了职航快线的人才测评，测评结果如下。

（一）职业能力

职业能力是一个人从事某项工作的潜质，对一个人的职业定位和职业选择非常重要，它决定一个人是否适合某种工作。只有人与岗的匹配，才能使自己的职业生涯得到很好的发展，反之，将阻碍自己的职业发展。另外，对自己的职业能力有了清晰明确的认识，才能在以后的自我提升中扬长避短，不断提高自己。

我的推理能力、数理能力和信息分析能力以及语言能力较高，而基本智能和人文素质较低。较强的推理能力得益于自己缜密的思维和做事的认真、讲求逻辑性。这项能力对一个人经营一个较独立的团队有很大帮助，能清晰地分析出团队的生存空间、发展步骤等。数理能力是对数字的整理分析能力。这是在数字化社会中人的一项必备能力。信息分析能力是在综合材料的基础上提炼出对自己有价值的信息。这项能力对做一名语文教师非常有帮助，因为对课文的分析是语文教学的重点。语文课文的重要特点就是通过象征、隐喻等手法将作者的思想和感情隐藏于文字之后，形成距离美感，这就要求语文教师有对材料中直接表述的内容有较强的分析能力。

语言能力是作为一个教师最重要的能力之一，它是知识的最后传播阶段，是直接影响工作质量的一种能力。而人文素质是从事各种职业所不可缺少的一项能力，尤其是教育工作者。因为教育是面向人、面向孩子的职业，教师的职责不仅要向学生传递知识，而且要培养学生高尚的品德。老师先要有高尚的品德，才能给学生好的影响。人文素质是我比较缺乏的，要在以后的学习、生活中不断提高完善。

（二）职业价值观

职业能力决定一个人对职业的选择以及能否很好地适应职业。而职业价值观决定能否在职业生涯中得到自我追求的满足。前者侧重于短期选择和表面价值，后者更侧重于长期发展和内在提高。所以，两者同等重要。我的 3 个最主要的职业价值观是：家庭取向、经营取向和自我实现取向。这 3 个价值取向各有其优势和劣势，分析见表 7-6。

表 7-6　职业取向测评结果

	家庭取向	经营取向	自我实现取向
优势	1. 有较高的稳定性和忠诚度	1. 独立性强	1. 重视他人感受与价值
	2. 做事勤奋踏实	2. 主动行动	2. 做事目标明确
	3. 重视同事、个人情感	3. 有强烈的成就动机	3. 有强烈的发展、提升意识
劣势	1. 进取心不够	1. 较主观	1. 可能不够客观
	2. 处事比较保守	2. 协作性可能不够	2. 对自身利益考虑不够
	3. 工作状态易受家庭影响	3. 可能比较固执	3. 有时过于敏感

以上对 3 种主要价值取向的分析，使我更深层地了解了自己的优缺点，应在以后的学习生活中不断提高完善自己，更好地评估调整自己的职业规划，更好地实现自己的职业目标。

职业人格是人格的一个组成部分。一个人的人格是相对固定的而且是互不雷同的。所以，认识自己的性格特别是职业性格是定位适合自己岗位的前提。只有做到人岗匹配才能发挥自己职业人格中有利于职业发展的部分。所以，选择适合自己职业人格的职业也就意味着选择适合自己性格的职业。通过测评可知，我的职业人格属于稳健型。具体表现如下：

第一，综合特质。冷静有耐心；少许的开明态度，友善且热心；接纳他人的看法；珍惜与人之间的互动；内向。

第二，能力优势。忠实可靠；善解人意，善于聆听与辅导，极具毅力；自制且有耐心；能够稳定地完成艰难工作。

第三，人际关系。希望别人主动；外表稳重可靠；维持既有人际关系；交际圈小。

通过对我的职业人格的分析可知：稳健型的职业性格使我适合做相对稳定且不具有冒险精神的工作，适合与人打交道，能独立承担并很好地完成一项有难度的工作。但一些不利因素也会影响到我的职业目标的实现，所以，在清楚认识自我的基础上，要积极主动地完善自己职业性格中不利于实现职业目标的部分，为职业目标的实现时刻准备着。

（三）个人因素和外部环境因素的 SWOT 分析

1. 个人部分

（1）健康状况。身体很健康，无重大疾病。能够顺利通过服务西部计划的体检。平常喜爱爬山、游泳、打篮球等运动。善于将学习与休闲进行有机结合。生活有规律，学校寝室晚上 10 点半熄灯，一般 11 点睡觉。早晨 6 点起床，保证 7 个小时左右的睡眠时间。白天午休 1 小时，保证高效率的学习。

（2）学习情况。中学时学习一直很好，尤其是语文，一直很优秀，为大学期间中文专业的学习打下基础。大学期间在学好专业课的基础上，积极培养对其他专业的学习兴趣。

（3）兴趣爱好。爱好写作、演讲、演话剧等文娱活动，积极锻炼自己对文字和语言的驾驭能力。爱好爬山、打篮球等体育活动，使自己拥有强健的体魄，旺盛的精力。

（4）个人提高。我善于将理论知识与实际情况结合起来，在知与行统一的基础上，得出自己的结论，有一定的科研能力。通过大学生活的锻炼，提高了自学能力，能独立完成一门功课的初步学习。

（5）管理技能。有较强的领导团队的能力，善于与人沟通，善于控制自己的情绪，有较好的心理素质，在策划组织大型活动中体现出了较高的组织能力。

（6）价值追求。追求自我价值的实现，有强烈的事业成就欲望。看重对社会的一份责任，注重个人内在素质的提高和生活的精神享受。

2. 学校部分

（1）专业学习。我所就读的是中文专业中的汉语言文学，是中文专业的基础性专业。这一专业是我兴趣与特长的结合。学习过程是愉快的，也是很有成效的，其中"现代文学"曾考过全班最高分。但是由于"文学理论"理论性太强、较枯燥，学习效果相对较差。

（2）技能掌握。顺利通过了普通话测试，取得了一级乙等证书。计算机通过了省文管二级测试，能熟练使用 Word、Excel 等 Office 办公软件和 FoxPro 数据库管理系统软件。英语通过了非专业四级考试，有一定的阅读和交流能力。

（3）所任职务。任华中地区十大高校文学社团之一的远方文学社社长，编辑《远方》杂志，定期请作家、教授举办文学讲座。任学校学工部教育科学生助理。任信阳人民广播电台兼职主持人。现任我班班长。这些职务锻炼了我的工作和人际交往能力，提高了我的专业素质。

（4）所获奖项。一等奖学金、单项奖学金。"网通杯"首届河南省大学生职业规划设计大赛"规划设计之星"荣誉称号。信阳师范学院教师技能大赛二等奖。信阳师范学院校庆三十周年演讲比赛一等奖。

（5）学习环境。信阳师范学院的学习风气好；考研率较高。良好的学习氛围为我的自我提升创造了客观条件，学校优美的环境和良好的师资以及浓厚的学术氛围使我的素质得到了潜移默化的提高。

（6）生活环境。近几年学校注重了基础设施的建设。住宿、就餐、购物、休闲、锻炼等设施达到了国内一流水平，为我的自我提升提供了物质保障。

3. 家庭部分

（1）家庭经济情况。农村一般家庭，经济上可以帮我完成学业，但不能提供更多经济上的支持。

（2）家人健康状况。家人均身体健康，不会影响我的职业选择和职业发展。

（3）家庭成员关系。家庭成员关系非常好，都非常支持我的职业选择。

综合以上分析，采用 SWOT 分析法得出以下结论，如表 7-7 所示。

表 7-7　SWOT 测评结果

	机会因素（O）	威胁因素（T）
外部环境因素	1. 国家对大学生就业尤其是到西部基层就业的优惠政策。 2. 在西部大开发、西部基层教育发展的迫切性、必然性的历史机遇下，农村下一阶段就业人数增多，我国基层教育小班教学模式将被推广。 3. 知识经济时代的到来，使教育在国民经济中的作用越来越重要，教师的地位越来越高。	1. 大学生就业形势严峻，竞争激烈。 2. 就读学校和所学专业竞争力不强。 3. 西部基层教育发展缓慢，基础设施跟不上，限制个人才能的发挥。
	优势因素（S）	弱势因素（W）
个人状况	1. 身体健康，精力充沛。 2. 有正确的目标和为目标奋斗的毅力。 3. 扎实的专业知识基础。 4. 在组织、参与各种活动中得到很多经验。 5. 在大学时期，参加了各种社会实践，增强了对社会的认识。 6. 家人和朋友的大力支持。	1. 自我意识强，有时会忽略别人的感受。 2. 自信心太强，对困难估计不足。

由 SWOT 分析可以看出，师范类专业学生就业形势虽然很严峻。但如果把目光放大广大基层，就业前景还是很乐观的。我的性格特征、能力倾向以及家庭和在学校所学专业决定了我选择做一名西部基层教育工作者是正确的。但随着越来越多的大学生投身西部教育事业，竞争还是有的，所以我要为了实现这一职业目标在各个方面做好准备。

认识自我总结：通过以上的自我分析，职航快线人才测评结果和 SWOT 分析，以及家人、朋友对自己的评价，说明我适合从事教育事业，也具有为社会做贡献的精神和自主创业的能力。

四、职业环境

（一）西部大开发

自 2000 年我国西部大开发迈出实质性步伐以来，短短几年，青藏铁路、西气东输等大型工程相继竣工，500 万亩地退耕还林还草试点工程、高新技术产业化项目等正在如火如荼地进行。西部已成为一片开发的热土。中共中央已经明确表示，要坚持实施西部大开发战略不动摇，坚持对西部大开发的支持力度不减弱。在这一历史机遇下，西部的基层教育也面临难得的发展机遇。

（二）大学生志愿服务西部计划

在西部面临的难得历史机遇面前，人才的缺乏日益凸显。为此，共青团中央、教育部、财政部、人力资源和社会保障部从 2003 年开始联合发起"大学生志愿服务西部计划"，鼓励大学生服务西部。胡锦涛总书记就实施"大学生志愿服务西部计划"曾做出重要指示，中央下发了《关于引导和鼓励高校毕业生面向基层就业的意见》的文件。2005 年西部计划全国项目办共派遣 11300 名志愿者，这些志愿者的服务时间大都是 2 年。在我毕业的 2007 年，国家将招募和 11300 这个数字相当的志愿者去填补这些志愿者的空缺。随着西部社会的全面发展，这一数字有可能增加。"大学生志愿服务西部计划"和这一计划的良好落实为我到西部支教的职业目标的实现提供了客观条件。

（三）西部基层教育情况

西部基层教育面临着严峻的现实。随着国家"两免一补"政策在西部的实施，很多贫困家庭的孩子得以走进教室，避免了失学的命运。但严峻教育现实的改变不可能一蹴而就，主要体现在以下几个方面：首先是学校基础设施的建设跟不上学生的需要。国家在免除了学生的学杂费之后，按照学生人数给学校一定的财政补贴，这些补贴被用来弥补免收学杂费造成的财政空缺，也只够维持学校的正常运转。而学校校舍、体育器材等需要较多资金的项目则很难得到改善。其次是师资力量薄弱。在如今的西部基层教育讲台上的老师，大多年龄较大，且有一部分是由民办教师转为公办教师的，这些教师具有丰富的教学经验和可贵的奉献精神，但随着社会的发展变化，知识经济、信息时代的到来，他们的知识体系和教学方法已经落后，不利于学生的学习。而西部本土培养出来的师范类学生又由于人事制度的落后得不到很好的安排。再者是"读书无用论"的不良影响，加之高中又不在国家免除学杂费的范围内，贫困的个体家庭很难负担起高中费用，导致很多孩子在初中毕业后就外出打工，影响了西部整体教育质量。以上这些严峻的教育现实，决定了西部还需要大批高素质的教师充实教育第一线，也需要高质量的能帮助西部贫困孩子的高级阶段的中学。这样的形势使我的西部办学的职业目标不仅具备了个人价值实现的可能，同时也具备了社会意义，使自我价值与社会需要得到了很好的结合。

（四）专业因素

数据显示，现阶段西部紧缺农业、林业、水利、师范、医学等专业的志愿者，学历要求为"突出本科及本科以上学历"。我就读的信阳师范学院是一所以本科教学为主的有一定影响力的师范类院校，非常符合国家相关政策要求。

我所学的中文专业是基础性学科，虽然不是社会需要的热门专业，但多年来一直保持稳定的就业形势。其就业行业主要是记者、编辑、教师、文秘等。可选择行业不是太多，但近年需求量稳中有升。如果师范类的中文专业学生把就业目标放在基层，则非常容易就业。因为在广大中小学，语文是一门基础学科，需要大批优秀的语文教师。

（五）社会力量办学

在西部大开发这一战略中，西部农村教育也将取得历史性的发展。随着西部基层教育的发展和前段时期我国人口出生高峰的到来，西部入学人数将增加，给基础尚薄弱的西部基层学校带来压力，为社会力量办学提供机会，也使其变得迫切。国家对社会力量办学也一直大力支持，尤其是 2003 年 9 月 1 日实行的《中华人民共和国民办教育促进法》更是社会力量办学的法律保障，相信这方面的法律建设会越来越完善。

总结：通过对职业环境的分析可以看出，国家社会大环境对教师尤其是西部基层教师的需求量依然很大。所读学校以及所学专业都能使我找到一份教师工作。国家的教育形势为到西部办学提供了客观条件。选择教育工作，不仅是我的职业倾向和岗位的最佳匹配，也是适应国家和社会发展的需要。

五、实施路径

（一）大四学生

这一阶段总目标：打下扎实的专业知识基础；掌握成为一名合格教师所应具备的各项技能；提高自己的人文素质，收集就业信息，了解必要的面试技巧，报名西部支教项目。

1. 行动策略

（1）学好专业知识。中文专业知识包括三大块：语言、文学、文艺理论。我校中文专业大四学年开设的主要课程有：近代文学、西方文学思潮、中国文字学、中国民间文学、语文教学论等（以上为必修课）；老舍研究、鲁迅作品专题研究、诗词曲赋比较研究等（以上为选修课）。

学习时间：保证正常上课时间，课余抽出一定时间预习、复习，阅读与课程相关的书籍，扩大知识面。

学习方法：系统性地复习前3年所学专业知识，时间截至大四上学期。大四学年要学的课程根据每门课程的性质采取不同的学习方法。文学类质的课程要把理论学习和作品阅读、背诵相结合。研究类的课程要泛读相关书籍，扩大知识面，掌握最前沿的研究成果。实践性的课程如语文教学论等，要把理论学习和实践相结合，提高自己的实际教学能力。

（2）提高师范技能。师范技能主要包括普通话、"三笔字"、计算机等，这些在以前的大学阶段的学习中已经得到了比较系统化的学习和锻炼，最后一年要做的是进一步强化，使其和实践更好地结合。

2. 强化措施

（1）普通话。作为教师，普通话训练侧重了发音的准确和语言组织能力的提高。我已经考取了普通话一级乙等证书，发音已经达到较高水平，计划每天抽出半小时的时间读一些文章，在日常生活中坚持说普通话，保证语音的标准化。提高语言组织能力的具体措施：阅读散文大家的著作，学习其质朴委婉而又内涵无穷的语言风格；背诵汉赋名篇，学习其铺张华丽的语言风格；阅读鲁迅作品，学习其语言的深刻性与简洁性。

（2）三笔字。"三笔字"指粉笔字、钢笔字、毛笔字。三者的内在是统一的，复习在书法课上学到的理论知识，平常经常练习。每天下课后，抽出20分钟左右的时间在教室黑板上练习粉笔字，在平常写字中有意锻炼钢笔字，每天晚饭后抽出20分钟左右时间在寝室练习毛笔字。定期请我校书法学教师、信阳书法协会主席姚学贤老师批评指正。

（3）计算机。在以前的大学学习中，已经熟练地掌握了计算机基础知识，通过了省文管二级考试。需要进一步提高的是教学课件的制作水平。主要措施是从图书馆借阅有关 Flash、课件大师等软件的书籍，利用学校机房自学，遇到困难向机房老师请教。

（4）提高人文素质。人文素质虽然很抽象，但对人的影响却是具体的，其影响着一个人对待工作、对待生活的态度。要通过阅读中国古典文学作品和外国文学名著来提高人文素质，并要特别注意在日常生活中严格要求自己。这也是职业生涯的重要组成部分。

（5）收集信息，报名支教。团中央、教育部等四部委 2003 年联合发起的"大学生志愿服务西部计划"在各高校得到了很好的落实，我将从网上及时了解相关信息，并留意我校的相关信息发布。在规定时间内网上报名，接受学校选拔。学校选拔标准是思想品质好、业务素质高、奉献精神强、身体健康。这些素质我都具备，自信能通过学校的选拔和省项目办的审核。我国现行的服务西部计划大部分是为期 2 年的，其间可申请重新分配工作，并且有一定的优惠政策。2 年期满后，我将申请留在西部基层学校。

（二）基层教师（23～35 岁）

本阶段目标：践行素质教育；做学校的管理者。

1. 践行素质教育行动策略

素质教育的最终实现，不仅靠专家的大声疾呼，更要靠无数一线老师的躬身践行。也许一个人的践行微不足道，但正是无数的微不足道的积累，才能彻底改变应试教育的面貌。实施措施有：

（1）培养自强精神和平等心态。既不自卑也不自傲，用平和的心态对待生活。

（2）注重学生知识和技能的提高。

（3）注重自身能力与素质提高。

2. 做学校管理者的行动策略

（1）目标实施路线：班主任——中层管理者——高层管理者。

（2）实施措施如下：

①班主任阶段。刚参加工作的年轻教师大多从事班主任这一管理工作，实现这一目标不是太困难。职位虽然不高，但因是学校的基本岗位，与学生接触最多，是一个很能锻炼人的岗位。我将在班里大力提倡民主教育和爱心教育，建立一个宽松、团结的班集体，从思想上让我的学生意识到他们肩负的责任和学习的重要性，

从而营造浓厚的学习氛围。我应在学习成绩和学生综合素质两方面做出优异成绩，争取晋升为教务方面的中层管理者。

②中层管理者。准确地说是教务方面的中层管理者。在这一阶段，我将首先加强师资队伍建设，通过能者上、庸者下的竞岗政策，建立高素质的教师队伍，并且使教师年龄老中青结构合理。与当地师范类院校取得联系，加大教师培训力度。加强本校教师的业务交流，利用自身资源提高教师素质。其次是加大教学改革力度，大力推广素质教育。在学校教师群体内推广素质教育理念，全面改革学校的应试教育面貌。

③高层管理者。在这一阶段我将着重考虑学校的生存和发展环境。为学校制订长远的发展计划。加强学校与社会的沟通和交流，开门办学校。注重对社会力量办学的关注和研究。

（三）西部办学（35～60岁）

1. 本阶段目标

创办一所能体现我的教育理念的突出公益性质的高级中学，挖掘自身经营取向，为西部教育尽己之力，使实现自身价值和满足社会需要很好地契合。

2. 目标实现保障

西部教育的需要；国家政策的支持；丰富的教学经验和学校管理经验；资金和师资的保证。

3. 行动策略

（1）资金筹措。资金来源有以下几个方面：个人积累；亲友支持；国家和社会慈善机构支援捐助；银行贷款。主要以吸纳社会资金为主。社会力量办学吸纳社会资金的形式有三种：教育贮备金、教育债券、股份制形式。第一种对于家长风险太大，已产生的种种弊端使其已没有太大的市场空间。第二种形式需要政府统一规划，作为学校个体不易操作。我将主要采取股份制形式筹措办学资金。

（2）师资建设。师资的好坏是一个学校教学质量的决定性因素。但很多民办学校面临着师资不稳定的困扰，我将努力建立一支高素质的稳定的教师队伍。具体措施有：公开招聘，注重应聘者的专业素质和道德修养；与当地教育主管部门积极沟通协商，解决教师的编制问题，使其享有和公办学校老师一样的待遇；提高工资待遇，实行多劳多得的制度；加强教师培训。为我校老师提供良好的发展前景；以对西部基层教育的赤诚之心留人。

（3）办学理念。建设校园文化，突出公益性质。建设特色校园，注重学校软环境建设。在保证学校正常运转的基础上，加强对贫穷孩子的经济资助。

六、评估调整

（一）评估

1. 评估时间：每月评估一次。

2. 评估办法：自评与他评相结合。

3. 评估内容：自我能力、积累、职业兴趣的变化情况和我所从事职业的环境及其发展前景。

（二）调整

上述职业目标主要突出地表现为外职业生涯规划，内职业生涯规划也蕴涵其中。两者实质不同，但实现方式殊途同归：都表现为个人的不断完善、个人发展和社会贡献的更好协调。职业生涯规划是一个有机、持续不断的探索过程，随着自身条件和外部环境的变化而变化，是在客观现实的基础上进行的合理的逻辑推理，所以具有一定的弹性。在实际操作中，把合理的科学预测与实际相结合，坚持原则性与灵活性相结合，才能使规划真正得以实现。

如果第二阶段的职业目标——基层教师实现不了，我将把就业范围扩大，主要是扩大就业地域，而不是改变职业。第三阶段的西部办学实现难度较大，如果到了预定职业期，主客观办学条件不成熟，我将适当延缓办学时间，但是这一目标不会改变。虽然社会在不断变化，但知识始终是推动社会前进的动力，任何时候都会受到重视，我的职业目标也始终具有积极意义。

七、结束语

结合自身的实际情况做好职业生涯规划对于职业发展和自我实现起着十分重要的作用。规划固然美好，但真正实现它们需要在人生路上不断进取，百折不挠。思想有多远，我们就能走多远，重要的不是我们站在哪里，而是下一步走向何方。当我站在大四，当我回望过去，当我展望未来，我要做的，是贮满知识的风、信念的风，向着遥远的彼岸扬帆远航！

4. 职业生涯规划书的撰写

一份好的职业生涯规划书应能满足以下基本要求。

（1）资料翔实，步骤齐全。

收集资料有多种途径，可以通过访谈、报刊图书中摘抄、上网下载等方式获取资料，要尽可能注明资料的出处，并多运用图表数据来说明问题，以提高和增强资料来源的可信度和说服力，步骤主要分为以下四步：第一步，分析需求，分析条件及目标设定；第二步，分析阻碍和可行性研究；第三步，设计方案和提出（改变）计划；第四步：制订详细的实施计划和措施。

（2）论证有据，分析到位。

要了解有关的测评理论及知识，认真审视并思考自己的测评报告并对照自我认识与测评结果的异同，分析与测评结果形成差距的原因，从而确定自我评估结果，达到"知己"；要厘清自己所处的地理环境（包括居住的地方、喜欢的地方、亲朋的意见等），明确自己的最大兴趣、最喜欢与之共事的人的类型、最重视的价值观与目标、最喜欢的工作条件，再通过当前环境评估（社会影响、家庭影响、学校因素、就业形势等）和当前社会环境分析（组织环境分析、技术的发展、经济的兴衰、政策法规的影响等）来确定自己的职业方向，做到说理有据，层层深入。

（3）言简意赅、逻辑严密。

语言朴实简洁，用词精练准确，行文流畅，条理清楚，这是最基本的写作要求。撰写时还应密切注意整篇文章的结构和重心之所在。职业生涯规划书一般包含对职业规划的认识、对自我的剖析、对所学专业的认识、对职业方向的探索及确定目标并制订计划这5方面的内容。在对这些内容进行分析阐述时，必须紧紧围绕职业目标这条主线来展开，从而体现文章论述的逻辑性和连贯性，要将重点放在自我评估、环境评估、目标实施上。职业生涯规划是对自己将来的规划，这个规划只有建立在对自我和职业充分认识的基础上才能体现出它的科学性和可行性。

（4）目标明确，合理适中。

撰写职业生涯规划书应围绕论述的中心展开，职业生涯目标不能过于理想化，应"择己所爱""择己所长""择世所需""择己所利"。职业生涯规划书撰写是否成功，在很大程度上取决于有无正确适当、切实可行的目标。

（5）分解合理，措施具体。

目标分解、实现路径选择要有理论依据，而且备用路径之间要有内在联系性。目标组合要注意时间上的并进、连续，功能上的因果、互补作用，全方位的组合要涵盖职业生涯、家庭生涯、个人事务等方面。

（6）格式清晰，图文并茂。

做到内容完整、格式清晰、版面美观大方、创意新颖，文如其人，不能有错别字。

第五节　职业生涯规划书的评估与调整

生涯导入

有个年轻人去微软公司应聘，而该公司并没有刊登过招聘广告。见总经理疑惑不解，年轻人用不太娴熟的英语解释说自己是碰巧路过这里，就贸然进来了。总经理感觉很新鲜，以为他会有不凡表现，故破例让他一试。面试的结果出人意料，年轻人表现糟糕。他对总经理的解释是事先没有准备，总经理以为他不过是找个托词下台阶，就随口应道："等你准备好了再来试吧。"一周后，年轻人再次走进微软公司的大门，这次他依然没有成功。但比起第一次，他的表现要好得多。而总经理给他的回答仍然同上次一样："等你准备好了再来试。"就这样，这个青年先后5次踏进微软公司的大门，最终被公司录用，成为公司的重点培养对象。

生涯知识

影响职业生涯规划的因素很多，有的变化因素是可以预测的，有的因素是不可预知的。在此情况下，要使自己的职业生涯规划书行之有效，就需要不断对职业生涯规划进行评估与修正。

1.职业生涯规划书的评估

职业生涯规划书的评估主要是对各阶段的预定目标和实际结果之间的差距进行分析，找出差距产生的原因。

（1）差距产生的原因。

①目标设定过高或过低。

设定目标过高，超过个人能力，无论怎么努力都无济于事。在这种情况下，要学会适当调低自己的目标，否则会伤害自己的自信心。

目标过低，不用花费太多的精力就可以达成。设定这种目标毫无价值，即便成功也不会有成就感产生。这种情况就需要及时调高自己的预期目标，使自己的能力能够充分发挥出来。

②目标合适但行动方案与之不匹配。

目标合适而行动方案与之不匹配，可能导致目标无法实现。如大一的学业规划目标有通过英语六级考试，但是在实施方案中却没有安排足够的时间来学习英语。

③目标和方案都合适，但缺乏执行能力。

例如，目标定为通过专升本考试，在实施方案中也罗列出具体的安排与学习时间。但是其他许多事情耽误了学习，导致目标无法实现。这就是属于在执行过程中存在的问题。

2.职业生涯规划书评估的要点

一般来说，职业生涯规划的评估都可以归纳为自我素质和行为对现实环境的适应性判断，分析自己的现状，特别是环境的变化，找出存在的差异并及时做出修正。

①抓住重要的内容。

猎人在打猎的过程中如果同时瞄准几只猎物，那么他可能一只也打不到。因此，大学生在针对自己的职业生涯规划书进行评估时也不必面面俱到，而要抓住一两个关键的目标和最主要的策略进行追踪。在大学生职业生涯的某一阶段，总会有一个最重要的目标，其他目标都是对实现这个目标进行的辅助。这时，就可以通过优先排序，对那些可以达到这个核心目标的主要策略进行重点评估。

②寻找最新的需求。

外界的环境是处于不断变化过程中的，作为大学生要学会发掘最新的趋势和方向。对于新的变化和需求，要学会去考虑如何制订策略才是最有效而且最有新意的。大学生在职业生涯规划中，要善于抓住外部环境的变化而对自己的策略进行调整，使自己的职业生涯规划书做到与时俱进。

③寻找正确的突破方向。

要学会在职业生涯规划书中寻找突破点，使整个局面发生意想不到的改变。在完成自己的职业生涯规划书后，可以尝试分析哪条会对目标的达成产生突破性的影响。

④关注最弱点。

管理学中的"木桶理论"说明，一只木桶能装多少水不是由最长的木板决定的，而是取决于最短的那块木板。在职业生涯规划书的评估过程中，我们既要肯定自己所取得的成绩和自己的长处，同时也要学会用SWOT分析来发现存在的不足，并想办法修正。一般而言，个人存在的不足主要体现在以下几方面：

第一，观念差距，陈旧的观念往往会造成策略的失误，最终导致行动失败。因此，要不断检查自己的观念并经常加以更新。

第二，能力差距，人的能力通常随着环境、时间的改变而发生变化，一个人的能力不会长时间地停留在某一个水平上。是否能够通过种种努力来提高某些方面的能力，这对于每个人在职场的发展将会起到很重要的作用。

第三，知识差距，要想在职场取得成功，拥有继续学习的本领是个非常关键的因素，需要我们更加注重建立合理、科学的知识结构。

第四，心理素质差距，一个人职业生涯的发展，首先是心理素质的成长过程——要不断加强心理素质锻炼，提高心理的适应力、承受力，树立良好的职业心态和阳光心态。

3. 职业生涯规划书的调整

每一个目标的制订往往是基于特定的社会环境和条件而设置或实现的，外部的环境和条件总处于不停的变化之中，因此我们的目标也要随着环境的改变而进行修正和更新。对于大学生来说，我们所面对的就业环境随时都在发生变化，而我们制订的职业生涯规划书也不可能一成不变，而是要根据环境的变化进行调整的。大学生在学校学习的过程也是一个不断发展、提升自己知识、技能、社会适应能力的过程。

4. 职业生涯规划书调整的目的

（1）了解自身的强项是什么并且对自己的强项充满自信。

（2）对自己的发展机会有清楚的了解。

（3）明确自身需要改进的地方。

（4）对已经制订的行动方案及时做出改进。

5. 职业生涯规划书调整的内容

（1）职业的重新选择。

（2）职业生涯路线的重新选择。

（3）阶段性目标的修正。

（4）人生目标的修正。

（5）实施计划的变更。

每个大学生在完成自己的职业生涯规划书以后，都需要一定的时间实施。我们必须对阶段性的实施结果进行评估，根据评估的结果找出规划与结果之间的差距，分析差距产生的真正原因，并针对这些原因进行有计划地调整，并按照调整后的方案开展新一轮的行动。

扩展阅读

职业生涯规划书赏析

我的未来我做主，让我们成为时间碎片的主宰者。

——前言

蓦然回首，发现我已渐渐长大，曾几何时，认为20岁是那么神圣，那时我长大了，可以飞得更高更远。而当我真正要面对它的时候，突然感到一种莫名的手足无措。但我明白，20岁意味着责任。也许成长本身就是一种责任吧！

自己的路自己走。所以说，最重要的，是清楚自己要什么。如果连追求理想的勇气都没有，还谈什么未来呢？

要通过职业生涯规划来找到职业发展方向，即职业方面的目标，将职业转化为事业。找到目标后要努力去完成目标，创造生活的意义，实现自我的价值。

有了目标，就得努力，就得有恒心，要坚定不移，不达目的誓不罢休。有志者，事竟成，成在坚定不移，永不回头。要坚持广博性与精深性、理论与实践、积累与调节相统一的原则，培养宽厚扎实的基础知识、广博精深的专业知识，构建合理的知识结构。这一过程没有捷径可走，其基本途径只能是学习和积累。这一过程也绝非一劳永逸，必须持续不断地付出艰辛劳动。只要采取适合自己的科学方法，并且不断努力、辛苦耕耘，就一定能建立和完善自己的知识结构，为顺利就业成才奠定良好的基础。

态度决定我们生活的一切。天空没有留下鸟的痕迹，但我已飞过，我想我的未来它很美好，那不是梦。

1. "知己"——自我认知与定位

职业规划只有从自我认识开始，才能建立可实现的目标，并确定怎样达到这些目标，以及考察目标是否现实。职业生涯规划的第一步就是要知道自己身在何处，即对自我进行全面认知与定位。

（1）我的成长经历。

每个人的成长就像一列大巴从起点开往目的地，过程中要途经很多站点，中间有人上车，也有人下车，无论最终上演的是悲剧还是喜剧，最终都要到达终点。在这途中，我们看到了最美的风景。

我从小在农村长大，家里有很多兄弟姐妹，我是家里最小的，家里人也特别疼我。但这并没有让我成为娇生惯养的娇儿，而是从小就特别懂事，这一切都是我在哥哥姐姐身上学到的。

小时候的生活是比较丰富多彩的。小时候很调皮，看到哥哥姐姐们在玩什么游戏，我也会玩，看到他们在认真学习，我也会跟着他们一块儿学习，所以我的父母对我也比较放心。因为有哥哥姐姐做我的好榜样，我自然而然地喜欢看书、写字，那时的成绩也很优异。小时候有理想、有目标，我觉得我的未来是很光明的。

中学的生活是忙碌的，又是单纯的，在开心的情绪中我结束了我的中学时光，结束了我的单纯生活。接下来是我感到很痛苦的阶段。高考失利，于是我选择了上大专。

经历了高考这个人生重大的转折点，接触的人和事大大开阔了我的视野，在如饥似渴地汲取丰富知识的同时，我开始学着用相对客观的态度去评价自己和他人，开始用自己的眼睛去观察世界上的人和事，也许这就是所谓的成长吧！此后，我渐渐拥有了成人的感觉——感到自己身上肩负着某种责任，自己理所当然地应该去承担生活中的某些东西。今天，当自己明白了一些人生道理，回过头来审视自己的成长经历，发现过去所遭受的那些挫折、痛苦并非完全没有价值，相反它隐含了深远的意义。今天的我，对周围的人和事，有了更多的包容、更多的理解、更多的关怀，而不再执着于个人的得失。

所以有人说："挫折、痛苦的背后才是成长的空间。"我想在接下来的大学生活中，我会更加珍惜时间，会让我的生活更加充实。

（2）360度全面解析——别人给予我的评价。

身边熟悉的同学的评价如下。

同学一：

优点：有上进心、奋斗感，有为青年。有集体荣誉感。

缺点：有时候过分注意细节。

同学二：

优点：自信、善于言辞、为人和善、上进心强、爱学习。

缺点：偶尔有恋家的倾向。

同学三：

优点：与朋友相处融洽。

缺点：胆子有点小。

曾在一起工作过的同事的评价如下。

同事一：做事认真，爱思考，很负责，沟通能力强，很热情。

同事二：

优点：性格开朗，人际关系很好，对人真诚，喜欢笑，容易接受新鲜事物，有自己的主见，做事认真，喜欢帮助人。

缺点：太容易相信人。

长辈的评价如下。

优点：乖巧、懂事，独立，不用太操心，有爱心，孝顺，想象力丰富，动手能力强。

缺点：有时粗心，身体素质差。

（3）自我认识。

优点方面：学习成绩不是非常好，但我在学习的过程中却收获了很多。首先是我端正了学习态度，一直在追求人格的升华，注重自己的品行。我崇拜有巨大人格魅力的人，并一直希望自己也能成为这样的人。我的优点是诚实、热情、性格坚毅。我认为诚信是立身之本，所以我一直是以言出必行来要求自己的。同时我善解人意，随和，会自我调节心情，善于沟通，好学，善于思考。

缺点方面：意志不坚定，看事情太简单不够全面，容易粗心大意。

（4）我的职业性格。

对任何感兴趣的事物，都要探索寻找一个合理的解释。喜欢理论和抽象的东西，喜欢理念思维多于社交活动。沉静、满足、有弹性，适应能力强。在我感兴趣的范畴内，有非凡的能力去专注而深入地解决问题。有怀疑精神，有时喜欢批判，常常善于分析。

我的MBTI职业性格测试结果是INTP型。INTP型的人比较理性。他们很有才智和条理性，有创造的才华。INTP型的人外表平静、缄默、超然，内心却专心致志于分析问题。他们苛求精细、惯于怀疑。他们努力寻找和利用原则以理解许多想法。他们喜欢有条理和有目的地交谈，而且可能仅仅为了高兴，争论一些无益而琐细的问题。只有有条理的推理才会使他们信服。

通常INTP型的人是足智多谋、有独立见解的思考者。他们重视才智，对于提升个人能力有强烈的欲望，有能力也很有兴趣向他人挑战。

INTP型的人最主要的兴趣在于理解明显的事物之外的可能性。他们乐于为了改进事物的目前状况或解决难题而进行思考。通常，他们的思考方式较为复杂，但他们能很好地组织概念和想法。偶尔，他们的想法非常复杂，以致很难向别人表达和被他人所理解。

INTP型的人十分独立，喜欢冒险和富有想象力的活动。他们灵活易变、思维开阔，更喜欢发现有创见而且合理的解决方法，而不是仅仅看到现成的解决方式。

适合我的领域有：计算机技术、理论研究、创造性领域等。

适合我的职业有：电脑软件设计师、系统分析人员、计算机程序员、研究开发专业人员、数据库管理人员、故障排除专家、战略规划师、金融规划师、信息服务开发、变革管理顾问、企业金融律师、大学教授、科研机构研究人员、数学家、物理学家、经济学家、考古学家、历史学家、证券分析师、金融投资顾问、律师、法律顾问、财务专家、侦探、各类发明家、作家、设计师、音乐家、艺术家、艺术鉴赏人员。

（5）我的职业兴趣。

通过职业兴趣测试，运用霍兰德人格类型论，得出我的职业兴趣为：

①社会型：乐于助人和与人打交道，乐于处理人际关系。喜欢从事对他人进行传授、培训、帮助等方面的服务工作。愿意发挥自己的感染力和说服力引导别人。有社会责任心，热情、善于合作、善良、有耐心，重视社会义务和社会道德。

②艺术型：热爱艺术，富于想象力、拥有很强的艺术创造力。乐于创造新颖、与众不同的成果，渴望表现个性，展现自己。做事理想化，追求完美。擅于用艺术形式来表现自己和表现社会。进行艺术创作或创新时，不喜欢受约束和限制。

2. "知彼"——职业环境评估

（1）社会环境。

当前，我国总的形势是好的，保增长、保民生、保稳定的各项工作取得明显成效，但受境内外各种因素的影响，社会矛盾比较多，影响稳定的问题时有发生。我们必须站在全局和战略的高度，清醒认识维护社会稳定的极端重要性，进一步增强社会责任感、使命感、紧迫感，扎实做好维护稳定的各项工作。要着力加强反恐怖斗争，坚持预防为主、打防结合，增强全社会反恐意识，坚决防止发生暴力恐怖事件；要着力加强信访工作，深入排查化解矛盾纠纷，依法按政策解决群众合理诉求，依法规范信访秩序；要着力加强社会管理和服务工作，重点整治管理薄弱、服务缺失、治安混乱的地方，最大限度地减少不和谐因素、增加和谐因素；要着力加强宣传舆论工作，深入开展群众性爱国主义教育、民族大团结教育、社会主义法制教育和公民素质教育，营造团结向上的舆论氛围。

21世纪被称为人才的世纪，人才资源已成为最具战略意义的"第一资源"。党中央站在推进改革开放和现代化建设的高度，做出了实施人才强国战略的重大决策，提出了把优秀人才集聚到党和国家各项事业中来的战略任务。《中共中央　国务院关于进一步加强人才工作的决定》中明确指出，党政人才是我国人才队伍建设的三大主体之一。要求我们树立科学的发展观和正确的政绩观，坚持群众公认、注重实际的原则，在实施人才战略中，结合完善国家公务员制度，逐步建立综合体现工作职责、能力、业绩等因素的职务与职级相结合的公务员工资制度。

为了加强基层民主政治建设，要逐步完善基层政权、基层群众性自治组织、企事业单位的民主管理制度，完善政务公开、村务公开等办事公开制度，保证基层群众依法行使各项民主权利。尤其是要通过互联网等各种现代化的传媒手段，建立公民参与经济社会管理的信息平台，并通过完善信访制度、政府与老百姓直接对话等形式，拓展征集群众意见的渠道，形成社情民意的表达机制。对农村居民自己建立各种专业协会，要积极引导和支持，使之对乡镇政府和村委会的行为起到一定的制衡作用，更好地维护村民的合法权益。为了充分发挥企业工会组织的作用，加强对企业工会组织的指导和支持，提高企业工会与老板或董事会的谈判能力，切实维护工人的正当权益。律师事务所等其他法律咨询服务、法律援助机构、公益服务机构、行业协会等社团组织，近年来新出现的城市住宅小区业主委员会等民间组织，在基层民主政治建设中已经发挥了重要作用，要通过规范、扶持等方面的制度建设，使各类社会组织接受委托、代表居民维权得到法律保护和支持。

（2）职业要求。

①素质要求。

报关员应该具备的基本素质和能力如下。应明确报关知识、相关流程和操作规范，能独立熟练地完成报关手续，熟悉商品检验检疫、进出口等相关法律法规，关注国家政策的调整，了解其他相关领域如转场、外汇核销、海关台账等业务，具有较强的适应能力与团队精神，能够承受工作压力，处理疑难问题；具备优秀的公关能力与表达能力，构建与海关、检疫等部门的良好关系。

根据《报关员国家职业标准》对职业等级的设定，报关员的发展路径大体可依循助理报关师、报关师和高级报关师的方向，即从侧重具体业务操作层面，发展到相对复杂业务操作和管理层面，以及全面管理层面。而具有较强统筹协调、管理能力的报关员，也可考虑向公司管理层、领导层发展，如成为操作经理等。

②基本能力要求。

熟悉所申报货物的基本情况，对申报内容和有关材料的真实性、完整性进行合理审查。

提供齐全、正确、有效的单证，准确、清楚、完整地填制进出口货物报关单，并按有关规定办理进出口货物的报关手续。

海关检查进出口货物时，配合海关查验。

配合海关稽查和对涉嫌走私违规案件的查处。

按照规定参加直属海关或者直属海关授权组织举办的报关业务岗位考核。

持报关员证办理报关业务，海关核对时，应当出示。

妥善保管海关核发的报关员证和相关文件。

协助落实海关对报关单位管理的具体措施。

（3）专业分析。

报关是货物进出口的必经环节，也是国家对外经济贸易活动和国际商品供应链中的重要组成部分。报关业务质量直接关系着进出口货物的通关速度，关系着企业的经营成本和经济效益。因而，随着我国外贸的快速发展，经验丰富的报关员也变得炙手可热。

报关人员作为代表进出口单位的专门人员，其主要职责是办理向海关申报货物情况、配合海关对货物的查验、缴纳进出口税费、提取和发运货物等进出境海关手续。由于报关活动与国家对外贸易政策法规的实施密切相关，因此，也要求报关员具备较强的政策性、专业性、技术性和可操作性。

据海关总署统计，到2005年年底，我国在海关注册的报关从业人员已达74878人，分布在全国254个对外开放口岸和100多个内陆设立海关的地区，其中在沿海经济发达地区从业的人员约占报关从业人员总量的70%。近年来，报关单数量以年均20%的速度增长，随着业务量的增长，报关从业人员人数也将不断增加。从2006年起，海关明确要求所有加工贸易货物的报关手续均须由在海关注册的报关员办理，进一步拓展了报关业务的范围，报关员的地位和作用也越来越重要。

3. 目标分解

（1）大学学习阶段。

①做好学业规划能增强自我约束力和自我管理能力。

②做好学业规划能增强生活与学习的主动性。

③做好学业规划能促使大学生积极向上和自我完善。

④通过网络多了解与专业有关的知识。

第一，思想政治及道德素质方面。

思想道德素质教育体现了党和国家的教育方针和人才培养目标，也体现了大学思想政治课课程设置的目的和要求。《中华人民共和国教育法》第五条明确规定，我国的教育方针是："教育必须为社会主义现代化建设服务、为人民服务，必须与生产劳动和社会实践相结合，培养德智体美劳全面发展的社会主义建设者和接班人。"在培养目标和培养什么样的人的问题上，国家把思想道德素质教育放在首位。大学思想政治课的教学目的是通过较为系统的科学理论体系，让学生学习马列主义、毛泽东思想和邓小平理论的基础知识和有关社会发展的客观规律、社会发展的一般过程以及公民的道德行为规范等基础知识，来帮助学生树立坚定的政治立场和政治方向，树立科学的世界观、人生观和价值观，培养学生良好的思想道德品质。

第二，社会实践与志愿服务。

适时参加社会调查、参观实习等社会实践活动。

第三，科技学术创新创业方面。

扎实学习专业技能，同时充分利用校内图书馆、校外购书城及网络信息，开阔视野，扩展知识范围，以此激发、开拓思路，开展学术创新、科技创新活动。

第四，文体艺术、社团活动与身心发展方面。

尽量为班级做些事，参加课外活动，加入社团或学生会。

经历过的人都知道，大学生活是丰富多彩的。每天东升的太阳在校园的每一个角落洒下灿烂的阳光，给每一个生命以温暖的怀抱、一日的普照，傍晚时分，它又悄然离去，这些生命才拥有自己的空间，并坠入梦幻。社会实践、打工，对我们来说，不再是一个新鲜的词语。社区服务、家教、编程，从无偿到有偿，从不知所措到心里有底，从被动到主动，从幼稚到成熟，一方面改善了生活，另一方面积累了经验教训、与人交往的方式方法。我要在此感谢所有帮助过我的人，他们给了我很好的机会，没有他们的帮助我也许都不知道自己能有什么价值。他们是永远值得我尊重的，他们就是阳光，温暖且无私。

（2）工作初级阶段。

在此阶段，由于对社会的了解不够，工作经验不足，要脚踏实地，一步一步做。在单位里要虚心向领导、同事学习，多与同事交流，建立良好的人际关系，做事要积极主动，不断思索，不断学习，树立为人民服务、甘愿奉献终生的理想。

（3）工作发展阶段。

形成比较成熟的工作方法和工作思路，做到学以立德、学以增能、学以致用。注重从小事抓起，预防在先、未雨绸缪、关口前移，把问题解决在初始阶段，把矛盾化解在萌芽状态，避免倾向性因素变为现实性问题、小问题变为大问题、个别问题变为群体性问题。严格执行党和国家的政策法规，做到不枉不纵，刚正不阿。此为职业生涯发展的黄金时期，应抓好这一阶段，使个人事业发展到顶峰，完成的主要内容包括以下几点：

①学历、知识结构：重点加强知识的更新，熟练掌握本专业领域技术技能，并成为技术权威，并具有较强的生产技术管理经验、途径，加强学术交流，虚心向年轻人学习新技术。

②个人发展、人际关系：成为单位的中流砥柱或中层领导，注意管理方法的学习总结，加强对年轻人的指导帮助，带动新一代快速成长。

③婚姻家庭：在工作时注意处理好家庭与工作关系，保证家庭和睦。

④生活习惯、兴趣爱好：前些年养成的良好生活习惯将成为现阶段宝贵的一笔财富，注意继续保持。具体计划实施一览表见表7-8。

表7-8 具体计划实施一览表

计划名称	时间跨度	总目标	分目标	计划内容	策略和措施	备注
短期计划	大学阶段	英语过六级，考上报关员	努力积累知识	学好专业课，学习英语各方面知识，打好基础，为未来做好铺垫，并加深对国家公务员的认识和了解	学习加实践，课内结合课外	重在不断努力

续表

计划名称	时间跨度	总目标	分目标	计划内容	策略和措施	备注
中期计划	毕业后5年	毕业后第5年时要进入心目中的理想单位	通过不断努力争取进入理想单位	学会与同事合作，脚踏实地多与同事交流，建立良好的人际关系	把所学知识熟练地应用到工作中去，认真工作	不断锻炼自己
长期计划	毕业后10年或以上	争取尽早进入理想单位领导层	扎实地工作，一步步平稳地上升	做些有意义的公益活动	有一定积累，各方面有所成就	安定幸福地生活

　　回首过去，心中无限感慨，展望未来，相信依旧灿烂。学习中的收获，生活中的点滴，思想上的感悟，让我久久不能释怀。多年的学习生活，它是生动的，更是多彩的；它是实际的，更是充满财富的。明天的我，要吸取教训，不让自己再次陷入过去失意的生活中。我将扬帆起航，驶向我理想的目标。我相信我的未来不是梦！

生涯实践

　　结合自身现状，制订一份完整的职业生涯规划书。或者根据自己的实际情况，填写本章正文中的表7-1，并在其基础上进一步填写表7-8。

我的生涯规划档案

　　　　　　　　　　　　　　　　　　姓名_____　　日期_____

一、你如何描述自己？

　　1. 你的霍兰德类型：_____　_____　_____

　　请根据第二章的"霍兰德职业倾向测验量表"，在下面列出最能描述你自己的语句。

_____　_____

_____　_____

_____　_____

_____　_____

_____　_____

_____　_____

_____　_____

_____　_____

_____　_____

_____　_____

2. 你的 MBTI 偏好类型：_____　_____　_____　_____

请根据第三章中的"MBTI 性格类型测试问卷"，写下最能描述你自己的语句。

_____　_____

_____　_____

_____　_____

_____　_____

_____　_____

_____　_____

_____　_____

_____　_____

_____　_____

_____　_____

注意：你所考虑的职业至少应当在一定程度上允许你表达自己的兴趣和个性。

如果在阅读完相关材料并做完测试后你仍不能确定自己的偏好类型，那么请与职业生涯咨询师约谈。

二、职业清单

1. 你的霍兰德类型建议你考虑的职业

根据你的兴趣探索结果，列出至少 10 种与你的霍兰德类型相对应（或接近）的职业，并标出每种职业的霍兰德代码。

职　业　　　　　　　　　霍兰德代码（3 个字母）

（1）_____　　_____

（2）_____　　_____

（3）_____　　_____

（4）_____　　_____

（5）_____　　_____

（6）_____　　_____

（7）_____　　_____

（8）_____　　_____

（9）_____　　_____

（10）_____　　_____

（11）_____　　_____

（12）_____　　_____

（13）_____　　_____

注意：同时请参考你的其他兴趣，并思考：什么样的职业令你感兴趣？

_____

_____

2. 你的 MBTI 类型所建议的职业

根据你的 MBTI 类型偏好，从相关测评或资料所列举的职业中挑出你感兴趣的职业，至少要有 10 种。

职　业

（1）_____

（2）_____

（3）＿＿＿＿＿＿＿＿＿＿＿＿＿＿＿＿＿＿＿＿＿＿＿＿

（4）＿＿＿＿＿＿＿＿＿＿＿＿＿＿＿＿＿＿＿＿＿＿＿＿

（5）＿＿＿＿＿＿＿＿＿＿＿＿＿＿＿＿＿＿＿＿＿＿＿＿

（6）＿＿＿＿＿＿＿＿＿＿＿＿＿＿＿＿＿＿＿＿＿＿＿＿

（7）＿＿＿＿＿＿＿＿＿＿＿＿＿＿＿＿＿＿＿＿＿＿＿＿

（8）＿＿＿＿＿＿＿＿＿＿＿＿＿＿＿＿＿＿＿＿＿＿＿＿

（9）＿＿＿＿＿＿＿＿＿＿＿＿＿＿＿＿＿＿＿＿＿＿＿＿

（10）＿＿＿＿＿＿＿＿＿＿＿＿＿＿＿＿＿＿＿＿＿＿＿

（11）＿＿＿＿＿＿＿＿＿＿＿＿＿＿＿＿＿＿＿＿＿＿＿

（12）＿＿＿＿＿＿＿＿＿＿＿＿＿＿＿＿＿＿＿＿＿＿＿

（13）＿＿＿＿＿＿＿＿＿＿＿＿＿＿＿＿＿＿＿＿＿＿＿

注意：这些工作有什么共同之处吗？请根据MBTI类型思考，什么样的职业能使你感到满意？

＿＿＿＿＿＿＿＿＿＿＿＿＿＿＿＿＿＿＿＿＿＿＿＿＿＿＿＿

＿＿＿＿＿＿＿＿＿＿＿＿＿＿＿＿＿＿＿＿＿＿＿＿＿＿＿＿

三、将你的清单上的职业进行分类和进一步探索

对你在前两页上所列出的职业进行分类，并把它填在相应的横线上。比如，若"医生"这个职业在你的兴趣列表和MBTI列表中都有出现，就将它列在第一类中。在第四类中，列出那些你特别感兴趣但在前面未曾出现过的职业。

第一类：很有可能

在兴趣和个性探索中都曾出现过的职业。

＿＿＿＿＿＿＿＿＿＿＿＿＿　　＿＿＿＿＿＿＿＿＿＿＿＿＿

＿＿＿＿＿＿＿＿＿＿＿＿＿　　＿＿＿＿＿＿＿＿＿＿＿＿＿

＿＿＿＿＿＿＿＿＿＿＿＿＿　　＿＿＿＿＿＿＿＿＿＿＿＿＿

＿＿＿＿＿＿＿＿＿＿＿＿＿　　＿＿＿＿＿＿＿＿＿＿＿＿＿

＿＿＿＿＿＿＿＿＿＿＿＿＿　　＿＿＿＿＿＿＿＿＿＿＿＿＿

注意：这些职业都值得你去深入地探索。你的职业探索最好首先集中在这些职业上。了解这些职业的要求和工作环境等细节，根据目前你对自己的兴趣和个性的了解，考虑一下你将会如何从事这份工作。

第二类：比较有可能

在兴趣或个性探索中出现过一次的职业。

_____ _____
_____ _____
_____ _____
_____ _____
_____ _____

注意：这些职业也有比较大的可能性会适合你，供你进行下一步的探索。

第三类：有些可能

根据你的兴趣和个性探索，列出符合你一方面的情况却与另一方面的情况有些冲突的职业。

_____ _____
_____ _____
_____ _____
_____ _____
_____ _____

注意：考虑一下，如果你从事这些职业，会出现什么情况？是否会产生矛盾冲突？如何解决？

第四类：其他的职业

在兴趣和个性探索中都未曾出现，但你感兴趣的职业。

_____ _____
_____ _____
_____ _____
_____ _____
_____ _____

注意：这些职业你从事的可能性不是很大。问问自己：你为什么会对它感兴趣？是出于什么样的动机？想想你的目标和信念是否与这些工作匹配。

四、你的价值观

列出你最重要的 5 项价值观，并请具体说明它们的含义。

1. _____

2. _____

_____

3. _____

_____

4. _____

_____

5. _____

_____

五、你的技能

找出你最擅长并愿意在未来职业中运用的技能。

1. 你最重要的 5 项自我管理技能（形容词）

（1）_____

（2）_____

（3）_____

（4）_____

（5）_____

2. 你最重要的 5 项可迁移技能（动词）

（1）_____

（2）_____

（3）_____

（4）_____

（5）_____

3. 你最重要的 5 项专业技能（名词）

（1）_____

（2）_____

（3）_____

（4）_____

（5）_____

六、继续探索的职业清单

重阅你在前面所列出的所有职业，根据你对自我的了解，结合你的价值观和技能，在下面空白处列出那些你想继续探索的职业（可以是上面曾出现过的，也可以是未曾出现但符合上面共同特点的职业）。

_____   _____

_____   _____

_____   _____

注意：在选择你想继续探索的职业时，请不要在未对它有任何了解前就轻易地将它排除。在这张清单上，你需要有足够的职业供自己探索，但也要有一定的目标。也就是说，最好不要少于5个，不多于10个。将你的精力集中在上面的这些职业上。

作为职业探索的一部分，下一步我打算：

☐ 收集、研究与特定领域的职业有关的书面信息

☐ 采访有关人士，对我感兴趣的职业领域有进一步了解

☐ 从职业咨询老师或其他老师那里寻求更多的帮助

☐ 通过选修课程来检测自己对某一职业领域的兴趣

☐ 通过参加社团活动来检测自己对某一职业领域的兴趣

☐ 通过业余兼职、实习或做志愿者等方式检测自己对某一职业领域的兴趣

☐ _____

七、目标设立与行动计划

1. 我的长期目标

_____

_____

2. 为了做到这一点，我还需要以下信息和帮助

_____

_____

3. 为了实现这一目标，在这一个月内我应该做的事

_____

_____

八、我的简历

姓名：

性别：   E-mail 地址：

电话：   地址：

求职意向

·

个人特点

·

·

教育背景

·

相关经历（全职、兼职、志愿工作、实习、社区服务等）

·

·

课外活动（社团活动）

·

·

获得奖励

·

·

专业成员资格（会员资格或证书）

·

其他（外语、电脑等特别的技能）

·

九、求职档案内容清单

1. _____

2. _____

3. _____

4. _____

5. _____

十、面试笔记

_____

_____

_____

_____

第八章　大学生竞赛导论

第一节　学科竞赛概述

大学成绩取决于你的综合能力。大学也和高中一样有期末考试，但是与高中不同的是，大学的排名不再单纯地只看成绩。在高中，你只要成绩好就能占前几名拿奖学金，在大学却不再是这样了，大学的排名是看考试分加综测分。综测的全称是综合素质测评，大学生综合素质测评是高校根据党的教育方针、政策，采用科学、合理的方法对大学生的德、智（包括能力）、体、美等方面制定一系列符合高校教育目标的量化指标与实施细则，并依据此收集、整理、处理、分析大学生在校学习、生活、实践等主要活动领域中反映出的素质的表征信息，对学生做出价值或量值的综合评定及判断过程。其中，大学生竞赛成绩占很大的比重。

1.大学竞赛分类

大学竞赛分为三种：学科竞赛、创新创业类竞赛及数学建模竞赛。

学科竞赛我们在初高中时有接触过，例如英语竞赛、数学竞赛、物理竞赛等。大学也有很多学科竞赛，跟高中的竞赛形式是一样的：给一张试卷答题，分数高就能获奖。所以这类竞赛的准备方法就是多刷题，比的是一个人的知识储备量。

创新创业类竞赛是只在大学才有，这类竞赛不只比知识储备，还能体现一个人的综合能力，因为这类竞赛的形式不是传统的一个人考一份试卷。首先，参加这类竞赛你要组一个团队，选一位指导老师。然后你们团队要拥有一个项目（创新创业类竞赛项目是指研发一个产品或者服务），再将这个项目具体写成一份商业计划书，最后再将商业计划书内容简化为一份答辩 PPT。

全国大学生数学建模竞赛由中国工业与应用数学学会主办。竞赛题目一般来源于科学与工程技术和管理科学等方面经过适当简化加工的实际问题，不要求参赛者预先掌握深入的专门知识，只需要学过高等学校的数学课程就能根据题目要求完成一篇包括模型的假设、建立和求解，计算方法的设计和计算机实现，结果的分析和检验，模型的改进等方面的论文（即答卷）。竞赛评奖以假设的合理性、建模的创造性、结果的正确性和文字表述的清晰程度为主要标准。 全国统一竞赛题目，采取通信竞赛方式，以相对集中的形式进行；竞赛一般在每年 9 月初的头 3 天内举行（为保证大家尽量少耽误课程，所以一般包括周末的两天）；大学生以队为单位参赛，每队不超过 3 人及 1 个作为赛前辅导的老师，专业不限。

2. 参与竞赛的作用

（1）锻炼创新思维，提高专业能力。

（2）提高团队合作能力。

（3）提高语言表达能力。

（4）获奖可以为简历抹上重重一笔色彩。

（5）考研复试加分项目。

（6）锻炼 PPT 制作水平，提高办公软件使用水平。

（7）接触资深专业人员，开阔眼界。

（8）申请专利、发表论文。

（9）获奖可能会获得奖金。

3. 权威的全国性大学生学科竞赛项目

2022 年 2 月，中国高等教育学会高校竞赛评估与管理体系研究工作组发布《2021 全国普通高校大学生竞赛分析报告》。根据相关管理原则，基于竞赛数据采集、综合评价和专家委员会投票情况，确定 1 项赛事退出榜单，原 56 项竞赛继续纳入榜单，2 项赛事列入 2022 年重点观摩和考察项目（见表 8-1）。

表 8-1　2021 全国普通高校大学生竞赛榜单内竞赛项目名单

序号	竞赛名称	官网
1	中国国际"互联网＋"大学生创新创业大赛	https://cy.ncss.cn/
2	"挑战杯"全国大学生课外学术科技作品竞赛	http://www.tiaozhanbei.net/
3	"挑战杯"中国大学生创业计划竞赛	http://www.chuangqingchun.net/
4	ACM-ICPC 国际大学生程序设计竞赛	http://acm.cumt.edu.cn/
5	全国大学生数学建模竞赛	http://www.mcm.edu.cn/
6	全国大学生电子设计竞赛	http://www.nuedcchina.com/
7	中国大学生医学技术技能大赛	—
8	全国大学生机械创新设计大赛	http://umic.ckcest.cn/
9	全国大学生结构设计竞赛	http://www.ccea.zju.edu.cn/structure/
10	全国大学生广告艺术大赛	http://www.sun-ada.net/
11	全国大学生智能汽车竞赛	https://smartcar.cdstm.cn/index
12	全国大学生交通科技大赛	—
13	全国大学生电子商务"创新、创意及创业"挑战赛	http://www.3chuang.net/
14	全国大学生节能减排社会实践与科技竞赛	http://www.jienengjianpai.org/Default.asp
15	中国大学生工程实践与创新能力大赛	http://www.gcxl.edu.cn/
16	全国大学生物流设计大赛	http://47.103.191.18/
17	外研社全国大学生英语系列赛：英语演讲、英语辩论、英语写作、英语阅读	—
18	全国职业院校技能大赛	http://www.nvsc.com.cn
19	两岸新锐设计竞赛·华灿奖	http://www.huacanaward.org/2019/
20	全国大学生创新创业训练计划年会展示	http://gjcxcy.bjtu.edu.cn/Index.aspx

序号	竞赛名称	官网
21	全国大学生化工设计竞赛	http://iche.zju.edu.cn/
22	全国大学生机器人大赛——RoboMaster、RoboCon、Robo-Tac	https://www.robomaster.com/zh-CN http://www.cnrobocon.net/
23	全国大学生市场调查与分析大赛	http://www.china-cssc.org/list-55-1.html
24	全国大学生先进成图技术与产品信息建模创新大赛	http://www.dxsgraphics.cn/Default.aspx
25	全国三维数字化创新设计大赛	https://3dds.3ddl.net/
26	世界技能大赛	https://worldskills.org/
27	世界技能大赛中国选拔赛	https://worldskills.org/
28	"西门子杯"中国智能制造挑战赛	http://www.siemenscup-cimc.org.cn/
29	中国大学生服务外包创新创业大赛	http://www.fwwb.org.cn/
30	中国大学生计算机设计大赛	http://jsjds.ruc.edu.cn/Index.asp
31	中国高校计算机大赛——大数据挑战赛、团体程序设计天梯赛、移动应用创新赛、网络技术挑战赛、人工智能创意赛	http://www.c4best.cn/
32	"蓝桥杯"全国软件和信息技术专业人才大赛	http://dasai.lanqiao.cn/
33	米兰设计周——中国高校设计学科师生优秀作品展	http://www.hie.edu.cn/announcement_12579/20190627/t20190627_994176.shtml
34	全国大学生地质技能竞赛	http://www.saikr.com/33669
35	全国大学生光电设计竞赛	http://opt.zju.edu.cn/gdjs/
36	全国大学生集成电路创新创业大赛	http://univ.ciciec.com/
37	全国大学生金相技能大赛	http://www.mse-cn.com/
38	全国大学生信息安全竞赛	http://www.ciscn.cn/

序号	竞赛名称	官网
39	未来设计师·全国高校数字艺术设计大赛	http://www.ncda.org.cn/
40	全国周培源大学生力学竞赛	http://zpy.cstam.org.cn/templates/jiaoyu_001/index.aspx？nodeid=54
41	中国大学生机械工程创新创意大赛：过程装备实践与创新赛、铸造工艺设计赛、材料热处理创新创业赛、起重机创意赛、智能制造大赛	http://cmes-imic.org.cn/
42	中国机器人大赛暨 RoboCup 机器人世界杯中国赛	——
43	"中国软件杯"大学生软件设计大赛	http://www.cnsoftbei.com/
44	中美青年创客大赛	http://www.chinaus-maker.org/
45	RoboCom 机器人开发者大赛	http://pwvvo0r3mkef.p.moocollege.com/
46	"大唐杯"全国大学生移动通信 5G 技术大赛	——
47	华为 ICT 大赛	——
48	全国大学生嵌入式芯片与系统设计竞赛	http://www.socchina.net/
49	全国大学生生命科学竞赛（CULSC）：生命科学竞赛、生命创新创业大赛	http://www.culsc.cn/
50	全国大学生物理实验竞赛	——
51	全国高校 BIM 毕业设计创新大赛	http://gxbsxs.glodonedu.com/
52	全国高校商业精英挑战赛：品牌策划竞赛、会展专业创新创业实践竞赛、国际贸易竞赛、创新创业竞赛	http://www.ccpitedu.org/index.aspx？lanmuid=68
53	"学创杯"全国大学生创业综合模拟大赛	http://www.bster.cn/cyds/index
54	中国高校智能机器人创意大赛	http://www.robo-maker.org/dszq/gedou/
55	中国好创意暨全国数字艺术设计大赛	http://www.cdec.org.cn/
56	中国机器人及人工智能大赛	http://www.caairobot.com/

表8-2 2021全国普通高校大学生竞赛榜单观察竞赛项目名单

序号	竞赛名称	备注
1	全国大学生节能减排社会实践与科技竞赛	—
2	中国大学生方程式系列赛事	—

备注：观察竞赛当年数据不纳入当年榜单计算。

4. 浙江省大学生科技竞赛项目（甲级）

2022年，浙江省共举办"浙江省'互联网＋'大学生创新创业大赛"等42项大学生科技竞赛（名单见表8-3）。

表8-3 2022年浙江省大学生科技竞赛赛项名单

序号	赛项名称	秘书处单位或承办单位
1	浙江省"互联网＋"大学生创新创业大赛	杭州师范大学
2	"创青春"浙江省"挑战杯"大学生创业大赛	浙江工商大学
3	浙江省大学生职业生涯规划与创业大赛	浙江农林大学
4	全国大学生数学建模竞赛浙江赛区	浙江大学
5	浙江省大学生结构设计竞赛	浙江大学
6	浙江省大学生程序设计竞赛	浙江大学
7	浙江省大学生化工设计竞赛	浙江大学
8	浙江省大学生英语演讲与写作竞赛	浙江大学
9	浙江省大学生工程综合能力竞赛	浙江大学
10	浙江省大学生机械设计竞赛	浙江工业大学
11	浙江省大学生服务外包创新应用竞赛	浙江工业大学
12	浙江省大学生多媒体作品设计竞赛	浙江师范大学
13	浙江省大学生师范生教学技能竞赛	浙江师范大学
14	浙江省大学生电子设计竞赛	杭州电子科技大学
15	浙江省大学生智能汽车竞赛	杭州电子科技大学
16	浙江省大学生统计调查方案设计竞赛	浙江工商大学

续表

序号	赛项名称	秘书处单位或承办单位
17	浙江省大学生电子商务竞赛	浙江工商大学
18	浙江省大学生工业设计竞赛	浙江理工大学
19	浙江省大学生生命科学竞赛	浙江中医药大学
20	浙江省大学生财会信息化竞赛	浙江财经大学
21	浙江省大学生医学竞赛	温州医科大学
22	浙江省大学生力学竞赛	宁波大学
23	浙江省大学生摄影竞赛	浙江传媒学院
24	浙江省大学生中华经典诵读竞赛	杭州师范大学
25	浙江省大学生法律职业能力竞赛	浙江工商大学
26	浙江省大学生机器人竞赛	浙江大学
27	浙江省大学生化学竞赛	浙江工业大学
28	浙江省大学生护理竞赛	浙江中医药大学
29	浙江省大学生经济管理案例竞赛	杭州电子科技大学
30	浙江省大学生证券投资竞赛	浙江财经大学
31	浙江省大学生物理科技创新竞赛	浙江工业大学
32	浙江省大学生企业经营沙盘模拟竞赛	嘉兴学院
33	浙江省大学生广告创意设计竞赛	浙江大学
34	浙江省大学生网络与信息安全竞赛	杭州电子科技大学
35	"卡尔·马克思杯"浙江省大学生理论知识竞赛	浙江工商大学
36	浙江省大学生智能机器人创意竞赛	浙江大学
37	浙江省大学生环境生态科技创新大赛	浙江农林大学
38	浙江省大学生服装服饰创意设计大赛	浙江理工大学
39	浙江省大学生乡村振兴创意大赛	浙江财经大学
40	浙江省会展创意创新创业大赛	浙江外国语学院
41	浙江省大学生金融创新大赛	浙江工商大学
42	全国职业院校技能大赛浙江赛区	有关高校

第二节　与经济管理专业相关的
部分全国性科技竞赛介绍

1. 中国国际"互联网+"大学生创新创业大赛

中国国际"互联网+"大学生创新创业大赛由教育部与政府、各高校共同主办。大赛旨在深化高等教育综合改革，激发大学生的创造力，培养造就"大众创业、万众创新"的主力军；推动赛事成果转化，促进"互联网+"新业态形成，服务经济提质增效升级；以创新引领创业、创业带动就业，推动高校毕业生更高质量创业就业。本节以 2021 年的大赛为例进行介绍。

（1）大赛介绍。

①大赛主题：我敢闯，我会创。

②主要任务：以赛促教，探索人才培养新途径。全面推进高校课程思政建设，深化创新创业教育改革，引领各类学校人才培养范式深刻变革，建构素质教育发展新格局，形成新的人才培养质量观和质量标准，切实提高学生的创新精神、创业意识和创新创业能力。

以赛促学，培养创新创业生力军。服务构建新发展格局和高水平自立自强，激发学生的创造力，激励广大青年扎根中国大地了解国情民情，在创新创业中增长智慧才干，坚定执着追理想，实事求是闯新路，把激昂的青春梦融入伟大的中国梦，努力成长为德才兼备的有为人才。

以赛促创，搭建产教融合新平台。把教育融入经济社会产业发展，推动互联网、大数据、人工智能等领域成果转化和产学研用融合，促进教育链、人才链与产业链、创新链有机衔接，以创新引领创业、以创业带动就业，努力形成高校毕业生更高质量创业就业的新局面。

③大赛内容。

主体赛事：高教主赛道、"青年红色筑梦之旅"赛道、职教赛道和萌芽赛道，增设产业命题赛道。

同期活动："慧秀中外"国际大学生创新创业成果展、"慧智创业"中国民族品牌主理人面对面、"慧展华彩"历届大赛优秀项目对接巡展、"慧治创新"全球乡村振兴智慧化高端论坛、"慧云闪耀"全球数字化教育云上峰会、"慧聚未来"国际青年学者前沿思辨会。

④比赛赛制。

大赛主要采用校级初赛、省级复赛、总决赛三级赛制（不含萌芽赛道以及国际参赛项目）。校级初赛由各院校负责组织，省级复赛由各地负责组织，总决赛由各地按照大赛组委会确定的配额择优遴选推荐项目。大赛组委会将综合考虑各地报名团队数（含邀请国际参赛项目数）、参赛院校数和创新创业教育工作情况等因素分配总决赛名额。

⑤赛程安排。

初赛、复赛信息各地各学校可登录报名系统进行大赛管理和信息查看。省级管理用户使用大赛组委会统一分配的账号进行登录，校级账号由各省级管理用户进行管理。初赛、复赛的比赛环节、评审方式等由各校、各地自行决定。国际参赛项目的遴选推荐工作另行安排。

⑥奖项设置。

大赛设金奖、银奖、铜奖和各类单项奖；另设高校集体奖、省市组织奖和优秀导师奖等。

（2）寻找项目。

满怀热情与激情想参加比赛锻炼一下自己，寻觅良久，却发现没有好的项目。那么参赛项目从哪里来呢？

第一类是自己或是小伙伴们符合市场需求的创业想法。例如摩拜单车的创始人胡玮炜最初的想法是："我曾经想，如果自己是机器猫，想用单车的时候能从口袋里掏出来，不想用的时候又放回袋子里那该多好啊！"这就是她的创业初心。

第二类是在社会实践或教学实习活动中发现的市场痛点。例如，西北农林科技大学的学生田义在一次跟随老师下乡授课时，发现当地果农的水果滞销严重，她就产生了公益创业的想法，成立了杨凌农加电子商务有限公司，14个月累计销售1480万斤苹果，实现销售收入2817万人民币，切实解决了果农的销售问题，项目也入围"互联网+"大学生创新创业大赛全国总决赛。

第三类是老师科研成果转化的科技创新项目。例如，安徽农业大学植保学院的"安徽省病虫害监测预警平台"，就是由丁克坚教授团队的科研项目成果转化而来，获得了全国大学生创新创业大赛的国家银奖。

（3）寻找队友。

很多同学选择室友搭伙一起干。一个宿舍，风风雨雨走过很多年月，大家都熟悉，好交流。但纯室友组建起来的队伍真的是一个适合比赛的团队吗？如果不是，那么好的团队应该如何组成呢？

第一，你的团队需要一个"技术控"。比如，你做的是科技成果转化项目，团队中有个专业知识水平高的"学霸"是一个不错选择；又如，你做一个 App 项目，计算机专业的队友应该是你挖掘的目标。

第二，你的团队需要一个美编。一个 PPT 制作高手和精通 Photoshop 等平面设计软件的小伙伴是值得你邀请的对象，他可以让你的项目路演 PPT 和商业计划书排版令人耳目一新。

第三，你的团队需要一个财会小能手。他可以帮你解决让你十分抓狂的财务报表制作问题，让财务预算更加合理。

第四，你的团队需要一个音质好、形象佳、气场足、思路清晰的答辩合伙人。他可以让你的项目多几分胜算。

第五，也是最重要的，自己要当好一个有情怀、有气度的队长。队员都是各个领域的佼佼者，当然会有各自的小脾气。海纳百川，有容乃大。你的任务是智慧地把大家组成一个有战斗力的团队，让大家各施所长，披荆斩棘。

（4）寻找导师。

第一需求指导老师：这类老师曾指导过的项目获得过全国金奖，但一个学校里，这类指导老师的数量实在是太少，基本是屈指可数。

这类老师一般会有自己的项目和想法，如果自己不认识这类老师，那么可以考虑去找一个这类老师教过的学生做队友，然后通过这个队友去联系这类老师。

或在不认识这类老师的情况下，直接拿着自己的项目方案去找这类老师，当然这需要较大勇气。见到这类老师后，先进行一番感情沟通，然后讲解你的项目方案，这类老师会对你进行一个综合性评价，包括对短时间内你的表现能力以及项目是否具有较大潜力进行评估。如果最后没被这类老师选上，也不亏，因为这是你认识一位资深指导老师的开始。

第二需求指导老师：这类指导老师指导过很多学生比赛，虽然没获什么大奖，但获奖数量还是比较多的。这类老师在学校算是比较多，比起第一类需求指导老师，在竞赛的包装和套路的能力上会差上一截，但对于新手而言有这类老师的指导也很不错。

找这类老师，可以通过学长学姐来打听，或者直接在学校官网上查看这类老师的简介信息，里面会有这类老师的成果介绍。

第三需求指导老师：建议直接找刚到学校5年内的新教师，如果不是特招，这类老师都还是讲师级别，对于评职称也有强烈的欲望。竞赛获奖、指导学生科研课题、指导专利论文都对这类老师评职称有帮助。

所以这类老师作为指导老师是会对项目很上心的，而且这类老师都有博士学位，常有较为新颖的项目可供学生来做。但唯一的缺点就是这类老师不是很懂竞赛包装与套路。

（5）商业计划书。

有了创意想法和创业小伙伴，接下来就是如何将创意或技术形成商业计划书了。

商业计划书的正文主要包括：创业项目的主体（创业者或创业团队）、创业项目做的是什么、提供什么样的产品或服务，以及如何将创业计划书中介绍的想法落地、如何去执行创业计划等。

根据这些原则，可以将创业计划书正文要展现的信息概括为以下10个要素：项目概述、公司介绍、行业市场分析、产品与服务、竞争分析、商业模式、市场营销策略、财务与融资、团队、风险对策。

在写商业计划书前，需要做4点思考：

一是如何定位即将开始的项目。项目是做具体的产品，技术服务，还是解决方案，如果用一句话说明项目，该怎样表述。项目需要以产品/服务/解决方案和运营模式为中心，吃透为什么做、怎么做、做到哪里，前后衔接，厘清逻辑主线。

二是弄清客户到底是谁。要根据市场问题，研析市场痛点，逐步细分市场，聚焦目标客户。目标客户一定要聚焦、聚焦、再聚焦，这样方能找准市场定位。

三是项目的商业模式如何设计。商业模式是一个项目的重点和难点，要多分析案例，找到自己适合的商业模式。小米、京东、苹果的商业模式都给我们提供了很好的参考。

四是如果项目已经运营，那么做成了什么事。 项目运营至今，达成了多少订单；拥有多少客户数据；整合了多少创业小伙伴；取得了什么荣誉；拥有了什么资质；创造了怎样的社会价值；解决了多少民生问题。

知识链接

商业计划书

1. 市场分析（用数据说明市场的规模）

提出创业计划，势必得对整个市场有比较充分的了解。所以在这一部分，首先你需要论证整体的市场规模有多大，你是如何推算出的数据以及这个市场未来将如何发展；其次你需要考虑到所要进入的市场是否有准入限制；再次，需要描述这个行业与你有什么关系，哪部分是你的市场，用多少时间可以做到多少占有率。

常见的分析方式有波特五力分析法、PEST 分析法以及 SWOT 分析法，除此以外，还推荐投资机构常用的 Top Down 与 Bottom Up 法。

注意： 请用数据陈述，避免假大空的描述；通过权威第三方获取真实数据，并注明数据出处；描述清楚数据与你有什么关系，明确自己的市场以及预估占有率。

2. 竞争分析（展示出你做这件事的优势）

在这一部分中，你需要论述同在这一市场区域的竞争对手的具体情况，比如谁是主要竞争对手？他们的产品如何？竞争对手的优势可以超越吗？是否有竞争优势进入这一市场？

注意： 建议从业务方向、产品、渠道、数据、技术等多维度进行比较分析；将竞争对手分为直接竞争对手和间接竞争对手，勿贬低、回避、忽视竞争对手；将竞争优势尽可能拆分结构，分点分类、言简意赅地说明；解释如何持续地构建并保持你的竞争壁垒。

3. 产品 / 服务定位（产品介绍、用户画像）

分析市场之后，就要有满足市场要求的产品定位，包括生产什么产品和提供什么服务。如果是技术导向的项目，在这部分里还应该说明基础原理和关键技术，并做技术的可行性分析及后续研发计划等。

注意：核心突出产品设计的构思；产品能够运行的逻辑和原理；必要时需附上产品的辅助图片，帮助阅读者去理解。

4. 盈利模式（怎么让这个项目盈利）

在盈利模式这一部分，你需要阐述如何通过独特的商业模式来创造利润，以什么样的经营方式来生产，怎样让产品和服务在满足用户需要的同时带来利润，还要需要考虑经营优势以及如何让用户选择你而不是竞争对手的产品或服务。

注意：盈利模式应尽可能拆分结构，分点分类、言简意赅地说明；分阶段阐述——短期怎么活下来、中期怎么赚钱、长期怎么成为更有价值的企业；如果变现的路径比较长，最好有细致的说明或者提供参考案例。

5. 管理机制（如何保证公司的正常运转）

有了产品定位和盈利模式，还必须有与之相对应的管理机制来保证经营的成功。这里需包括管理结构和管理方式，即企业管理层的职务和人员构成，以及决策、授权、激励和管理办法的确定。

注意：可以利用组织机构图来辅助说明，同时需要考虑管理层级及效能。需要充分展示重点职能岗位任职者与岗位的匹配度。

6. 营销策略

面对激烈的竞争市场，创业团队必须有可行有效的营销策略，包括营销的主要方式、根本特色、营销的计划、营销的目的等。

注意：合理使用理论依据，要为策划的观点寻找理论依据，防止纯粹的理论堆砌；适当举例说明，举例来证明自己的观点，增强说服力；利用数字对照说明，而且各种数字都要有可靠的出处；运用图表来帮助理解，增强视觉效果，易于理解。

7. 资金规划

资金规划的清晰度某种程度上代表团队对项目运营方向的清晰度。在计划书里需要写明筹划资金的来源、资金总额分配比例、资金在运营各个环节的分配比例等。

注意：建议用图表形式展示，使效果更直观；注意分配比例的合理性。

8. 风险评估

预估风险才能在风险真正到来时更好地应对。在计划书中，通常需要对市场状况变化风险、资金链风险、管理风险等进行评估。

注意：尽可能罗列可能存在的风险；对风险的危害程度做初步预估，并提出预防方案。

（6）答辩。

首先，不管准备什么，你必须拥有的一种品质就是自信。然后是一些具体的步骤：

①项目名称。向评委老师说明的项目名称，标志着答辩的正式开始。

②简要介绍项目的背景、此项目的来源及现阶段的进展情况。

③详细描述有关项目的具体内容，其中包括答辩人所持的观点看法、研究过程、实验数据、结果等。

④重点讲述答辩人在此课题中的研究模块、承担的具体工作、解决方案、研究结果。

⑤侧重创新的部分。这部分要作为重中之重，这是评委老师比较感兴趣的地方。

⑥结论、价值和展望。对研究结果进行分析，得出结论；新成果的理论价值、实用价值和经济价值；展望本项目的发展前景。

⑦自我评价。答辩人对自己的研究工作进行评价，要求：客观，实事求是，态度谦虚。如经过参加项目答辩准备的撰写，专业水平上、个人能力上有哪些提高、取得了哪些进步，研究的局限性、不足之处、心得体会。

知识链接

答辩要注意的问题

①克服紧张、不安、焦躁的情绪，相信自己一定可以顺利通过答辩。

②注意自身修养，有礼有节。无论是听评委教师提出问题，还是回答问题都要

做到礼貌应对。

③听明白题意，抓住问题的主旨，弄清评委教师出题的目的和意图，充分理解问题的根本所在后，再作答，以免答非所问。

④若对某一个问题确实没有搞清楚，要谦虚向教师请教。尽量争取教师的提示，巧妙应对。用积极的态度面对遇到的困难，努力思考作答，不应自暴自弃。

⑤答辩时语速要快慢适中，不能过快或过慢。过快会让答辩小组成员难以听清楚，过慢会让答辩教师感觉答辩人对这个问题不熟悉。

⑥对没有把握的观点和看法，不要在答辩中提及。

⑦不论是自述，还是回答问题，都要注意掌握分寸。强调重点，略述枝节；研究深入的地方多讲，研究不够深入的地方最好避开不讲或少讲。

⑧通常提问会依照先浅后深、先易后难的顺序。

⑨答辩人的答题时间一般会限制在一定的时间内，除非评委教师特别强调要求展开论述，都不必要展开过细。直接回答主要内容和中心思想，去掉旁枝细节，简单干脆，切中要害。

2. "挑战杯"全国大学生系列科技学术作品竞赛

"挑战杯"是"挑战杯"全国大学生系列科技学术竞赛的简称，是由共青团中央、中国科协、教育部和全国学联、举办地人民政府共同主办的全国性的大学生课外学术实践竞赛。"挑战杯"竞赛在中国共有两个并列项目：一个是"挑战杯"中国大学生创业计划竞赛，另一个则是"挑战杯"全国大学生课外学术科技作品竞赛。这两个项目的全国竞赛交叉轮流开展，每个项目每两年举办一届。"挑战杯"系列竞赛被誉为中国大学生科技创新创业的"奥林匹克"盛会，是国内大学生最关注全国性竞赛，也是全国最具代表性、权威性、示范性、导向性的大学生竞赛。

（1）大赛介绍。

"挑战杯"竞赛在中国共有两个并列项目，一个是"挑战杯"全国大学生课外学术科技作品竞赛，简称"大挑"；另一个则是"挑战杯"中国大学生创业计划竞赛，简称"小挑"，两者在比赛侧重点不同。"大挑"注重学术科技发明创作带来的实际意义与特点，而"小挑"更注重市场与技术服务的完美结合，商业性更强。"小挑"奖项设置为金奖、银奖、铜奖，而"大挑"设置特等奖、一等奖、二等奖、三等奖，"大挑"发起高校可报 6 件作品，其中 3 件为高校直推作品，另外 3 件要与省赛组织方协商推荐，而"小挑"只能推荐 3 件作品进国赛；"大挑"有学历限制而"小挑"没有，"大挑"分为专本科组、硕士组、博士组评审，"大挑"国赛最多可以报 8 人，而"小挑"最多可以报 10 人；"大挑"比赛证书盖共青团中央、中国科协、教育部、全国学联、举办地人民政府的章，而"小挑"证书盖共青团中央、中国科协、教育部、全国学联的章。

申报参赛的作品可以个人或集体形式申报。申报个人作品时，申报者必须承担所申报作品 60% 以上的研究工作，作品鉴定证书、专利证书及发表的有关作品的署名作者均应为第一作者，个人作品申报人数不得超过 3 人。

凡作者超过 3 人的项目，或作者不超过 3 人但无法区分第一作者的项目，均须申报集体作品。集体作品作者人数不能超过 10 名。

（2）项目要求。

参赛作品必须是距全国竞赛终审决赛 6 月 1 日前两年内完成的学生课外学术科技和社会实践成果。（时间界定可以参考论文录用或发表时间，专利、软著申请或授权时间，以及媒体报道时间、批示时间等）

毕业设计和课程设计（论文）、学年论文和学位论文、国际竞赛获奖作品、获国家级奖励成果作品（含本竞赛主办单位参与举办的其他全国性竞赛的获奖作品）等不在申报范围之列。严禁将国家课题、教师科研成果包装成学生作品申报。

（3）寻找项目。

对于每个想参报"大挑"竞赛的学生而言，几乎都不存在缺少项目这一说，因为"大挑"的项目范围非常广，只要与学术、科技沾边的项目都可以申报，所不管是以前参加过机械创新设计竞赛、机器人竞赛、节能减排竞赛等竞赛的成果以及撰写的学术论文等项目都可以用来参报"大挑"竞赛。

（4）参赛主题

"挑战杯"全国大学生系列科技学术竞赛主题分为三大板块，分别是：科技发明制作、自然科学类学术论文、哲学社会科学类学术论文和调查报告。

①科技发明制作类。

每一届"大挑"中，科技发明制作类分 A、B 两大类。A 类指科技含量较高、制作投入较大的作品；B 类指投入较少，且为生产技术或社会生活带来便利的小发明、小制作。这两大类中又分机械与控制、信息技术、数理、生命科学、能源化工等小类。

不管是 A 类还是 B 类，想获奖、想获大奖除了必要的项目以外还得进行文本包装、PPT 设计等，另外也需要一些辅助证明材料，包括论文、专利、软著、科技查新报告，权威检测报告或技术鉴定报告，试用报告，投产证明，知名专家推荐书，批示、相关媒体报道，以往项目获奖证书，等等。对于一个项目而言，辅助证明材料肯定是越多越好，在这些证明材料中论文、专利、软著、科技查新报告等是最容易获取的。科技查新报告可在一些高校、科技查新工作站办理，一般价格在 800 元左右。专利在短时间内取得授权是不可能的，但获取的专利受理通知书也是可以用来作为辅助材料的。试用报告、应用评价、投产证明、知名专家推荐书、批示等辅助证明材料就需要利用你自己、老师甚至学校的资源来获取。

知识链接

科技发明制作类申报指南

1. 文本封面

2. 文本内容

在撰写文本时，首先要进行大纲撰写，也就是文本的章节安排。如果项目涉及技术研究与设备创新，那么文本最好控制在 50 页以上，设置 4～5 个章节，外加参考文献与相关支撑材料。

（1）作品名称。

作品名称要直观反映出作品的技术点，主题确切、简单明了，让评委一眼看出参赛作品所研究的对象是什么，通过什么方法解决了什么具体的问题。作品名称不需要用过多修饰词进行点缀，反而显得累赘；可以采用"基于某方法解决某问题"这类题目。

（2）申报者情况。

根据具体团队人员如实进行申报。

（3）作品设计、发明的目的。

通过对国内外研究成果进行调研进行论证，指出目前需要解决的问题及其没有解决的原因，提出对此问题的解决办法及要达到的目的等。

（4）作品的基本思路。

包括研究方法和技术路线等内容，包含理论分析、实验方法以及工作步骤等一系列计划安排。

（5）作品创新点、技术关键和主要技术指标。

作品创新点、技术关键和主要技术指标旨在将作品的创新价值与技术价值直观地反映给评委。作品创新主要包括研究思路上的创新、研究内容上的创新以及研究方法上的创新。作品的技术关键主要包括制作过程中所采用的关键技术、制作必需工具的设计和加工方法、制作装备的设计和加工技术、为提高作品性能而采用的关键技术等内容。作品的主要技术指标应按照作品实际情况进行撰写，根据作品自身指标或者解决对象的技术指标等。

（6）作品的科学性和先进性。

作品的科学性和先进性要与现有技术进行比较，说明该作品具有的突出实质性特点和显著进步。

（7）作品的适用范围及推广前景的技术性说明。

介绍作品的适用范围，需要对作品适用的领域进行简要的描述，分析作品进行市场推广的可行性及作品的目标市场。例子：a.高端电子设备散热；b.精密机电设备的温控系统；c.化工领域中的高效传热节能行业；d.航空航天、能源领域中的热量传递。

（8）市场分析和经济效益预测。

客观反映成果的经济效益。这部分撰写包含对作品本身特征及其目标市场进行分析、确定作品的市场定位和目标人群、了解目前市场的发展阶段和需求状况、针对新兴市场需要分析本作品能否满足其需求。

（9）作品的获奖情况、进度、知识产权情况和作品形式等。

一般如实填写即可，科技类作品一般都会申请专利，涉及编程的可以申请软件著作权登记证书、论文等，这些也是反映作品创造性的东西。

（10）附录。

对于科技发明制作类作品来说，附录内容可以包括：作品的相关专利证明（如果没来得及授权可以拿受理通知书作为佐证材料）；作品的鉴定证书和应用证书；作品的加工图纸；作品的详细数据、图表等；作品的相关设计程序；作品详细的使用说明书；与作品相关的论文。

②哲学社会科学类学术论文和调查报告类。

哲学社会科学类学术论文每篇 8000 字以内，调查报告类每篇在 15000 字以内，且都仅限于哲学、经济、社会、法律、教育、管理 6 个方向。这 6 个方面，但几乎涵盖了生活中的所有方向，所以只要做调查项目就几乎不会偏题。

调查报告类相比科技发明制作类更容易上手，不分专业，不需要多么丰富的专业知识。按照以往的经验，调查报告相对于论文更容易得到重视，因为针对性强，分析的问题实际意义比较大。抓社会热点、深度调研、全面详细分析是获奖的关键，每届都会在社会热点问题上出现国赛大奖。

乡村振兴、全面小康等都是"挑战杯"调查报告类的热点项目，所以其中必会出现全国特奖项目。近届国赛中的特等奖，均是贴合时代背景、社会热点的选题。

知识链接

哲学社会科学类学术论文和调查报告项目申报指南

1. 文本封面

调查报告是研究性报告，具有学术性，所以其文本的封面应该体现出较强的学术风格，而不是设计出各种色彩、各种样式的封面。

2. 文本内容

（1）前言。

简要地叙述为什么对这个问题进行调查，调查的时间、地点、对象、范围、经过及采用的研究方法，调查对象的基本情况、历史背景，以及调查后的结论等。

调查报告开头的方法很多，有的采用设问手法，有的开门见山，有的承上启下，有的画龙点睛，没有固定形式。但一般要求紧扣主旨，为主体部分展开做准备。文字要简练，概括性要强。

（2）正文。

主要写明事实的真相、收获、经验和教训，即介绍调查的主要内容是什么、为什么会是这样的。主体部分要包括大量的材料——人物、事件、问题、具体做法、困难障碍等，内容较多，所以要精心安排调查报告的层次，安排好结构，有步骤、有次序地表现主题。

（3）结尾。

结尾是调查报告分析问题、得出结论、解决问题的必然结果。一般来说，调查报告的结尾有以下4种：对调查报告归纳说明，总结主要观点，深化主题，以提高人们的认识；对事物发展做出展望，提出努力的方向，启发人们进一步去探索；写出尚存在的问题或不足，说明有待今后研究解决；补充交代正文没有涉及而又值得重视的情况或问题。

（4）常见研究方法。

常见的研究方法有4种，分别为：文献综述法、问卷调查法、访谈法、实地观察法。下面我们来一一介绍。

①文献综述法。主要指搜集、鉴别、整理文献，并通过对文献的研究形成对事实的科学认识方法，它是一种间接的非介入式的市场调查方法。文献调查法需要建立严密的调查计划，并对将要利用的文献进行真实性、可用性的检查，这样才能保证调查的系统性和可靠性。

②问卷调查法。问卷调查法是国内外社会调查中较为广泛使用的一种方法。研究者用控制式的测量对所研究的问题进行度量，从而搜集到可靠的资料。问卷法大多用邮寄、个别分送、集体分发、线上问卷等多种方式发送问卷。现如今线上问卷形式被采用得较多，诸如问卷星、问卷网、调研家等都是常用的问卷网站。

③访谈法。又称晤谈法，是指通过访员和受访人面对面交谈来了解受访人的心理和行为的心理学基本研究方法。因研究问题的性质、目的或对象的不同，访谈法具有不同的形式。因能够简单地以叙述的形式收集多方面的资料，访谈法深受人们的青睐。

④实地观察法。调查者根据调查目的、运用自己的感觉器官或借助科学观察工具，有计划地对处于自然状态下的社会现象进行直接感知。

（5）调查报告注意事项。

①注重排版。千万不要出现格式错误：字号、字体切记不能混乱使用，采用统一的段落对齐、缩进方式，图片和表格的编号不要重复。

②注意措辞。撰写调查报告时，应尽量使用概念成熟的专业用语，如果要用到非专业用语，应力求通俗易懂和准确，不可盲目追求新颖或者复杂化的表达。还有一点要注意，千万不要有错别字和语病。

③自然科学类学术论文。

自然科学类学术论文仅限专科生、本科生参加。论文类每篇在 8000 字以内。

知识链接

自然科学类学术论文申报指南

1. 文本封面

不管是自然科学类学术论文还是哲学社会科学类学术论文，其撰写风格跟平常发表的论文一样，其封面都应该符合学术规格，与调查报告的封面类似。

2. 文本内容

（1）作品名称（论文题目）。

论文题目是学术论文的重要组成部分，是一篇论文最先投向读者心中的石子，给读者的第一印象，是涉及论文内容范围与水平的第一个重要信息，是以最恰当、最简明的词语反映论文中最重要的特定内容的逻辑组合，必须用心斟酌选定。

论文题目务求简明确切，能反映论文内容、研究范围和深度。题目一般不宜超过 25 个汉字，若语意未尽，可用副标题补充说明。副标题应处于从属地位，可在题目的下一行用破折号"——"引出。论文题目应避免使用不常用缩略词、首字母缩写字、字符、代号和公式等。

（2）摘要。

摘要是论文不加注释和评论的精练缩写，是一篇独立完整的短文（300～500字），具有独立性和自明性，摘要应包括与论文等量的主要信息，根据摘要可以判定一篇论文的创新性和学术价值或学术水平。其作用是使读者在不用阅读论文全文的前提下，即能以最短的时间快速获得论文的必要信息。摘要应开门见山，使用第三人称。

摘要要有实质内容，要反映论文4个方面的要点：①研究的目的和重要性（要解决的问题，引言的要点）；②研究的主要内容（正文的要点）；③结论和成果（结论的要点，突出论文的新见解）；④结论或结果的意义。

（3）关键词。

用来表示全文主要内容信息款目的单词或术语。可以从论文题目中去找，也可以从论文内容中去找。一篇论文可选取3～6个词作为关键词。

（4）引言。

引言（前言）属于整篇论文的引论部分。应尽可能按照本研究的目的意义，前人研究与本项研究有关的最主要进展（应尽可能高度概括性地列出，这是引言的重点），本研究的切入点（前人研究的薄弱环节或空白，点题），拟解决的关键问题，预期的结果及其在相关领域里的地位、作用和意义展开。

引言应开门见山，言简意赅，内容选择不必过于分散、琐碎，措辞要精练，要吸引读者读下去。引言的篇幅大小，需视整篇论文篇幅的大小及论文内容的需要来确定，长的可达700～800字或1000字左右。

（5）研究方法与结果。

主要叙述研究所用的主要材料，以及叙述本研究得出的主要结论，内容要切题，结构要层次分明、逻辑严密、条理清晰，达到重点突出、显示主线的目的。

（6）讨论。

讨论是体现论文学术水平的重要部分，主要对获得的科研资料和结果进行分析、比较、解释和推断，从而得出具有独特性或创新性结论的推理论证过程，并说明作者的结果是否支持或反对某种观点，给出论文的价值及其意义，为结论提供理论依据。注意论点明确，论据充分。

注意事项：对结果的解释要重点突出、简洁、清楚，着重讨论本研究的重要发现，以及由此得出的结论，不要过细地重复引言或结果中的数据或资料；推论要符合逻辑，避免实验数据不足以支持的观点和结论；对观点或结论的表述要清楚明确，对结果的科学意义和实际应用的表达要实事求是，适当留有余地。

（7）结论。

结论可以单独立为一节，论文的结论要有理、有据、有新思想、有新见解。结论的基本内容：①作者本人的主要认识或论点（包括最重要的结果、结果的重要内涵、对结果的认识等）；②总结性地阐述本研究结果可能的应用前景；③结论中不应涉及前文不曾指出的新事实，也不能在结论中简单地重复摘要、引言、结果或讨论等章节中的句子。

（8）参考文献。

参考文献要包含外文文献，并且要能体现领域前沿研究现状，一般不少于20篇。

（9）致谢。

感谢提供帮助的人、团队、机构等。

（5）评审标准。

在"挑战杯"竞赛中，书面评审环节占着一定的比重，评委会综合考虑参赛作品的科学性、先进性以及现实意义等方面给予分数。评审分为预审和终审2个阶段。预审需要评选出省级组织协调委员会和发起高校报送的作品数的80%左右的作品进入终审环节。

自然科学类学术论文、哲学社会科学类社会调查报告和学术论文、科技发明制作分别按照3%、8%、24%、65%的比例评选出特、一、二、三等奖。科技发明制作类A类和B类作品分别按照上述的比例设奖项。

①自然科学类学术论文的评审标准。

先进性：先进程度10%、创新程度10%、难度10%。

现实意义：应用价值15%、影响范围15%。

科学性：科学意义15%、研究方法合理性10%、结论重要性15%。

②哲学社会科学类社会调查报告和学术论文的评审标准。

先进性：创新难度 10%、难易程度 10%、学术水平 10%。

现实意义：经济效益和社会效益 20%、影响范围 20%。

科学性：论证严密性和可靠性以及论证的准确性 15%、理论基础和研究方法 15%。

③科技发明制作的评审标准。

先进性：先进程度 10%、创新程度 10%、难度 10%。

现实意义：经济效益 15%、推广价值 15%、成熟程度 10%。

科学性：技术意义 15%、技术方案合理性 15%。

3. "挑战杯"中国大学生创业计划竞赛

"挑战杯"中国大学生创业计划竞赛是由共青团中央、中国科协、教育部、全国学联主办的大学生课外科技文化活动中一项具有导向性、示范性和群众性的创新创业竞赛活动，每两年举办一届。以下以第 13 届为例进行介绍。

（1）大赛介绍。

"挑战杯"中国大学生创业计划竞赛是一项全国性的竞赛活动，简称"小挑"。根据参赛对象，分普通高校、职业院校两类。设科技创新和未来产业、乡村振兴和脱贫攻坚、城市治理和社会服务、生态环保和可持续发展、文化创意和区域合作 5 个组别。

大赛分校级初赛、省级复赛、全国决赛。校级初赛由各校组织，广泛发动学生参与，遴选参加省级复赛项目。省级复赛由各省（自治区、直辖市）组织、遴选参加全国决赛项目。全国决赛由全国组委会聘请专家根据项目社会价值、实践过程、创新意义、发展前景和团队协作等综合评定金奖、银奖、铜奖等项目。大赛期间组织参赛项目参与交流展示活动。

（2）奖项介绍。

全国评审委员会对各省（区、市）报送的参赛作品进行复审，评出参赛作品总数的 90% 左右进入决赛。竞赛决赛设金奖、银奖、铜奖，各等次奖分别约占进入决赛作品总数的 10%、20% 和 70%；各组参赛作品获奖比例原则上相同。

全国评审委员会将在复赛、决赛阶段，针对已创业（甲类）与未创业（乙类）两类作品实行相同的评审规则；计算总分时，将视已创业作品的实际运营情况，在其实得总分基础上给予 1% ～ 5% 的加分。

参加全国终审决赛的作品，确认资格有效的，由全国组织委员会向作者颁发证书，并视情况给予奖励。参加各省（区、市）预赛的作品，确认资格有效而又未进入全国竞赛的，由各省（区、市）组织协调委员会向作者颁发证书。

竞赛设 20 个左右的省级优秀组织奖和进入决赛高校数 30% 左右的高校优秀组织奖，奖励在竞赛组织工作中表现突出的省份和高校。优秀组织奖的评选主要依据为网络报备作品的数量和进入决赛作品的质量。省级优秀组织奖由主办单位评定，报全国组织委员会确认。高校优秀组织奖由各省（区、市）组织委员会提名，主办单位评定后报全国组织委员会确认。

在符合"挑战杯"中国大学生创业计划竞赛章程有关规定的前提下，全国组织委员会可联合社会有关方面设立、评选专项奖。

（3）赛程安排。

竞赛设校级初赛、省级复赛和全国决赛。

校级初赛（2022 年 5 月底前）。由各校组织，广泛发动学生参与，遴选参加省级复赛项目。校赛参赛项目需在赛事官方平台统一填报。

省级复赛（2022 年 6 月底前）。由各省级团委举办，按照分配名额（全国1000 个）遴选参加全国决赛的项目，在赛事官方平台完成项目审批申报。

全国决赛（2022 年下半年）。全国共有 1500 个项目进入全国决赛。其中，1000 个名额由省级团委确定，300 个名额面向在赛事组织、学生参与、宣传发动等方面表现突出的学校直接分配，200 个名额通过"国赛直通车"评审分配。

校赛、省赛的时间较上一届提前了 2 ～ 3 个月，此外，入围决赛的项目也从 1200 项增加至 1500 项。这意味着各参赛院校及选手要尽快做好更充足的准备。

4. 全国大学生电子商务"创新、创意及创业"挑战赛

全国大学生电子商务"创新、创意及创业"挑战赛（简称"三创赛"）是由教育部高等学校电子商务专业教学指导委员会面向全国高校举办的大学生竞赛项目，是教育部、财政部"高等学校本科教学质量与教学改革工程"重点支持项目。以下以第 12 届为例进行介绍。

（1）大赛简介。

大赛的目的是强化创新意识、引导创意思维、锻炼创业能力、倡导团队精神。

"三创赛"一直秉持着"创新、创意及创业"的宗旨，致力于培养大学生的创新意识、创意思维和创业能力，为高校师生搭建一个将专业知识与社会实践相结合的平台，提供一个自由创造、自主运营的空间。

（2）赛程安排。

参赛队报名时间：2021 年 10 月 21 日～2022 年 1 月 15 日。

校赛时间：2022 年 3 月 1 日～4 月 15 日。

省级赛时间：2022 年 4 月 20 日～2022 年 6 月 20 日。

全国总决赛时间：2022 年 7 月 20 日～2022 年 7 月 22 日。

（3）大赛主题。

①三农电子商务。

②工业电子商务。

③跨境电子商务。

④电子商务物流。

⑤互联网金融。

⑥移动电子商务。

⑦旅游电子商务。

⑧校园电子商务。

⑨其他类电子商务。

（4）组队方式。

①学生队：学生作为队长，队长和队员须全部为全日制在校学生；

②混合队：高校教师作为队长，队员中学生数量必须多于教师。

参赛选手每人每年只能参加一个团队的竞赛，一个团队含成员 3～5 名，其中一名为队长。可以跨校组队，以队长所在学校为该队报名学校。队员的身份信息的真实性由队长负责。提倡合理分工，学科交叉，优势结合。

一个团队可以有 0～2 名高校指导老师，0～2 名企业指导老师参加。

（5）奖项设置

本竞赛按照校赛、省赛、国赛分别设立奖项。

校赛奖项分特、一、二、三等奖共 4 个等级，原则上特等奖不超过参赛队数的 5%（可空缺，要排名次），一等奖不超过参赛队数的 10%，二等奖不超过参赛队数的 20%，三等奖不超过参赛队数的 30%。设最佳创新奖、最佳创意奖、最佳创业奖等单项奖若干名。特等奖指导老师为最佳指导老师，一等奖指导老师为优秀指导老师。

省级赛奖项分特、一、二、三等奖共 4 个等级，原则上特等奖不超过参赛队数的 5%（可空缺，要排名次），一等奖不超过参赛队数的 10%，二等奖不超过参赛队数的 20%，三等奖不超过参赛队数的 30%。设最佳创新奖、最佳创意奖、最佳创业奖等单项奖若干名。授予特等奖团队指导老师最佳指导老师奖，一等奖指导老师为优秀指导老师。校赛优秀组织奖授予若干名。

国赛奖项分特、一、二、三等奖共 4 个等级，原则上特等奖不超过参赛队数的 10%（可空缺），一等奖不超过参赛队数的 15%，二等奖不超过参赛队数的 25%，三等奖不超过参赛队数的 40%。设最佳创新奖、最佳创意奖、最佳创业奖等单项奖若干名。对一等奖团队指导老师授予优秀指导老师奖，对特等奖团队指导老师授予最佳指导老师奖。对获得国赛特等奖的省级赛承办单位授予优秀组织奖，对获得国赛特等奖前三名的省级赛承办单位授予优异组织奖等若干名。

第三节　浙江省大学生科技竞赛部分项目介绍

1. 浙江省大学生创新创业大赛

（1）大赛宗旨。

大赛坚持以习近平新时代中国特色社会主义思想为指导，全面贯彻党的教育方针，落实立德树人根本任务；立足新发展阶段，贯彻新发展理念，着力打造创新创业教育新高峰，激发大学生创新创业热情，搭建大学生创新创业项目与社会资源对接平台，加快培养创新创业人才，增强高等教育服务地方经济社会发展能力，为中国创新创业改革发展贡献更多的浙江实践、浙江样本、浙江经验，为建设社会主义现代化先行省和共同富裕示范区提供强大的智力支持和科技支撑。以下以 2021 年浙江省大学生创新创业大赛为例进行介绍。

（2）大赛项目。

大赛由3项分赛事组成，分别为：

①第十三届浙江省大学生职业生涯规划大赛。侧重于培育大学生的职业规划意识与创新能力，普及生涯规划知识，提升职业能力，激发创业激情。

②第七届浙江省国际"互联网＋"大学生创新创业大赛。侧重于培养学生数字经济与互联网思维，重点发掘与互联网、云计算、大数据、人工智能、物联网等新一代信息技术相关的创新创业项目，紧密结合经济社会发展，培育基于互联网的新技术、新产品、新业态、新模式。

③浙江省第十七届"挑战杯"大学生课外学术科技作品竞赛。旨在进一步引导广大高校学生努力培养科学精神和科学态度，积极学习科学知识和科学方法，踊跃投身创新驱动发展战略，为促进科技自立自强、加快建设科技强国贡献青春力量。

各高校组织申报3项赛事时应当各有侧重。

（3）大赛安排。

大赛计划分宣传发动、赛前指导、校级初赛、省级复赛决赛等4个环节进行。

2.浙江省大学生统计调查方案设计大赛

（1）大赛宗旨。

以"民生民意杯"第十一届浙江省大学生统计调查方案设计大赛为例进行介绍。为创新人才培养模式，培养大学生调研能力、数据分析能力和处理实际问题能力，加强各高校之间的学术交流与合作，经浙江省教育厅与浙江省统计局共同研究，决定联合举办浙江省"民生民意杯"第十一届大学生统计调查方案设计大赛。此项赛事坚持理论联系实际，有利于学校应用型人才的培养，既是一种教学方法的创新，也是社会实际工作部门和高校人才培养的一个良性互动平台。

（2）大赛要求。

竞赛对象须为浙江省高校普通全日制在校本、专科学生。

①统计调查方案设计大赛分本科与专科两组进行。以学校为单位，每位学生只能报名一个参赛作品，每件参赛作品的参与学生数不超过5人，每件参赛作品的指导老师（本校）不超过2名，每位指导教师最多可以指导（包括参与指导）3

件作品。

②所有作品必须为浙江省在校大学生的原创作品，不得侵犯他人的知识产权。如发现作品有任何造假、剽窃等问题，一经查实立即取消参赛资格或撤销奖项，并通报参赛学校。

③所有参赛作品必须为未参加其他竞赛、未公开发表的原创作品。对于已参加过往届统计调查方案设计大赛但未获奖的参赛作品，未经任何修改不得再次参赛。

④参赛作品文档和图片中不得出现学校名称、联系方式、参赛队员姓名及指导教师姓名等相关信息。一经发现，按零分处理。

⑤除非特别申明，竞赛委员会对参赛作品拥有非赢利性的使用权。

⑥大赛采取学生网上注册、报名和网上提交作品的方式。

（3）大赛安排。

省赛分为2个环节进行。

网评：对参赛作品进行双向匿名网评。大赛秘书处根据网评专家的评审成绩，确定进入决赛的答辩者名单。入围决赛者名单在11月上旬公布。

现场答辩：一、二等奖作品参赛学生需进行现场公开答辩，现场答辩安排在11月中下旬，入围现场答辩的参赛作品，现场答辩时要以PPT展示的形式对调研报告进行讲解、分析及演示，并回答评委提问（时间不超过15分钟）。现场答辩具体事项将由竞赛委员会另行通知。若进行现场答辩，网评成绩占总成绩的70%，现场答辩成绩占总成绩的30%。

各参赛作品的最终获奖等级，由竞赛专家委员会审议，公示后由浙江省教育厅发文公布。对于优秀论文将推荐至《统计科学与实践》等刊物发表。

3. 浙江省大学生经济管理案例竞赛

（1）大赛宗旨。

为促进我省高校经济管理类专业建设，提升案例研究与教学水平，增强大学生的实践创新能力和团结协作精神，发掘、提炼、传播当前经济转型升级和管理创新实践中的特色亮点，推广先进适用的管理理念、方法和模式提供案例借鉴，举办浙江省大学生经济管理案例竞赛。

（2）大赛要求。

参赛对象：浙江省本科和高等院校全日制在校学生，竞赛以参赛队的案例作品形式参赛。

组队要求：每个参赛队队员不超过 5 名，指导教师不超过 2 名，不能跨校组队。竞赛分本科与专科两个类别进行，本、专科学生不能跨类组队参赛。各校参赛名额：本科高校每校不超过 12 支参赛队。高职高专每校不超过 6 支参赛队。

经济管理案例竞赛以实践调研为基础，采用自主选题方式，参赛队选择某一经济管理领域的研究对象（企业、行业、区域），通过对研究对象进行深度调研，运用相关经济管理理论，深入分析研究对象的成功经验或失败教训，撰写成参赛案例。

为保证案例调研真实、可靠、公益性，参赛案例应取得研究对象出具的纸质授权书。

企业调研案例由所调研企业出具，行业调研案例由相应行业主管部门或行业协会出具，区域经济调研案例由所在地经济和信息化管理部门出具。所有案例作品必须为浙江省在校大学生的原创作品，不得侵犯他人的知识产权，如发现作品有任何造假、剽窃等问题，一经查实立即取消参赛资格或撤销奖项，并通报参赛学校。参赛案例作品许可浙江省大学生经济管理案例竞赛委员会在浙江省高校教学中推广使用，部分优秀案例将公开出版。已获往届浙江省大学生经济管理案例竞赛省级奖项的作品，不得报名参加本届竞赛。

（3）大赛安排。

省赛分为 2 个环节进行。

①网评：对参赛作品进行双向匿名网评，决出获奖作品。大赛秘书处根据竞赛网评专家的评审成绩，取排名前 23% 的参赛队参加答辩。

②答辩：答辩分组进行，每组至少 3 位专家，取平均成绩作为案例作品的答辩成绩。

总成绩评定：网评成绩和答辩成绩各占总成绩的 50%，所有成绩计算精确到小数点后 2 位（四舍五入），按决赛分组各组别独立确定参赛作品获奖等级。若总成绩相同，则答辩成绩高的团队排名在前。各参赛作品的最终获奖等级，由竞赛委员会审议后公示，由浙江省教育厅发文公布。

奖项设置：竞赛团队奖；竞赛组织奖；优秀指导教师奖。

4. 浙江省大学生电子商务竞赛

（1）大赛宗旨。

大赛着眼于浙江省创新驱动发展战略，聚焦"五育"并举的创新创业教育实践，提高大学生在电子商务方面理论与实践相结合的能力，激发大学生的兴趣与潜能，强化创新意识、引导创意思维、锻炼创业能力、倡导团队精神，从而达到以赛促创、以赛促学和以赛促教的目标。

（2）大赛要求。

参赛学生须是浙江省高校普通全日制在校本、专科学生。

竞赛组委会鼓励全日制留学生积极参赛。竞赛分本科和专科2个组别，本科学生参加本科组，专科学生参加专科组。

竞赛鼓励参赛团队的创新思维、创意设计和创业实施。参赛作品遵循自由命题的原则，来源可以为国内外企业、行业出题；参赛团队也可以围绕农村电子商务、工业电子商务、跨境电子商务、新媒体电子商务、电子商务物流与供应链、电子商务信息技术、文化创意服务、互联网金融、数字生活新服务等主题自选题目参加竞赛。所有参赛作品必须为参赛者未参加其他竞赛、未公开发表或孵化的原创作品。如果该作品已经参加过其他竞赛，只有同时满足下列3个条件方可参赛：先后2个参赛团队的主要成员不变；现参赛团队对先后2个作品均拥有知识产权；在参加本次比赛前对原参赛作品已经做了明显的再创新（迭代创新）。该团队参赛时必须列明原参加竞赛的名称、奖项和团队成员，对在原参赛作品基础上进行迭代创新的主要内容给予明确的说明，并将原参赛作品文档、参赛证明或获奖证书等一同附上。

参赛作品在内容章节、核心数据、支撑材料等方面不得与其他作品雷同，或弄虚作假。若作品已经参加过其他竞赛，赛前应按照前款要求做出声明。每位参赛学生只能参与1个参赛作品。每个参赛作品的团队应包括3～5位学生，其中1位为队长。在现场决赛阶段，竞赛委员会最多允许其中3位学生参加答辩。每件参赛作品允许有0～2名高校指导老师及0～2名企业指导老师。参赛作品不得含有色情、暴力元素，不能与中华人民共和国法律法规相抵触。参赛者所提交作品必须由参赛选手参与创作，参赛选手应确认拥有其作品的著作权，竞赛委员会不承担因包括（不限于）肖像权、名誉权、隐私权、著作权、商标权等纠纷而产生的法律责任，其法律责任由参赛者本人承担。如违反以上规则，一经查实，竞赛委员会将采取取消作品参赛资格、通报批评、取消学生与指导老师今后参赛资格以及酌情减少参赛学校下一年度参赛名额等处理措施。

（3）大赛安排。

省赛分初赛、决赛和终极赛3个阶段。

①省赛初赛。对各院校推荐的参赛作品，省赛初赛采用双向匿名评审方式。

②省赛决赛。竞赛委员会根据作品所在组别的不同，按照作品的初赛成绩从高到低来确定入围决赛的作品。各组别作品参加决赛时如需分组答辩则奖项也相应均分到组，如分两组则按照作品的初评成绩从高到低排序按 A、B、B、A、A、B、B、A……分为 A、B 两组。决赛以选手陈述、答辩等形式举行。每个参赛作品的决赛过程约 15 分钟，其中选手陈述环节不超过 8 分钟，答辩环节约 7 分钟。决赛成绩根据现场评审专家的评分，去掉一个最高分和一个最低分后取其余评审专家评分的平均值。作品最终成绩为：初赛成绩 ×30%+ 决赛成绩 ×70%。

竞赛委员会根据决赛参赛作品的最终成绩，确定入围终极赛的团队名单。

③省赛终极赛。作为全国大学生电子商务"创新、创意及创业"挑战赛浙江省选拔赛，竞赛委员会将根据全国"三创赛"组委会分配给浙江赛区的名额，按终极赛成绩排名推荐晋级全国"三创赛"的参赛队伍。

竞赛奖项设置按照浙江省大学生科技竞赛委员会指导意见实施。

5. 浙江省大学生财会信息化竞赛

（1）大赛宗旨。

大赛宗旨适应财会行业的发展趋势，进一步提高在校大学生财务会计方面的综合能力，培养财会专业大学生的创新意识和综合素质，进一步深化经济、管理类专业的教学改革，全面提高人才培养质量。

（2）大赛要求。

参赛对象为浙江省普通高校经济、管理类等专业在校本科和高职高专学生。

指导老师必须是参赛队所在学校的正式教师。指导教师必须保证所有队员符合参赛要求。指导教师可以作为参赛队的代表，负责竞赛活动中的联系工作。

（3）大赛安排。

竞赛分初赛、决赛 2 个阶段进行。

　　①初赛。传统赛由各院校自行安排考场组织竞赛。各院校根据本校设考场情况确定派遣监考教师的人数，每个考场设两位监考教师，在报名时一并上报监考教师名单。竞赛监考教师仍按院校交叉原则安排。

　　监考教师的监考费由派出监考教师的学校负责。竞赛期间，竞赛委员会视情况派巡视人员对考场进行检查和监督。初赛试题由竞赛办公室在竞赛开始前在浙江省大学生科技竞赛网站公布，参赛学校或各竞赛点统一下载后，可以根据需要为参赛队提供竞赛试题的电子或纸质文档。案例赛初赛形式为提交案例作品。

　　②决赛。入围决赛的学生由各个院校组织参加决赛，决赛开始前半小时到位。入围传统赛决赛的队伍在对决赛答辩题目进行准备后进行现场陈述，并回答评审小组的提问。入围案例赛决赛的队伍对初赛作品进行 8 分钟陈述、7 分钟答辩。

参 考 文 献

[1] 傅赟. 赢在校园大学生职业生涯规划实用教程 [M]. 2版. 重庆：重庆大学出版社，2021.

[2] 王晓庆，麻曦业. 大学生职业生涯规划与就业指导 [M]. 北京：北京理工大学出版社，2021.

[3] 施佩刁，宋新辉. 大学生职业生涯规划与就业指导 [M]. 北京：北京邮电出版社，2020.

[4] 高阳. 大学生职业生涯规划与就业指导 [M]. 成都：电子科技大学出版社，2019.

[5] 文军，刘琼，李立. 大学生职业生涯与发展规划 [M]. 成都：电子科技大学出版社，2019.

[6] 陈绵水，高海生. 大学生职业生涯规划教程 [M]. 北京：北京交通大学出版社，2007.

[7] 申荷永. 社会心理学原理与应用 [M]. 广州：暨南大学出版社，1999.

[8] 陈国荣. 职业人士修养 [M]. 南京：东南大学出版社，2006.

[9] 刘建新，费毓芳. 大学生生涯辅导 [M]. 上海：上海交通大学出版社，2006.

[10] 和向群. 潜能开发策略 [M]. 北京：中国民航出版社，2001.

[11] 柳建营，许德宽，郭宝亮. 职业生涯规划与指导 [M]. 北京：北京工业大学出版社，2004.

[12] 崔景贵. 知识经济挑战与大学生心理潜能开发 [J]. 青年探索杂志，2000（1）：38.

[13] 杨敬东. 怎样开发你的潜能 [M]. 北京：北京科学技术出版社，2003.

[14] 康永明. 职业道德修养 [M]. 北京：现代教育出版社，2006.

[15] 谢元. 大学生职业素质修养与就业指导 [M]. 北京：清华大学出版社，2007.

[16] 肖建中. 职业规划与就业指导 [M]. 北京：北京大学出版社，2006.

［17］高桥，葛海燕.大学生涯与职业规划［M］.北京：清华大学出版社，2007.

［18］李开复.做最好的自己［M］.北京：人民出版社，2005.

［19］周其洪，王兴权.起航：大学生就业指导［M］.北京：中国国际广播出版社，2008.

［20］周其洪，王兴权.扬帆：大学生职业生涯与发展规划［M］.北京：中国国际广播出版社，2008.

［21］杨一波.战胜职场：大学生就业指导［M］.北京：清华大学出版社，2007.

［22］钟谷兰，杨开.大学生职业生涯发展与规划［M］.上海：华东师范大学出版社，2010.

［23］张乐敏，吴玮，宋丽珍.大学生职业生涯规划与管理［M］.上海：复旦大学出版社，2010.

［24］彭贤，马恩.大学生职业生涯规划活动教程［M］.北京：清华大学出版社，2010.

［25］苟朝莉.走向成功大学生职业生涯规划与就业指导［M］.北京：高等教育出版社，2009.

［26］周明星，咸桂彩.现代职业生涯设计［M］.北京：清华大学出版社，2007.

［27］罗双平.职业选择与事业导航：职业生涯规划技术［M］.北京：机械工业出版社，2008.

［28］肖利哲.大学生职业生涯规划理论与设计［M］北京：科学出版社，2011.

［29］阳毅等.大学生职业生涯规划［M］.北京：气象出版社，201

［30］韩景旺，沈双生，田必琴.我的生涯我做主：大学生职业生涯规划与就业指导［M］.保定：河北大学出版社，2008.

［31］丁仁鲜，李旭莲，段晓辉.大学生职业生涯规划指导教程［M］.长沙：中南大学出版社，2007.

［32］闫继臣.大学生职业生涯规划［M］.北京：中国劳动社会保障出版社，2007.

［33］赖晓桦.大学生就业与创业指导［M］.大连：大连理工大学出版社，2007.

［34］陈凯元.你在为谁工作［M］.北京：机械工业出版社，2007.

［35］REARDON R，等.职业生涯发展与规划［M］.侯志瑾，译.北京：高等教育出版社，2005.

［36］金树人.生涯咨询与辅导［M］.北京：高等教育出版社，2007.

［37］王满元.大学生职业生涯规划实用教程［M］.长春：吉林大学出版社，2009.

［38］尹忠泽.大学生职业生涯规划［M］.长春：吉林大学出版社，2007.

［39］石建勋，蔡新会，张鑫，等.职业规划与创业管理［M］.北京：机械工业出版社，2006.

［40］王今朝，郝春禄.大学生职业发展与就业指导［M］.沈阳：辽宁教育出版社，2010.

［41］王洁丽.我的时间，我掌握［M］.北京：海潮出版社，2005.

［42］李玲.管理好你的情绪［M］.北京：中国水利水电出版社，2011.

［43］谭兆麟.情绪软体操［M］.深圳：海天出版社，2005.

［44］霍尔，诺德贝.荣格心理学入门［M］.冯川，译.北京：生活·读书·新知三联书店，1987.

［45］郑日昌.情绪管理压力应对［M］.北京：机械工业出版社，2008.

［46］史广政.大学生职业生涯规划［M］.长春：吉林大学出版社，2009.

［47］胡月.大学生心理发展辅导与实践［M］.大连：大连理工大学出版社，2010.

［48］邓志军.大学生心理健康教育［M］.北京：北京理工大学出版社，2010.

［49］谢弗尔.压力管理心理学［M］.4版.方双虎，译.北京：中国人民大学出版社，2009.

［50］黄天中.生涯规划：理论与实践［M］.北京：高等教育出版社，2007.

［51］刘和平.用人高手［M］.珠海：珠海出版社，2000.

［52］刘珊.卓有成效的自我管理［M］.北京：中国华侨出版社，2010.